POR QUE OS RICOS CADA VEZ FICAM MAIS RICOS

POR QUE OS
RICOS
CADA VEZ
FICAM MAIS
RICOS

O que É Educação
Financeira
... *Legítima*?

ROBERT T. KIYOSAKI
Autor do best-seller mundial *Pai Rico, Pai Pobre*

TOM WHEELWRIGHT, CONTADOR · COLABORADOR
Autor do best-seller *Tax-Free Wealth*

ALTA BOOKS
E D I T O R A
Rio de Janeiro, 2018

Por que os ricos cada vez ficam mais ricos — O que é educação financeira... legítima?
Copyright © 2018 da Starlin Alta Editora e Consultoria Eireli. ISBN: 978-85-508-0226-8

Translated from original Why the Rich Are Getting Richer by Robert T. Kiyosaki and Tom Wheelwright. Copyright © 2017 by Robert T. Kiyosaki and Tom Wheelwright. ISBN 978-1-61268-066-8. This edition published by arrangement with Rich Dad Operating Company, LLC., the owner of all rights to publish and sell the same. PORTUGUESE language edition published by Starlin Alta Editora e Consultoria Eireli, Copyright © 2018 by Starlin Alta Editora e Consultoria Eireli.

CASHFLOW, Rich Dad, Rich Dad Advisors, ESBI, e Triângulo B-I são marcas registradas da CASHFLOW Tecnologies, Inc.

Todos os direitos estão reservados e protegidos por Lei. Nenhuma parte deste livro, sem autorização prévia por escrito da editora, poderá ser reproduzida ou transmitida. A violação dos Direitos Autorais é crime estabelecido na Lei nº 9.610/98 e com punição de acordo com o artigo 184 do Código Penal.

A editora não se responsabiliza pelo conteúdo da obra, formulada exclusivamente pelo(s) autor(es).

Marcas Registradas: Todos os termos mencionados e reconhecidos como Marca Registrada e/ou Comercial são de responsabilidade de seus proprietários. A editora informa não estar associada a nenhum produto e/ou fornecedor apresentado no livro.

Impresso no Brasil — 2018 — Edição revisada conforme o Acordo Ortográfico da Língua Portuguesa de 2009.

Publique seu livro com a Alta Books. Para mais informações envie um e-mail para autoria@altabooks.com.br

Obra disponível para venda corporativa e/ou personalizada. Para mais informações, fale com projetos@altabooks.com.br

Produção Editorial Editora Alta Books	Produtor Editorial Thiê Alves	Marketing Editorial Silas Amaro marketing@altabooks.com.br	Vendas Corporativas Sandro Souza sandro@altabooks.com.br	Vendas Atacado e Varejo Daniele Fonseca Viviane Paiva comercial@altabooks.com.br
Gerência Editorial Anderson Vieira	Produtor Editorial (Design) Aurélio Corrêa	Editor de Aquisição José Rugeri j.rugeri@altabooks.com.br	Ouvidoria ouvidoria@altabooks.com.br	
Equipe Editorial	Bianca Teodoro Ian Verçosa	Illysabelle Trajano Juliana de Oliveira	Renan Castro	
Tradução Carolina Gaio	Copidesque Wendy Campos	Revisão Gramatical Carlos Bacci Thamiris Leiroza	Diagramação Joyce Matos	

Erratas e arquivos de apoio: No site da editora relatamos, com a devida correção, qualquer erro encontrado em nossos livros, bem como disponibilizamos arquivos de apoio se aplicáveis à obra em questão.

Acesse o site www.altabooks.com.br e procure pelo título do livro desejado para ter acesso às erratas, aos arquivos de apoio e/ou a outros conteúdos aplicáveis à obra.

Suporte Técnico: A obra é comercializada na forma em que está, sem direito a suporte técnico ou orientação pessoal/exclusiva ao leitor.

Dados Internacionais de Catalogação na Publicação (CIP) de acordo com ISBD

K46p   Kiyosaki, Robert T.

         Por que os ricos cada vez ficam mais ricos: o que é educação financeira...legítima? / Robert T. Kiyosaki ; traduzido por Carolina Gaio. - Rio de Janeiro : Alta Books, 2018.
         336 p. : il. ; 17cm x 24cm.

         Tradução de: Why the rich are getting richer: What is financial education...really?
         ISBN: 978-85-508-0226-8

         1. Economia. 2. Finanças pessoais. 3. Ricos. 4. Riqueza. 5. Educação financeira. I. Gaio, Carolina. II. Título.

2018-46   CDD 332.024
                            CDU 330.567.2

Elaborado por Vagner Rodolfo da Silva - CRB-8/9410

ALTA BOOKS EDITORA
Rua Viúva Cláudio, 291 — Bairro Industrial do Jacaré
CEP: 20.970-031 — Rio de Janeiro (RJ)
Tels.: (21) 3278-8069 / 3278-8419
www.altabooks.com.br — altabooks@altabooks.com.br
www.facebook.com/altabooks — www.instagram.com/altabooks

Outros Best-sellers da Série *Pai Rico*

Pai Rico, Pai Pobre

Independência Financeira

O Poder da Educação Financeira

O Guia de Investimentos

Filho Rico, Filho Vencedor

Aposentado Jovem e Rico

Profecias do Pai Rico

Histórias de Sucesso

Escola de Negócios

Quem Mexeu no Meu Dinheiro?

Pai Rico, Pai Pobre para Jovens

Pai Rico em Quadrinhos

Empreendedor Rico

Nós Queremos que Você Fique Rico

Desenvolva Sua Inteligência Financeira

Mulher Rica

Empreendedorismo Não Se Aprende na Escola

O Toque de Midas

O Negócio do Século XXI

Imóveis: Como Investir e Ganhar Muito Dinheiro

Irmão Rico, Irmã Rica

Como Comprar e Vender Empresas e Ganhar Muito Dinheiro

O objetivo deste livro é fornecer informações gerais sobre investimentos. Contudo, leis e práticas quase sempre variam entre países e estão sujeitas a mudanças. Visto que cada situação real é singular, orientações específicas devem ser adaptadas às circunstâncias. Por isso, aconselha-se ao leitor que procure seu próprio assessor no que diz respeito a uma situação específica.

O autor tomou precauções razoáveis na preparação desta obra e acredita que os fatos aqui apresentados são precisos na data em que foram escritos. Contudo, nem o autor, nem a editora, assumem quaisquer responsabilidades por erros ou omissões. O autor e a editora especificamente se eximem de qualquer responsabilidade decorrente do uso ou da aplicação das informações contidas neste livro. Além disso, o objetivo dessas informações não é servir como orientação legal relacionada a situações individuais.

A Editora Alta Books não se responsabiliza pela manutenção e conteúdo no ar de eventuais websites, bem como pela circulação e conteúdo de jogos indicados pelo autor deste livro.

No decorrer desta obra você encontrará referências a RDTV e ao jogo CASHFLOW, que são geridos pela Rich Dad e encontram-se em inglês.

DEDICATÓRIA

Este livro é dedicado aos estudantes da Universidade de St. Andrews, Escola Diocesana para Meninas e Universidade de Rhodes, em Grahamstown, na África do Sul.

Em julho de 2016,
Tom Wheelwright, contador público certificado e consultor tributário da *Rich Dad*, e eu viajamos à África do Sul para ensinar a esse fabuloso grupo de alunos, professores e empresários.

Tanto para Tom quanto para mim, esse foi um evento transformador de nossas vidas.

Este livro é dedicado a eles, alunos, professores e empresários, pelo compromisso com a educação na África e em todo o mundo.

A Universidade de St. Andrews foi fundada em 1855, em Grahamstown, na África do Sul.

Como leitura complementar, sugerimos que você assista às 10 lições em vídeo (conteúdo em inglês) indicadas ao final do livro.

CONTEÚDO PUBLICADO E GERIDO PELA RICH DAD.

RDTV
Real Financial Education ("Educação Financeira Legítima", em tradução livre)

Awaken Your Financial Genius
10 TV Lessons for You ("Desperte Seu Gênio Financeiro 10 Lições para Você", em tradução livre)

"Queria ter aprendido isso na escola! Tive mais de duas décadas de educação formal, mas nunca aprendi sobre dinheiro no colégio. O ambiente de aprendizado — as discussões, os jogos e as lições da ***RDTV*** — abriu meus olhos para o que preciso saber e aprender. Agora, consigo fazer as mudanças de que minha vida necessita... mudanças que me oferecem um mundo totalmente novo."

— Dr. Arthur Kaba | Médico

"Joguei ***CASHFLOW®*** dez vezes nos últimos três meses... participei de discussões sobre o jogo e assisti às dez lições da ***RDTV***. Hoje, vejo um mundo completamente diferente. Atualmente, sei o que *realmente* preciso aprender. Agora, entendo por que os ricos cada vez ficam mais ricos."

— Marlon August | Duas vezes campeão olímpico e empresário

"A questão da riqueza e da desigualdade social é o grande dilema moral de nossos tempos."

— Bernie Sanders, senador socialista de Vermont
e democrata presidenciável em 2016

Duas Perspectivas... Duas Soluções

Senador
Bernie Sanders

Presidente
Donald Trump

A lacuna crescente entre os ricos e todos os outros é uma crise moral e uma bomba-relógio social.

Bernie Sanders acredita em *dar o peixe às pessoas*; **Donald Trump** e eu, em ensiná-las a pescar.

Embora discordemos de Bernie Sanders em termos políticos, concordamos quanto aos princípios.

Nossa diferença está na solução desse problema crescente.

Se acredita em *dar o peixe às pessoas*, este livro não é para você. Mas se acredita em *ensiná-las a pescar*, achará este livro interessante.

Para Educadores e Pais...

Por que Você Não Precisa de Dinheiro para Enriquecer

A Universidade de Stanford concorda com meu pai rico — não com meu pai pobre.

Aos 9 anos, aprendi o que a professora de Stanford, Tina Seelig, queria ter descoberto — aos 20!

Educadores e pais, leiam este livro. Ele se baseia nos métodos da *Rich Dad* para ensinar estudantes que desejam se tornar um empreendedor rico.

Aos 9 anos, meu pai rico se recusou a me pagar. Ele falou: "Se eu lhe pagar, você pensará como empregado. Quero que pense como empresário." Sua lição: Os ricos não trabalham por dinheiro.

por Tina Seelig

ANTES QUE VOCÊ
COMECE ESTE LIVRO...
uma observação sobre as Seções de BÔNUS

Há Seções de Bônus
no começo e no final deste livro.
Sua função é reforçar a importância de sua mensagem.

Todos já ouvimos a clássica definição de insanidade:
"... fazer as mesmas coisas repetidamente
e esperar resultados distintos."

**As Seções de Bônus foram incluídas para
encorajá-lo a ler e compreender os tópicos deste livro
e fazer acontecer... agora.**

UM CONSELHO OBSOLETO?

"Vá para a escola, consiga um emprego, economize dinheiro, livre-se das dívidas e invista em longo prazo no mercado de ações."

O QUE MUDOU?

Pai Rico, Pai Pobre • publicado em 1997
Escola primária: Educação financeira básica

Pai Rico, Pai Pobre trata da educação financeira primária.

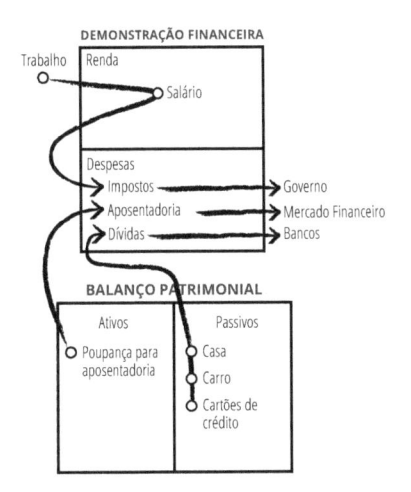

Essa educação requer proficiência financeira: uma compreensão de palavras e números relacionados a dinheiro.

As palavras mais importantes para a proficiência são **fluxo de caixa**. O diagrama da demonstração financeira ao lado mostra por que os pobres e a classe média empobrecem. Sem educação financeira, são inaptos a controlar o dinheiro que sai de seus bolsos (veja as setas) para os do governo, bancos e do mercado financeiro.

Por que os Ricos Cada Vez Ficam Mais Ricos • publicado em 2017
Universidade: Educação financeira avançada

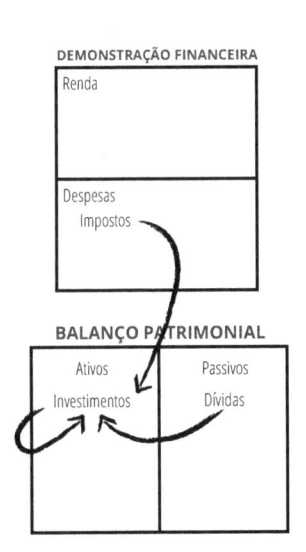

Os ricos cada vez ficam mais ricos porque têm um controle maior de seu **fluxo de caixa**.

Como as setas no diagrama à esquerda ilustram, **os ricos usam o dinheiro dos impostos** para adquirir ativos — e não o deixam ir para o governo. Em vez de adquirir ativos com o próprio dinheiro, **os ricos usam dívidas**, o dinheiro de seus bancos, para comprá-los.

E em vez de enviar suas economias da aposentadoria para o mercado financeiro, os ricos reinvestem continuamente seu dinheiro para a aquisição de mais ativos.

Para isso é necessária uma educação financeira legítima. E é disso que este livro trata... de verdade. *Por que os Ricos Cada Vez Ficam Mais Ricos* é a educação financeira para os formados nos ensinamentos do pai rico.

Por que "ir à escola" é uma ideia obsoleta.
O que a escola ensina sobre dinheiro?

CAPITALISMO, COMUNISMO & EDUCAÇÃO

O que a escola ensina sobre dinheiro?

Para a maioria, a resposta é: "Não muito." Se ela ensina algo, é: "Vá para a escola, consiga um emprego, poupe dinheiro, compre uma casa, livre-se das dívidas e invista em longo prazo no mercado de ações." Podia ser um bom conselho na Era Industrial, mas é obsoleto na Era da Informação.

A globalização representou o fim dos empregos muito bem-remunerados dos operários. As atividades funcionais foram transferidas para China, Índia, México...

A automação dará um fim aos empregos com salários elevados para os trabalhadores de colarinho branco.

Robôs: A Ameaça de um Futuro sem Emprego

Atualmente, conforme os empregos são exportados, robôs e inteligência artificial (IA) os substituem. Até mesmo profissionais altamente especializados, como médicos, advogados e contadores, estão na mira da automação. A Adidas anunciou que começaria a fabricar sapatos na Alemanha e nos Estados Unidos em vez de na China ou no Vietnã. E a

Foxconn, principal fabricante da Apple, anunciou a contratação de um milhão de robôs — para substituir três milhões de trabalhadores.

Estudantes de todo o mundo deixam a escola e afundam-se em dívidas para pagar a graduação — a mais onerosa de todas — incapazes de encontrar o lendário emprego bem-remunerado que quitaria esses empréstimos.

Robôs não precisam de salário ou aumentos, trabalham ininterruptamente, não tiram férias, não precisam de descanso nem de planos de saúde ou de aposentadoria.

Poupadores São Perdedores

Nos Estados Unidos já houve um tempo (década de 1970) em que uma pessoa com US$1 milhão na poupança ganhava 15% de juros, ou US$150 mil por ano. Naquela época era possível viver com US$150 mil anuais. Hoje, US$1 milhão rende 1,5% de juros, ou US$15 mil ao ano, dificilmente uma renda digna de um milionário. Atualmente, os poupadores são os principais perdedores.

Sua Casa Não É um Ativo

Em 2008, aproximadamente 10 milhões de americanos proprietários de imóveis residenciais aprenderam, por experiência própria, que suas casas não eram um ativo quando o mercado imobiliário quebrou e o valor dos financiamentos tornou-se superior ao de suas propriedades.

As *McMansions* (casas grandes, de gosto duvidoso e construídas em massa com materiais de baixa qualidade), o orgulho da geração *baby boom*[1], são agora as *casinhas de cachorro do mercado imobiliário*. Filhos e netos dos *baby boomers*, a geração milênio, não podem arcar com esses "grandes ativos" dos avós — nem querem.

---

[1] Depois da Segunda Guerra Mundial, a Europa (especialmente a Grã-Bretanha e a França), os Estados Unidos, o Canadá e a Austrália tiveram um aumento de natalidade repentino, que ficou conhecido como *baby boom*; daí, pessoas nascidas nesses países, entre 1946 e 1964, serem chamadas de *baby boomers*. (N. E.)

Enquanto os impostos sobre imóveis aumentam, o valor das *McMansions* continua a cair. No que se refere a imóveis habitacionais, pequeno e funcional será melhor que grande e desconfortável.

E o valor das residências se relaciona aos empregos. Robôs não precisam de um lar. Eles vivem no escritório, 24 horas, 7 dias por semana.

Feliz Aniversário

Rich Dad Poor Dad foi publicado de forma independente 20 anos atrás, em 8 de abril de 1997, meu quinquagésimo aniversário. Foi publicado dessa maneira porque todos os editores das grandes editoras eram como meu pai pobre: acadêmicos altamente instruídos sem muita educação financeira.

As lições sobre educação financeira do meu pai rico perturbaram as crenças tradicionais dos editores a respeito de dinheiro... e todos sabemos quão reconfortantes nossas crenças são, mesmo que já obsoletas.

Hoje, 20 anos depois, as lições do meu pai rico são verdadeiras e ainda mais desconcertantes que há duas décadas. Os atuais poupadores são perdedores ainda maiores porque os juros são negativos em muitos países e a automação continua substituindo trabalhadores. Porém, os pais ainda aconselham seus filhos a seguir seus passos: "Vá para a escola, consiga um emprego e poupe dinheiro."

Ciência Econômica Não É Educação Financeira

Acadêmicos, em defesa de sua carência em educação financeira, costumam vociferar: "Estudei Economia na escola." Ou: "A escola do meu filho tem um excelente programa de Economia." Alguns poucos estudiosos mencionam economistas famosos, como John Maynard Keynes, Milton Friedman, Ludwig von Mises ou Friederich Hayek. Suas teorias podem ter tido algum fundamento cinquenta anos atrás, mas hoje não se sustentam mais e estão prestes a ruir.

Filósofos Economistas

Em vez de economistas acadêmicos, prefiro ouvir dois influentes filósofos economistas: Karl Marx, autor de *O Manifesto Comunista*, e Ayn Rand, autora de *A Revolta de Atlas*.

Ayn Rand

Ayn Rand nasceu em São Petersburgo, Rússia, em 1905, e testemunhou a Revolução Russa em sua adolescência. Os bolcheviques tomaram o negócio de seu pai e tudo pelo qual trabalhara. Em 1926, ela imigrou para Nova York. Tendo vivenciado o comunismo e o capitalismo, suas opiniões sobre ambos os sistemas são fortes. Crítica dos economistas e acadêmicos ocidentais, que vivem em suas bolhas teóricas, ela diz: *Eles são livres para se evadir da realidade... mas não para evitar o abismo que se recusam a ver.*

Diz-se que os heróis de Rand se opõem categoricamente aos "parasitas", "saqueadores" e "pidões", que arrebanham os benefícios do trabalho dos heróis. *Parasitas*, *saqueadores* e *pidões* são a causa de altos impostos, sindicatos de trabalhadores grandes e influentes, prédios públicos, e gastos/planejamentos/regulação/redistribuição governamental.

Saqueadores, no livro, são a representação de burocratas e funcionários públicos que confiscam os ganhos alheios por meio de ameaças implícitas — "de pessoas desarmadas". Eles usam a força para tirar a posse de bens das pessoas que os "produziram" ou "ganharam".

Pidões, na descrição de Rand, são aqueles que não produzem valor por si mesmos. Sendo incapazes de produzi-lo, aproveitam-se dos ganhos dos outros, do lucro dos produtores, em nome dos necessitados. Dessa forma, roubam a riqueza dos produtores para encher os próprios bolsos. Eles se incomodam com os bens dos produtores e falam sobre "os direitos morais das pessoas", enquanto possibilitam o confisco "legalizado" pelo governo.

Como você sabe, o mundo está repleto de pidões, saqueadores e parasitas, que nada produzem, posando como "benfeitores moral e intelectualmente superiores".

Como o título sugere, *A Revolta de Atlas* propõe a seguinte questão: *O que aconteceria se os produtores simplesmente se revoltassem, parassem de produzir e contribuir, e se escondessem?*

A Revolta de Atlas, publicado em 1957, foi de início atacado e criticado. Entretanto, com o passar do tempo, o livro se tornou um clássico, com pessoas afirmando que "Depois da *Bíblia*, *A Revolta de Atlas* foi o livro mais importante da minha vida".

Karl Marx

Karl Marx nasceu em 1818, na Prússia, atual Alemanha. Ele é conhecido como um socialista revolucionário, um homem que influenciou muitos dos revolucionários modernos, como Vladimir Lenin, Mao Tse-tung, Fidel Castro, Che Guevara e Hugo Chavez.

Uma de suas famosas citações é: *"Podem as classes dominantes tremer ante uma revolução comunista. Os trabalhadores não têm nada a perder em uma revolução comunista, a não ser suas correntes. Têm um mundo a ganhar. Trabalhadores do mundo, uni-vos!"*

A visão socialista de Marx foi tão perturbadora que ele foi forçado a se mudar para a Inglaterra. Em Londres, encontrou trabalho como colunista do *New York Tribune*, e descobriu que a América recebia bem seus textos sobre escravidão e luta e consciência de classes.

Luta de Classes

Em termos simples, Marx definiu a luta de classes como o conflito entre aristocracia, burguesia e proletariado. As definições dessas classes são:

Aristocracia: A classe dominante, que herda riqueza, privilégios especiais e títulos; tipicamente, uma monarquia.

Burguesia: Algo relacionado ou próprio da classe média. Se alguém diz: "Que burguês!", é comumente um insulto, representando preocupações frívolas de uma mentalidade pequena de classe média.

Marx se refere aos burgueses como pessoas concentradas em bens materiais, ainda que não tenham motivação e ambição, confortáveis em permanecer onde estão.

Proletariado: a. Uma classe de assalariados que não detém capital nem meios de produção; b. Pessoas que vendem seu trabalho para se sustentar; c. A classe mais pobre de trabalhadores.

Aristocratas

Durante a Era Agrícola, reis e rainhas, os aristocratas, eram donos de terras. A palavra *camponês* é derivada de *campo* — e se refere aos que trabalham no campo, mas não são donos da terra. A palavra *imóveis* literalmente significa *o que não se move,* como os campos em que os camponeses trabalhavam.

Na Era Industrial, a aristocracia se constituía em gigantes industriais, como Henry Ford, John D. Rockefeller e JP Morgan. Ford produzia os carros, Rockefeller a gasolina e Morgan o dinheiro.

Agora, na Era da Informação, a nova aristocracia compreende os magos da tecnologia, que controlam as "terras" do mundo digital... pessoas como o cofundador da Apple, Steve Jobs; Jeff Bezos, da Amazon; e Sergey Brin e Larry Page, da Google.

Durante a Era Agrícola, os ricos eram chamados de aristocratas. Hoje, são conhecidos como capitalistas.

Vá à Escola para Conseguir um Emprego

Quando os pais dizem a seu filho: "Vá à escola para conseguir um emprego", aconselham-no a ser um *proletário* — alguém que vende seu trabalho por dinheiro. Um empregado não é dono de sua produção.

Se o filho encontrar um emprego bem-remunerado, se tornará um *burguês* e ingressará na classe média, satisfeito com as armadilhas materiais como educação escolar, casa e carro... confortável em permanecer onde está, tal e qual os vizinhos. Os pais sentem-se felizes em passar ao largo das favelas, cortiços e modestas moradias do proletariado, certos de que seus filhos não frequentam as escolas "daquelas crianças". A maioria dos burgueses tem um emprego bem pago; muitos são autônomos especializados, como médicos e advogados, ou pequenos empresários. Mas não possuem imóveis ou os meios de produção. Essas pessoas trabalham por dinheiro.

Os Ricos Não Trabalham por Dinheiro

Em *Pai Rico, Pai Pobre*, a Lição #1 do pai rico é: "Os ricos não trabalham por dinheiro." Quando pergunto: "Qual foi a Lição #1 do pai rico?", muitos leitores não se lembram dela. Acredito que é por estarem programados para "Ir à escola e conseguir um emprego". Não foram treinados para ser alguém que detém os meios de produção. Em outras palavras, nosso sistema educacional prepara os estudantes para ser *proletários* e *burgueses*... em vez de capitalistas, donos de terras, empresas e capital.

Não é de se admirar que existam milhões de pessoas que, como meu pai pobre — um homem altamente instruído, um burocrata do governo, que acreditava piamente que ajudava os outros —, dependam de que o governo lhes dê trabalho, salários e pensões. Infelizmente, pessoas que não podem ajudar a si mesmas.

Em 1970, meu pai pobre, um homem muito bom, concorreu a vice-governador do Havaí contra seu chefe, um democrata então governador. Depois de perder as eleições, ele jurou que meu pai, doutor em educação, nunca trabalharia no governo estadual novamente. Meu pai morreu como um homem pobre, desempregado... disposto a trabalhar, mas incapaz de encontrar um emprego. Ele foi um homem com uma educação de alto nível, mas que não dominava sua produção; um professor que ensinou milhares de pessoas a fazer o mesmo que ele.

Não causa surpresa alguma que tenhamos uma guerra de classes em erupção nas ruas dos Estados Unidos e de todo o mundo.

Não surpreende que Bernie Sanders, durante as eleições presidenciais norte-americanas de 2016, tenha dito: *"Há algo profundamente errado quando 0,1% dos ricos possuem quase a mesma riqueza que os 90% menos abastados."*

Simplificando, nossa crise financeira global começa em nossas escolas. Os Estados Unidos gastam bilhões com a educação dos professores, mas o abismo entre ricos e pobres só aumenta.

Como Karl Marx escreveu:

"Os trabalhadores não têm nada a perder em uma revolução comunista, a não ser suas correntes. Têm um mundo a ganhar. Trabalhadores do mundo, uni-vos!"

E Ayn Rand afirmou:

"Eles são livres para se evadir da realidade... mas não para evitar o abismo que se recusam a ver."

Pense nisso da próxima vez que ouvir dizerem a uma criança: "Vá à escola para conseguir um emprego."

Originalmente escrito para a revista *Jetset*.

Por que "segurança no emprego" é uma ideia obsoleta.

A globalização levou embora os empregos dos operários.
A automação levará embora os empregos dos trabalhadores
de colarinho branco.

"A desigualdade de renda atinge níveis não vistos desde 1929,
e ficou claro que o aumento da produtividade,
que foi para o bolso dos trabalhadores em 1950,
é agora retido quase que completamente
por empresários e investidores."

— Martin Ford, *Robôs: A Ameaça de um Futuro sem Emprego*

Por que "investir em longo prazo no mercado de ações" é um conselho ultrapassado.

"Ameaças ainda maiores são os vírus que atacam sistemas em hibernação. Eles podem ser escondidos em sistemas operacionais de bolsas de valores."

"Um desses vírus, plantado pela inteligência militar russa, foi descoberto dentro do sistema operacional do mercado de ações da NASDAQ, em 2010. O vírus foi desativado, mas ninguém sabe quantos vírus digitais desconhecidos estão à espreita."

"Os vírus podem apagar contas de clientes sem deixar rastro. Usados ofensivamente, eles podem criar uma inundação descontrolada de ordens de venda das ações de grande porte, como as da Apple ou da Amazon."

— James Rickards, *O Caminho para a Ruína*

A MORTE DA DEMOCRACIA

"A democracia é sempre, por natureza, temporária;
simplesmente não pode existir como uma forma perene de governo.
Uma democracia perdurará até que os eleitores descubram
que podem obter generosos presentes do Tesouro Público para si."

"A partir de então, a maioria sempre elege candidatos que prometem maiores benefícios do Tesouro Público, colapsando a democracia devido ao fracasso da política fiscal, o que sempre é seguido por um regime ditatorial."

A idade média das maiores civilizações do mundo desde os primórdios tem sido de cerca de duzentos anos. Durante esse período essas nações sempre evoluíram na seguinte sequência:

- Da escravidão à fé espiritual
- Da fé espiritual aos grandes atos de coragem
- Dos grandes atos de coragem à liberdade
- Da liberdade à abundância
- Da abundância ao egoísmo
- Do egoísmo à apatia
- Da apatia à dependência
- Da dependência de volta à escravidão

The Cult of Competency (1943)
— Henning Webb Prentis Jr.
Presidente da National Association of Manufacturers

O QUE É EDUCAÇÃO FINANCEIRA... LEGÍTIMA?

Obviamente, educação financeira é um assunto complexo, muito maior do que qualquer livro consegue cobrir. E, conforme a filosofia do pai rico, seguirei o princípio da simplicidade.

A verdadeira educação financeira se divide em dois tópicos. São eles: proficiência financeira e QI financeiro.

1. **PROFICIÊNCIA FINANCEIRA — A capacidade de ler e compreender a linguagem do dinheiro.**

De acordo com *Pai Rico, Pai Pobre*, duas palavras fundamentais das finanças são *ativo* e *passivo*. Como afirmado no livro, as pessoas têm problemas financeiros por chamar seus passivos de ativos. Por exemplo, chamam sua casa e seu carro de ativos, quando são, na verdade, passivos.

As Palavras Cruciais do Dinheiro: Fluxo de Caixa

As palavras principais na linguagem do dinheiro são fluxo de caixa. Como dito em *Pai Rico, Pai Pobre*, ativos colocam dinheiro em seu bolso, e passivos o tiram.

2. **QI FINANCEIRO — A capacidade de resolver problemas financeiros.**

Recentemente, uma pesquisa descobriu que a família norte-americana mediana não pode arcar com US$400 extras em uma emergência. Isso representa um QI financeiro norte-americano abaixo de US$400.

Alguém como Trump tem um QI financeiro, medido em dólares, na casa dos milhões. Como civil, se tivesse uma despesa inesperada de US$25 milhões, poderia simplesmente fazer um cheque pessoal. Qual o tamanho do cheque que Bernie Sanders poderia preencher?

Quão elevado é seu QI financeiro? Até quanto você poderia arcar com uma despesa inesperada, se isso fosse necessário?

O Mais Alto dos QIs Financeiros

Os empreendedores ricos cada vez ficam mais ricos porque têm um QI financeiro extremamente alto. Neste livro, você descobrirá como as pessoas ricas mais inteligentes usam as dívidas (passivos, para a maioria das pessoas) para adquirir ativos. E aprenderá como aqueles com QIs financeiros elevados valem-se dos impostos, normalmente pagos ao governo, para comprar ativos para si mesmos.

Se *Pai Rico, Pai Pobre* é a escola primária, este livro, *Por que os Ricos Cada Vez Ficam Mais Ricos*, é a universidade.

RDTV

Como complemento a este livro, a RDTV lhe oferece 10 lições de educação financeira. Tal como nos Ted Talks, com a RDTV você aprenderá a desenvolver sua inteligência financeira e aumentar seu QI financeiro — entendendo como os ricos usam dívidas e impostos para ficar mais ricos — apenas assistindo à TV. Confira os vídeos em www.RichDad.com/RDTV (conteúdo em inglês).

Milionários Não São Criados da Mesma Maneira

Muitas pessoas desejam se tornar milionárias. Porém, milionários não são todos iguais. Alguns são mais ricos que outros.

O Atlantic.com, em um artigo chamado *Severe Inequality Is Incompatible With the American Dream* ("Severa Iniquidade É Incompatível com o Sonho Americano", em tradução livre), escrito por Alana Semuels, relatou um estudo recente que quantificou o que muitos da geração milênio vivenciam há anos nos Estados Unidos.

"O artigo coloca em números o que muitos viram em primeira mão por anos: o sonho americano — a possibilidade de subir na hierarquia corporativa e conseguir mais do que seus pais — é cada vez menos uma realidade a cada década que passa."

"Pessoas nascidas na década de 1940 tinham 92% de chance de ganhar mais do que os pais conseguiram até os 30 anos. Para os nascidos nos anos 1980, por outro lado, as chances eram de apenas 50%."

"Segundo os autores, há duas razões básicas para as pessoas na faixa dos 30 anos terem mais dificuldade que os pais. Primeiro, a expansão do Produto Interno Bruto (PIB) diminuiu a partir da década de 1950, quando o crescimento era, frequentemente, de ao menos 5%. Isso significa que o bolo econômico está crescendo a uma taxa mais lenta do que nunca, então não há para onde correr. Segundo, a distribuição desse crescimento é mais desigual, e mais benefícios se acumulam para os que estão no topo. Os que estão na base, por outro lado, não são capazes de obter uma participação tão grande como antes. Sua renda não cresce, então eles permanecem no mesmo nível ou abaixo que o de seus pais."

> "As pessoas na metade inferior da distribuição de renda ganham, em média, US$16 mil anuais, enquanto a renda bruta do 1% da população adulta atinge cerca de US$1,3 milhão."

Em outras palavras, isso reflete uma sociedade em que a maioria dos pobres permanece pobre, e a dos ricos, rica. O sonho americano está morto, especialmente se você vai à escola e arruma um emprego. Uma educação financeira legítima oferece a uma pessoa mais ambiciosa diferentes meios de se tornar milionária, mesmo na economia atual.

Os Diferentes Tipos de Milionários

Há tipos distintos de milionários:

1. **Um milhão por ano trabalhado.** As chances de um recém-graduado conseguir um emprego de US$1 milhão nos Estados Unidos são escassas, mesmo que tenha se formado em Harvard ou Stanford. Em muitos casos, leva anos para chegar ao topo da hierarquia corporativa. Uma pessoa com um salário de US$1 milhão terá uma renda líquida aproximada de US$600 mil.

2. **Um atleta milionário.** Se for um atleta excepcional, você tem chances de ganhar um salário de US$1 milhão por alguns anos. Sessenta e cinco por cento dos atletas profissionais vão à insolvência cinco anos após se aposentar. Um salário de US$1 milhão para um jogador profissional de futebol, um funcionário de um time, sem educação financeira, teria aproximadamente US$400 mil de renda líquida.

3. **Um artista milionário.** Novamente, as chances estão contra eles. Seu futuro está na mão dos fãs. Sem educação financeira, US$1 milhão para uma estrela do rock seria algo em torno de US$300 mil a US$400 mil com os impostos descontados.

4. **Um empreendedor rico.** Algumas chances. Muitos pequenos empresários ganham menos que seus funcionários quando são calculados o tempo trabalhado e a remuneração. Sem educação financeira, um milhão para um empresário pode representar cerca de US$300 mil.

Educação Financeira

Uma educação financeira legítima revela o campo de jogo. A estrada ainda é árida, e ganhar US$1 milhão não é fácil. Mas a educação financeira legítima oferece a todos o controle sobre seu futuro financeiro. Em outras palavras, ele passa a estar em suas mãos.

Sou essa pessoa. Havia poucas chances de eu ganhar um salário de US$1 milhão como CEO, subindo na hierarquia corporativa para o sucesso, ou me tornando uma grande estrela do esporte, do cinema, da música ou um empresário famoso. Contudo, com a educação financeira do meu pai rico, me tornei capaz de controlar meu destino financeiro.

Quando eu era jovem, meu pai rico me encorajou a ir em busca dos meus sonhos e me tornar milionário. Ele também explicou que há diferentes tipos de milionários e maneiras distintas de chegar lá.

1. *Quer ser um empregado com um salário de US$1 milhão?* O problema com um salário desses é que os impostos, aproximadamente 40% nos EUA, vão para o governo.

2. *Quer ter um patrimônio líquido milionário?* Significa que você pega o valor dos seus ativos pessoais — casa, carro, economias e pensões — e subtrai os passivos. Muitos a quem chamamos de milionários são milionários de patrimônio. Muitos deles têm salários menores que US$150 mil por ano.

3. *Quer ser um milionário por ganhos de capital?* Representa vender ativos de US$1 milhão para torná-los ganhos de capital, sujeitos aos impostos sobre eles. O grande problema nesse caso são os impostos. Nos Estados Unidos, os impostos sobre ganhos de capital variam, aproximadamente, entre 10% e 20%. No Brasil, a alíquota do imposto sobre ganhos de capital é de 15%, salvo algumas exceções, sobre a renda proveniente dos ganhos. A principal questão é que um milionário por ganhos de capital reduz seu patrimônio porque precisa vender ativos por dinheiro.

4. *Quer ser um milionário por fluxo de caixa?* Pessoas que têm um milhão ou mais proveniente de ativos geradores de fluxo de caixa *sem* precisar vendê-los. Milionários por fluxo de caixa têm um controle maior sobre impostos e sobre seu futuro.

5. *Quer ser um milionário se casando com uma pessoa rica, herdando dinheiro ou ganhando na loteria?* Eu lhe digo: "Boa sorte." O preço de se casar por dinheiro pode ser sua alma. Quanto vale sua alma?

O Sonho Americano Está Morto

O sonho americano está morto para a maioria das pessoas; especialmente as que acreditam em ir à escola, conseguir um emprego, poupar dinheiro e investir em longo prazo em um plano de aposentadoria.

Entretanto, o sonho de se tornar milionário está vivo e forte se uma pessoa investe na educação financeira legítima, assunto deste livro.

Quando eu era garoto, jogando *Banco Imobiliário* com o pai rico, sabia que queria me tornar milionário por fluxo de caixa. Sabia que quatro casas levavam a um hotel, o que aumentava meu fluxo de caixa e patrimônio líquido. Ser um milionário por fluxo de caixa me permite usar dívidas como se fossem dinheiro, pagando menos impostos legalmente, sem vender ativos, o que reduziria meu patrimônio.

O que você deseja fazer? Que tipo de milionário quer ser?

SUMÁRIO

Prefácio	Como as Crises Tornaram Robert e Kim Ricos por Tom Wheelwright, CPA	iii
Introdução		1
Parte 1:	**Por que os Ricos Cada Vez Ficam Mais Ricos**	11
Capítulo 1	O que Faço com Meu Dinheiro?	15
Capítulo 2	Por que Poupadores São Perdedores	21
Capítulo 3	Por que os Impostos Enriquecem os Ricos… Legalmente	37
Capítulo 4	Por que os Erros Enriquecem os Ricos	55
Capítulo 5	Por que Crises Enriquecem os Ricos	69
Capítulo 6	Por que as Dívidas Enriquecem os Ricos	87
Parte 2:	**O que a Educação Financeira Não É**	103
Capítulo 7	O que a Educação Financeira… Não É	107
Capítulo 8	Você é Financeiramente Improficiente?	121
Parte 3:	**O que É Educação Financeira Legítima?**	141
Capítulo 9	Por que os Ricos Jogam *Banco Imobiliário*	147
Capítulo 10	Renda Fantasma: A Renda dos Ricos	159
Capítulo 11	Quadrante I: Mestres do Dinheiro	183
Capítulo 12	Você Tem um Plano B?	201
Capítulo 13	Como Acabar com a Pobreza: Alunos Ensinam uns aos Outros	215
Parte 4:	**Economia sem Diversão**	229
Capítulo 14	Como um Porsche o Torna Rico	233
Ideias Finais		247
Posfácio		251
Seções de Bônus (contém partes em inglês)		255

UMA MENSAGEM DE ROBERT

Por que Tom Wheelwright?

Se você é um empregado, provavelmente não precisa de um contador. Há pouco que um contador pode fazer por empregados ou seus impostos. Existem contadores sagazes e estúpidos; corajosos e covardes. Tom é sagaz e corajoso. Caso queira se tornar rico, tenha um contador inteligente como Tom.

Tom Wheelwright começou sua carreira em contabilidade como um jovem funcionário de contas a pagar da empresa de impressão de seu pai. Após o ensino médio, Tom foi missionário da igreja Mórmon, em Paris, França, onde aprendeu técnicas de liderança ao lidar com as contas de 175 missionários no norte da França, por nove meses, sendo tesoureiro do presidente da missão.

Depois de sua missão, Tom frequentou a Universidade de Utah, tornando-se bacharel em Humanidades com especialização em contabilidade e extensão em língua francesa. Trabalhou para duas empresas de contabilidade, controlando os livros de uma e preparando as declarações de impostos da outra. Tom frequentou a Universidade do Texas, em Austin, onde cursou o mestrado em contabilidade com área de concentração em tributação. Nessa época, também trabalhou para uma empresa de consultoria local que preparava declarações de impostos.

Após concluir o mestrado no Texas, Tom começou a carreira na Ernst & Whinney, uma das empresas de contabilidade da Big Eight, em Salt Lake, Utah. Dois anos depois, foi convidado a integrar o Departamento Tributário Nacional, em Washington, D.C. Lá trabalhou durante três anos, idealizando e ministrando cursos para milhares de consultores corporativos nos Estados Unidos e lidando com questões fiscais complexas para os negócios da empresa, imóveis e clientes de petróleo e gás.

No Departamento Tributário Nacional, Tom foi transferido para o escritório de Phoenix, onde comandava o setor fiscal imobiliário. Dois anos mais tarde, ingressou na Pinnacle West Capital Corporation, na época uma empresa da *Fortune 500*, como consultor fiscal interno. Quatro anos depois, Tom ingressou na Price Waterhouse, outra empresa global de consultoria, como diretor de serviços estaduais e locais para o escritório de Phoenix.

Após um curto período na Price Waterhouse, Tom decidiu abrir a própria empresa de consultoria. Ele começou com dois clientes, e em cinco anos estava entre as 50 principais empresas de consultoria em Phoenix. A partir de então, sua empresa, ProVision, cresceu a ponto de figurar entre as 20 principais do Arizona, lidando com questões fiscais complexas para clientes em todos os 50 estados norte-americanos em mais de 30 países nos seis continentes. Tom criou estratégias fiscais inovadoras para, com frequência, reduzir os impostos de clientes da ProVision em 40% ou até mais. Tom é um orador talentoso, que escreve para *The Tax Adviser, The Journal of Partnership Taxation* e *Accounting Today*. Ele é autor do best-seller *Tax-Free Wealth* ("Riqueza Livre de Impostos", em tradução livre).

PREFÁCIO

Como as Crises Tornaram Robert e Kim Ricos

Conheci Robert e Kim Kiyosaki em janeiro de 2002. No mês anterior, minha sócia Ann e eu adquirimos uma empresa de contabilidade que já possuía alguns clientes. Eu não sabia muito sobre eles na época. Um amigo, George, me contou no começo de novembro de 2001 que se juntara à *The Rich Dad Company* como seu diretor financeiro (CFO). Outra amiga, Kim, era também cliente da empresa de contabilidade que adquirimos e comentou comigo sobre os Kiyosaki.

Mas somente quando realmente conheci Robert e Kim ao longo dos anos comecei a entender a genialidade financeira deles. Não eram apenas um casal extraordinário que havia escrito um best-seller. Eram um casal atípico, que praticava tudo o que ensinava. E não o faziam a partir de um livro, mas com as lições de suas vidas. Realmente aprenderam por que os ricos cada vez ficam mais ricos e como se juntar à nata dos ricos e famosos sem perder a essência de quem de fato são.

A magia que envolve Robert e Kim Kiyosaki não é por saberem algo que mais ninguém sabe ou por serem os únicos que enriqueceram e ficaram famosos ensinando as pessoas a ganhar dinheiro. A magia é que são exemplos legítimos do que pregam. Tudo neste livro é baseado em como vivem suas vidas. Sei disso porque tenho sido seu contador nos últimos quinze anos. Eu os vi ganhando dinheiro, e também perdendo. Nunca os flagrei fazendo algo em que não acreditassem — ou ensinando o que não fizeram.

Essa autenticidade, essa transparência em sua existência, é o que mais me atrai, e a tantos outros, para a marca Kiyosaki. Viajei pelo mundo com eles. Estivemos juntos na Europa, Ásia, África, Austrália, América do Sul, pelos Estados Unidos e no Canadá. Palestramos na Estônia, Polônia, Moscou, Kiev, Sydney, Melbourne, Joanesburgo, Almaty, Bishkek,

Helsinque, Londres, Tóquio e Xangai. Notei como falam com gentileza com cada pessoa que os param para uma foto ou autógrafo. Lembro-me de um jovem no controle de fronteira em Kiev pedir um autógrafo a Robert e ganhar, além disso, uma selfie. Lembro-me da mulher em Moscou parando-o na rua e dizendo que estaria em seu evento em Roma, e do interesse sincero de Robert em ouvi-la.

Este livro é o ponto culminante da história de Robert e Kim. É uma história de sucesso legítimo, que poucas pessoas atingiram. O que a torna mágica é sua simplicidade. Robert aprendeu alguns princípios básicos sobre finanças que ele e Kim praticaram diligentemente com grande sucesso. É uma história sobre comprar na baixa e vender na alta. É sobre educação e estar preparado para as crises do mercado. Diz respeito a ser persistente frente às intempéries e comprometer-se com uma verdade que mais ninguém estava disposto a discutir.

A história de Robert e Kim começa no dia de seu primeiro encontro.

Robert perguntou a Kim o que queria da vida. Ela ficou surpresa com uma pergunta tão profunda em um primeiro encontro. Mesmo assim, respondeu, pensativa, que queria ser dona do próprio negócio. Ela não queria ser empregada, um caminho já tentado sem sucesso. Ela pensou que seria muito melhor como empresária. À época, não fazia ideia do quão profética seria essa decisão.

Assim, em seu primeiro aniversário de namoro (ou foi no aniversário de Kim?), Robert lhe deu um presente bem incomum. Não foi um diamante ou uma pulseira. Ele a matriculou em um curso de contabilidade. Robert acreditava que se Kim quisesse ser bem-sucedida nos negócios, devia aprender contabilidade. (Como eu queria que mais dos meus clientes dessem um curso de contabilidade de presente a seus cônjuges!)

Robert e Kim passaram por uma jornada de aprendizado sobre dinheiro. Robert aprendeu muito com o pai de seu amigo de infância, a quem chama de pai rico. E aprendeu mais de seu mentor, R. Buckminster Fuller. Ele aprendeu principalmente, entretanto, com a sabedoria das ruas. Sua primeira empresa, um negócio de carteiras para surfistas, teve um rápido sucesso — e um fracasso na mesma velocidade. Seu segundo negócio, de camisas e bonés de beisebol para eventos de estrelas do rock, foi um sucesso ainda maior, e uma derrota de iguais proporções, colocando Robert em um buraco de US$800 mil à época que conheceu Kim. Então sabemos que Kim não se casou com Robert por dinheiro.

Minha experiência diz que todos os empresários que tiveram um sucesso arrebatador tiveram também grandes fracassos. Steve Jobs falhou, sendo demitido da própria empresa. Donald Trump tinha US$800 milhões em dívidas sem um plano objetivo para encontrar uma saída. A vivência do fracasso deu a esses empresários conhecimento, perícia e forças para continuar.

Para Robert e Kim, experiência e educação são inestimáveis. Quando passaram pela primeira grande crise em 1989 e 1990, eles estavam prontos. Haviam estudado sobre imóveis e contabilidade, e aprendido as lições dos negócios. Então, quando chegou a crise das instituições de poupança e empréstimo (conhecida como crise das "savings and loans") nos Estados Unidos, eles estavam prontos para agir.

E o fizeram. Compraram imóveis a preço de banana. Em poucos anos, a renda de seus imóveis excedeu muito suas despesas. Ninguém os chamaria de ricos, mas eles já estavam financeiramente independentes. Tinham uma renda passiva de aproximadamente US$10 mil por mês e suas despesas giravam em torno de US$3 mil mensais. Eles decidiram que isso era algo que deviam ensinar os outros a fazer.

Então, lá em sua pequena casa em Bisbee, Arizona, criaram um jogo para ensinar as lições que aprenderam sobre dinheiro. Chamaram-no de *CASHFLOW® 101*. Para vender o jogo, sabiam que tinham que desenvolver um folheto explicativo. A tarefa de Robert era escrevê-lo. Conforme escrevia as principais lições aprendidas com seu pai rico e com a sabedoria das ruas, percebeu que não caberiam em um folheto de 8 páginas. O texto então se tornou um livro de 132 páginas… que foi chamado de *Rich Dad Poor Dad*.

O lançamento de *Rich Dad Poor Dad* foi a segunda vez em que Robert e Kim se capitalizaram em meio a uma crise. O livro foi publicado em 1997. Ninguém queria publicá-lo, então Robert e Kim o fizeram de forma independente. O livro alcançou o sucesso quando comerciantes da área o adotaram para promover negócios imobiliários. Mas foi quando Oprah Winfrey convidou Robert para ser entrevistado em seu programa, em abril de 2000, que o livro realmente decolou.

Isso foi logo após a crise das empresas pontocom, então o momento foi perfeito. *Rich Dad Poor Dad* ficou no topo da lista dos mais vendidos do *New York Times* por mais de seis anos. Robert e Kim se conectaram ao público, tanto nos Estados Unidos quanto no resto do mundo. Enquanto milhões perdiam as economias de uma vida inteira, Robert e Kim lhes davam uma alternativa aos mercados financeiros, que englobava controlar suas vidas, dinheiro e futuro.

Robert e Kim poderiam ter permanecido inertes, acumulando os royalties de *Rich Dad Poor Dad*. Mas não poderiam fazê-lo, porém, porque isso viola seus princípios fundamentais e a missão de tornar o mundo financeiramente proficiente. Então escreveram mais livros, ensinaram em mais seminários e concederam mais entrevistas... compartilhando gentilmente tudo o que haviam aprendido.

Em 2002, Robert escreveu *Profecias do Pai Rico*. No livro, previu uma grande crise até 2016, e uma menor naquele ínterim. Em 2005, foi visto na CNN predizendo a crise imobiliária seguinte. Então, em 2008 e 2009, o mercado imobiliário e o de ações sofreram uma queda meteórica, como Robert antecipara.

Robert poderia ter chamado a CNN e dito: "Eu avisei." Em vez disso, Kim e ele se ocuparam aproveitando a crise exatamente como ensinaram milhões a fazer. Adquiriram milhões de dólares em imóveis enquanto o mercado estava em baixa. Hoje, possuem milhares de propriedades, incluindo apartamentos, hotéis e campos de golfe. Tudo porque praticaram o que pregam e estavam prontos para a crise, prontos para as oportunidades que surgiram em seu caminho.

Este livro diz respeito a crises — como se preparar, identificá-las e se beneficiar delas. Ninguém quer uma crise do mercado, pois os fracassos devastam os pobres e os financeiramente improficientes. Mas, ao mesmo tempo, ninguém prevê uma crise. Crises ocorrem porque os governos sustentam os mercados. Decorrem de eventos fora do controle das pessoas. Nem mesmo um presidente pode preveni-las.

Sua resposta à crise iminente, incluindo sua preparação para ela, determinará em grande parte seu futuro financeiro pelos próximos anos. A escolha é sua. Você se preparará com a educação financeira encontrada neste livro? Estará pronto para tomar as ações necessárias para lucrar durante a próxima crise? Somente os que o fizerem estarão a salvo dos efeitos da crise. Muitas pessoas serão devastadas por ela. Algumas se tornarão multimilionárias. Quem você vai ser?

— Tom Wheelwright, contador e Consultor da *Rich Dad*
e autor do best-seller *Tax-Free Wealth*
Fundador da ProVision PLC

INTRODUÇÃO

HOUVE UM TEMPO EM QUE... *tudo o que uma pessoa tinha que fazer era ir à escola, conseguir um emprego, trabalhar com afinco, poupar dinheiro, comprar uma casa, livrar-se das dívidas, investir em longo prazo no mercado de ações e viver feliz para sempre.*

Esse Conto de Fadas Acabou.

O abismo crescente entre ricos, pobres e a classe média se deve a esse conto de fadas. Simplificando, as pessoas que o seguem caem nesse precipício. Aqueles que ainda hoje acreditam nesse conto de fadas têm problemas financeiros.

20 Anos Atrás

Em 1997, *Rich Dad Poor Dad* foi lançado. O livro foi publicado de forma independente porque nenhuma das editoras que contatamos entendia o que eu falava. Além disso, creio eu, a maioria das lições do pai rico não fazia sentido 20 anos atrás. Há 20 anos, *Pai Rico, Pai Pobre* foi escrito como um aviso sobre a crise econômica em que estamos atualmente. E, 20 anos atrás, fui criticado por dizer: "sua casa não é um ativo" e "poupadores são perdedores". Mas os tempos mudaram.

Você pode se lembrar de que, 20 anos atrás, em 1997, nos Estados Unidos, o mercado de ações estava crescendo, os empregos eram abundantes e o livro mais popular era *O Milionário Mora ao Lado*, publicado em 1996. *O Milionário Mora ao Lado* é uma história sobre pessoas que seguem contos de fadas: *Vá à escola, consiga um emprego, economize dinheiro, livre-se das dívidas e viva feliz para sempre.* Em suma, em 1996, era fácil ser rico; quase todos o eram.

O milionário ao lado tinha educação universitária, um bom emprego, dirigia um carro tradicional, possuía uma casa que se valorizava e dinheiro no mercado de ações através de um plano de pensão ou um plano pessoal de aposentadoria. A vida era boa. Era fácil se tornar um milionário. O sonho americano era uma realidade.

Um Aviso

Em 1996, o então presidente do Federal Reserve, Alan Greenspan, advertiu sobre a "exuberância irracional", o que significava que as pessoas estavam ébrias e delirantes por acreditar que enriquecer era fácil.

Em 1997, *Pai Rico, Pai Pobre* foi lançado. *Pai Rico, Pai Pobre* era o reverso da moeda de *O Milionário Mora ao Lado*. Meu pai rico não acreditava em segurança no emprego, economizar dinheiro, viver abaixo das possibilidades, dirigir um carro econômico, livrar-se das dívidas ou investir em longo prazo no mercado de ações.

O Mundo Mudou

Então, em 2000, a bolha das empresas pontocom explodiu, o 11 de Setembro mostrou que o terrorismo global *não* estava longe de nossas portas, a explosão da bolha imobiliária aconteceu em 2007 e os maiores bancos nacionais americanos quebraram em 2008.

Nos Estados Unidos as taxas de juros despencaram para abaixo de zero e os poupadores se tornaram perdedores. Os preços do petróleo caíram, fazendo com que as economias baseadas em petróleo se enfraquecessem e a Guerra ao Terror se ampliou. A União Europeia foi abalada quando Grécia, Itália e Espanha começaram a ter problemas. Os ricos enriqueceram quando o mercado de ações atingiu novas alturas... mas os trabalhadores e a classe média empobreceram. Hoje, o mundo está abalado e atravessa a maior crise econômica da história.

20 Anos Depois

Atualmente, nos EUA, muitos milionários ao lado estão desempregados, e suas casas são a "execução hipotecária ao lado".

Hoje em dia, jovens vão para a escola, se graduam (muitas vezes, sobrecarregados por financiamentos estudantis) e dificilmente encontram aquele mítico emprego bem-remunerado. Hoje, a dívida de financiamentos estudantis nos Estados Unidos é de US$1,2 trilhão, maior que as dívidas no cartão de crédito.

Muitos estudantes nunca serão capazes de arcar com um imóvel porque não ganham dinheiro suficiente e estão pagando seus financiamentos estudantis. Vários deles — e recém-formados — ainda vivem com seus pais.

Muitos jovens instruídos estão subempregados. O fracasso dos jovens em conseguir um trabalho de verdade, significativo, desafiador, e de obter experiência em uma empresa é outra bomba-relógio para nosso futuro.

Poupadores São Perdedores

Hoje, os poupadores são perdedores. Juros sobre a poupança atingem mínimos históricos. O Japão, a Suécia e a Área do Euro têm taxas negativas.

As Pensões Estão com Problemas

Nos Estados Unidos, a maioria dos planos de previdência, privados ou públicos, operam com um retorno de 7,5% sobre as aplicações. CalPERS, California Public Employees' Retirement System (sistema de aposentadoria dos funcionários públicos da Califórnia) — o maior plano previdenciário de funcionários do governo dos Estados Unidos — está operando com menos de 2% de retorno sobre o patrimônio líquido, o que significa que milhões de pensões de funcionários públicos foram por água abaixo.

A Previdência Social e o Medicare estão no vermelho. Será que uma nova injeção de dinheiro do governo, que vem dos contribuintes, está por vir?

Os Robôs Estão Chegando

Para piorar a situação, os robôs estão cada vez mais próximos. Em seu livro, *Robôs: A Ameaça de um Futuro sem Emprego*, Martin Ford explica por que o conto de fadas de ir à escola conseguir um emprego estável é delirante. As probabilidades são de que, mesmo se você for um médico, um robô o substitua... *Agora*, não no futuro.

Introdução

Os países mais ricos do mundo estão em uma corrida para desenvolver robôs e tecnologia que substituam seres humanos. Não só os funcionários do McDonald's em breve estarão sem trabalho, como o futuro de jornalistas, professores e de profissionais como advogados, médicos e contadores também é incerto. Martin Ford não escreveu sobre empregos sendo exportados para países de baixos salários. Mas sobre seres humanos substituídos por robôs. Ele afirma que os Estados Unidos podem agora competir com os países de baixos salários nas fábricas. Infelizmente, essa competição será com robôs, não com trabalho humano. A mensagem é clara: o desemprego em massa chegou.

Nosso Novo Presidente

Em 2016, Donald Trump foi eleito presidente dos Estados Unidos Milhões têm medo dele e do que fará. Por outro lado, milhões votaram nele porque conhecem a dor das cidades morrendo e do desemprego crescendo. Votei nele porque representa mudança. E, em minha opinião, muitas coisas precisam ser mudadas.

Donald Trump é meu amigo pessoal. Escrevemos dois livros juntos. Embora eu não compactue com algumas de suas opiniões impensadas e insensíveis sobre mulheres, raça e religião, a pessoa que conheço é um bom homem, bem como excelente pai e grande líder.

Seus três filhos mais velhos são jovens fantásticos. Kim e eu fomos convidados para seus casamentos. A equipe foi composta por mulheres poderosas, autoconfiantes e articuladas, que estiveram com ele por décadas. Sua mulher, Melania, é elegante, bonita e fala o que pensa — em cinco idiomas. Minha mulher, Kim, respeita Donald Trump pela maneira como trata as mulheres.

Donald Trump e eu nos reunimos para escrever livros porque ambos estamos preocupados com a primeira linha do conto de fadas: "Vá à escola." Escolhemos coescrever livros porque somos educadores, tivemos pais ricos e estamos engajados com a qualidade da educação nos Estados Unidos.

Acreditamos que uma educação financeira legítima deve ser acessível a todos os estudantes.

O presidente Trump tem à frente um trabalho complexo, porque os Estados Unidos e o mundo estão com problemas financeiros. Ele também sabe que o conto de fadas terminou.

Por que Este Livro?

Este livro foi escrito como a versão universitária de *Pai Rico, Pai Pobre*. Ele mostra o que a educação financeira legítima é e porque os ricos cada vez ficam mais ricos. A diferença entre os ricos, pobres e a classe média é a educação; infelizmente, não a que é encontrada nas escolas.

A educação financeira legítima inclui um pouco de história financeira. A atual crise não apenas aconteceu. Essa crise vem sendo gerada há mais de cem anos, desde 1913, o ano em que o Federal Reserve e o sistema de impostos norte-americano foram criados. Este livro contará uma breve história da crise. Ao entender os eventos históricos que levaram a ela, você compreenderá por que *O Milionário Mora ao Lado*, a pessoa que ainda acredita em contos de fadas, tem problemas financeiros. O milionário ao lado se parece mais com meu pai pobre.

Durante anos, ninguém se importou que as fábricas saíssem dos Estados Unidos. Por anos, ninguém se interessou em saber por que empregos de altos salários deixavam essa nação. Por muito tempo, ninguém se incomodou que cidades nos Estados Unidos estivessem morrendo. Durante anos, a elite financeira, política e acadêmica viveu bem, sem contato com as partes necrosadas dos Estados Unidos. Bernie Sanders atentou para isso e quase superou Hilary Clinton na primária democrata. Donald Trump, também, e por essa razão ele é hoje o presidente dos Estados Unidos.

Quem Vai Salvá-lo?

Minha preocupação é que muitas pessoas contam com Donald Trump para salvá-las. Embora ele seja um grande homem, não é o Superman.

Introdução

Duvido que possa salvar alguém, a menos que a pessoa esteja, antes de tudo, disposta a se salvar.

Donald Trump e eu nos unimos porque não acreditamos em *dar o peixe às pessoas*, como Bernie Sanders e muitos outros acreditam. Donald Trump e eu acreditamos em *ensiná-las a pescar*. Meu primeiro livro, *Pai Rico, Pai Pobre*, foi escrito há 20 anos, em 1997, para ensinar as pessoas a pescar.

Aviso #1: Educação Legítima

Este livro, *Por que os Ricos Cada Vez Ficam Mais Ricos*, é a versão avançada de *Pai Rico, Pai Pobre* — a universidade do pai rico. Se você não leu *Pai Rico, Pai Pobre*, sugiro que o leia primeiro, antes de começar este aqui. Este livro é para quem já se formou nos ensinamentos do pai rico, os que já estão familiarizados com os princípios e lições daquele livro. Como em todos os livros da série *Pai Rico*, fiz meu melhor para manter as coisas simples. Este livro é acessível, mas o que os ricos fazem não é óbvio.

A Regra 90/10 do Dinheiro

Há uma regra do dinheiro conhecida como 90/10. Essa regra afirma que 10% das pessoas ganham 90% do dinheiro. Este livro e *Pai Rico, Pai Pobre* falam sobre tal regra.

A boa notícia é que alguém com educação financeira *legítima* pode estar entre os 10% que ganham 90% do dinheiro. Neste livro, você vai descobrir por que não é preciso ter recebido uma formação de alto preço em uma escola bem-conceituada para fazer parte desses 10%. Na verdade, muitas pessoas ricas do mundo não concluíram a graduação: Steve Jobs, Mark Zuckerberg e Walt Disney estão entre elas.

Seu desafio é decidir. Você tem o espírito, determinação e motivação para receber a educação financeira legítima? Se for um desistente, não quiser trabalhar arduamente nem estiver disposto a estudar, este livro não é para você.

Caso seja uma pessoa que acredita que a vida deva ser fácil e que o governo deva cuidar de você, então, *definitivamente este livro não é para você*.

A questão é que este livro trata da educação financeira legítima, que não se aprende na escola.

Aviso #2: Impostos

Em 2012, Barack Obama venceu o candidato republicano, o então governador Mitt Romney, por muitas razões. Uma delas foram os impostos. Barack Obama revelou que pagava 30% de impostos. Mitt Romney pagava menos de 14% sobre uma renda de mais de US$20 milhões.

Donald Trump nunca liberou suas declarações fiscais, o que levou seus oponentes à loucura. Julgar isso inteligente ou desonesto, depende do que se pensa sobre impostos.

Uma grande parte deste livro trata de impostos. Se ama pagar impostos e quer pagar ainda mais, este livro não é para você. Se quiser aprender como pessoas como Mitt Romney e Donald Trump ganham milhões e pagam pouco em impostos, este livro é para você.

Impostos São Justos

Muitas pessoas acreditam que os impostos são injustos. Injusta é a falta de educação financeira legítima, que faria com que as pessoas *entendessem* melhor os impostos. O fato é que as leis fiscais são para todos. Todos podem pagar menos impostos... se conhecerem o poder da educação para usar a lei tributária como uma vantagem arrebatadora.

Considerando que impostos são um tema polêmico e controverso, pedi a meu consultor, Tom Wheelwright, para ser meu colaborador, a autoridade em impostos para esse tema no livro. Tom é o consultor mais inteligente, brilhante e diligente que já conheci. Os ricos cada vez ficam mais ricos porque têm consultores como Tom os orientando.

O desafio é que um consultor como Tom Wheelwright não pode fazer tudo sozinho. Se você realmente quer ganhar milhões e pagar menos, até mesmo nada, em impostos, precisa agir como os ricos. Tom não pode fazer muito pelo milionário ao lado.

Introdução

> **Lições de Tom sobre Impostos**
>
> **Impostos Recompensam os Proficientes**
>
> Impostos não se destinam a punir as pessoas. Seu objetivo é recompensar os que agem como o governo deseja. É preciso educação financeira para saber e agir de forma que o governo o gratifique.

Aviso #3: Você Não Pode Fazer Isso

"Você não pode fazer isso aqui." Tom Wheelwright e outros consultores da *Rich Dad* viajam pelo mundo ensinando as lições deste livro.

Em todo lugar que visitamos, incluindo cidades dos Estados Unidos, há pessoas que levantam suas mãos e dizem: "Você não pode fazer isso aqui." Na maioria dos casos, a pessoa é como o milionário ao lado, comumente um médico, advogado, contador ou consultor financeiro.

Ao ler este livro, você provavelmente também dirá: "Você não pode fazer isso aqui." Muitas pessoas dizem "não pode" porque não são financeiramente proficientes.

Tom Wheelwright costuma convidar outros consultores, de países que visitamos, para se juntar a nós no palco e conferir se o que falamos *pode* ser feito no país em que estamos. Mesmo assim, as pessoas argumentam: "Você não pode fazer isso aqui."

E o fato é que *eles* não podem. Sem a educação financeira legítima apresentada neste livro, ninguém consegue fazer o que os ricos fazem, mesmo se for médico, pós-graduado, advogado ou até mesmo um consultor financeiro.

A imagem a seguir mostra quem pode fazer o que fazemos.

```
    D
E
       ®
   A   I
```

Pessoas que dizem: "Você não pode fazer isso aqui" são, na maioria das vezes um E, de empregados, e A, de autônomos, pessoas como corretores de imóveis, web designers e cabeleireiros ou *autoridades em seus pequenos negócios ou em uma área*, como médicos e advogados.

Observe a imagem novamente, você pode ter uma ideia melhor do porquê de alguns dizerem: "Você não pode fazer isso aqui"… e por que algumas o fazem.

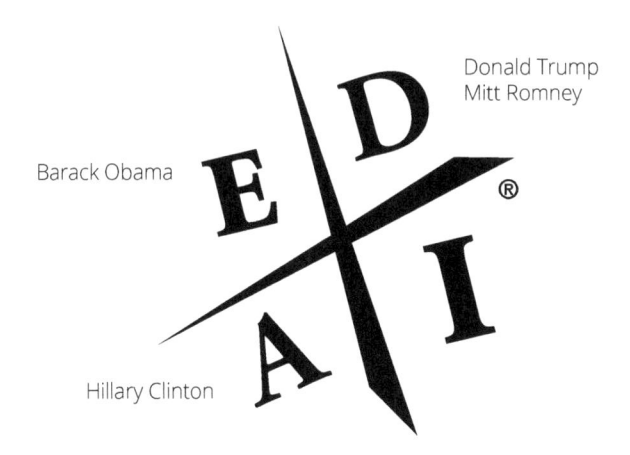

Donald Trump
Mitt Romney

Barack Obama

Hillary Clinton

O quadrante D significa dono de grandes empresas, com 500 empregados ou mais.

O quadrante I se refere a investidores profissionais.

A maioria dos E e A investem como o milionário ao lado. São investidores de varejo que investem em ações, títulos, fundos de investimentos e ETFs. Investidores profissionais são pessoas que criam os próprios investimentos ou investem em preços de atacado. Pessoas que dizem "Você não pode fazer isso aqui" são os E e A que investem em ativos de papel.

Este livro descreve o que as pessoas dos quadrantes D e I realmente sabem e fazem. Você pode agir como eles se estiver disposto a investir em sua educação financeira legítima. Se o fizer, será um dos poucos que realmente saberão por que os ricos cada vez ficam mais ricos.

Entre para o Clube 90/10

Se estiver disposto a fazer o que é necessário para chegar aos quadrantes D e I, você entrará para o clube 90/10, naqueles 10% que ganham 90% do dinheiro.

Se não quiser se juntar aos 10%, pode se unir à multidão que prefere dizer: "Você não pode fazer isso aqui"... mesmo que possa.

Muitas pessoas dizem: "Você não pode fazer isso aqui" porque é mais fácil recuar e negar a possibilidade de realmente *fazer acontecer*... do que agir. Este livro é para todos, ricos ou pobres, altamente instruídos ou não, que querem fazer acontecer.

Robert não é Republicano nem Democrata.
É um eleitor independente de filiações e um defensor da educação financeira.

A missão da *Rich Dad*:
Elevar o bem-estar financeiro da humanidade.

Parte 1

POR QUE OS RICOS CADA VEZ FICAM MAIS RICOS

Introdução à Parte 1
O OUTRO LADO DA MOEDA

Todas as moedas têm três lados: cara, coroa e borda.

A inteligência se encontra na borda da moeda e na capacidade de enxergar seus dois lados.

A Parte 1 deste livro se concentra no lado dos ricos da moeda.

Na Parte 1 você descobrirá como *impostos* empobrecem os pobres e a classe média, enquanto, do outro lado, os mesmos impostos tornam os ricos mais ricos.

O mesmo se aplica às *dívidas*. Dívidas tornam os pobres e a classe média mais pobres, ao passo que enriquecem os ricos.

Após ler a Parte 1, você estará mais apto a ficar na borda da moeda, observar ambos os pontos de vista e decidir qual lado é o melhor para você.

Capítulo 1

O QUE FAÇO COM MEU DINHEIRO?

Pai pobre:
Não estou interessado em dinheiro.

Pai rico:
Se você não se interessa por seu dinheiro, alguém o faz.

Uma pergunta que sempre me fazem é:

Tenho US$10 mil. O que faço com meu dinheiro?

Perdi as contas de quantas pessoas, em cidades ao redor do mundo, me fizeram essa pergunta. Todos buscam a pílula mágica, a resposta fácil. E, embora a quantia de dinheiro varie — de US$1 mil a US$2,5 milhões —, a pergunta que me fazem é sempre a mesma. *O que faço com meu dinheiro?*

Minha resposta padrão é:

Não anuncie ao mundo que você é um "inepto financeiro". Se não sabe o que fazer com seu dinheiro, há milhões de pessoas que lhe dirão como agir. Em muitos casos, o que lhe recomendarão é: "Dê seu dinheiro para mim."

Capítulo 1

O Detalhe

O que você faz com seu dinheiro é o *detalhe* — o passo final —, a última peça de seu quebra-cabeça financeiro.

Este livro se ocupa com o *quadro geral* — uma tentativa de olhar a imagem global, o quebra-cabeça completo. Então você decide quais peças são as ideais para você.

Como o pai rico dizia:

> *Há muitas portas para o nirvana financeiro.*

A Classe Média e os Pobres... Empobrecem

O mundo está imprimindo dinheiro. Nosso dinheiro é tóxico. A instabilidade de nosso dinheiro desestabiliza a economia. Quanto mais dinheiro tóxico é criado, maior se torna o abismo entre ricos, pobres e classe média.

Os ricos cada vez ficam mais ricos porque os pobres e a classe média se concentram no detalhe. Muitas pessoas foram ensinadas a *trabalhar arduamente, pagar impostos, economizar dinheiro, comprar uma casa, livrar-se das dívidas e investir no mercado de ações*.

São ações relacionadas ao detalhe. São os mesmos passos que muitos pais, professores e especialistas financeiros lhe dizem para seguir.

Palavras de Warren

Warren Buffett, um dos homens mais ricos e, sem dúvida, um dos investidores mais inteligentes do mundo, comenta sobre consultores financeiros:

> *Wall Street é o único lugar em que pessoas em um Rolls-Royce se aconselham com quem pega metrô.*

O pai rico colocou desta maneira: "*A classe média tem problemas financeiros porque se aconselha com vendedores, não com ricos.*"

Vendedores precisam vender para colocar comida na mesa. Eles precisam de dinheiro. Se não venderem, não comem. É por isso que é tolo anunciar ao mundo: *Tenho $10 mil e sou um estúpido em finanças. Diga-me o que fazer.*

Segundo Warren Buffett:

> *Nunca pergunte a um corretor de seguros se você precisa de mais um seguro. A resposta será sempre: "Sim."*

Buffett sabe o que diz. Ele possui uma das maiores companhias de seguros de automóveis dos Estados Unidos, a GEICO. É um homem muito rico que contrata pessoas para venderem para ele.

Pergunte à maioria dos profissionais financeiros de vendas quanta educação financeira têm. A resposta honesta é: "Não muita."

Pergunte quantos livros sobre dinheiro leram, e a resposta provavelmente será igual. Não muitos.

Então lhes pergunte se são ricos. Podem parar de trabalhar e ainda colocar comida na mesa?

Homem versus Macaco

Anos atrás, houve um concurso entre um macaco e avaliadores profissionais de ações.

O macaco escolheu ações atirando dardos em um alvo em que os nomes das empresas estavam marcados.

Os avaliadores usaram sua educação, treinamento e habilidades intelectuais para analisar valores antes de escolher uma ação.

O macaco ganhou.

Perdedores Bem-remunerados

Em 12 de março de 2015, a *CNN Money* publicou um artigo que dizia:

> *Impressionantes 86% dos gestores de fundos ativos falharam em suas avaliações.*

Os especialistas altamente instruídos e remunerados não conseguiram bater o mercado. O artigo continua:

> *"E, não, não foi um caso isolado. Cerca de 89% dos gestores de fundos apresentaram um baixo rendimento em suas avaliações nos últimos cinco anos, e 82% fizeram o mesmo na última década"*, afirmou a S&P.

Em outras palavras, se um macaco tivesse escolhido o índice futuro da S&P 500, provavelmente superaria 90% dos especialistas em cinco anos e 80% deles em dez. A lição é que se um macaco pode superar especialistas altamente remunerados... você também pode.

O S&P 500

Só porque um macaco consegue escolher ações do S&P 500, não significa que o S&P está ganhando dinheiro. O macaco e o S&P perdem. Como pode ver no quadro abaixo, o S&P também teve suas oscilações.

Gráfico do Índice Histórico do Standard & Poor 500
De 4 de Janeiro de 1960 a 30 de Dezembro de 2016

Fonte: FedPrimeRate.com (conteúdo em inglês) | Panorama histórico do Índice S&P 500.

Então, por que investir em longo prazo? Por que perder dinheiro quando o mercado quebra? A diversificação não o protege de perder dinheiro. O S&P é um grupo altamente diversificado de 500 ações.

Warren Buffett

Mesmo a empresa de Warren Buffett, a Berkshire Hathaway, não conseguiu nada muito melhor que o S&P 500 depois que as crises começaram, em 2000.

Berkshire Hathaway versus S&P 500 (Retorno de 5 Anos)

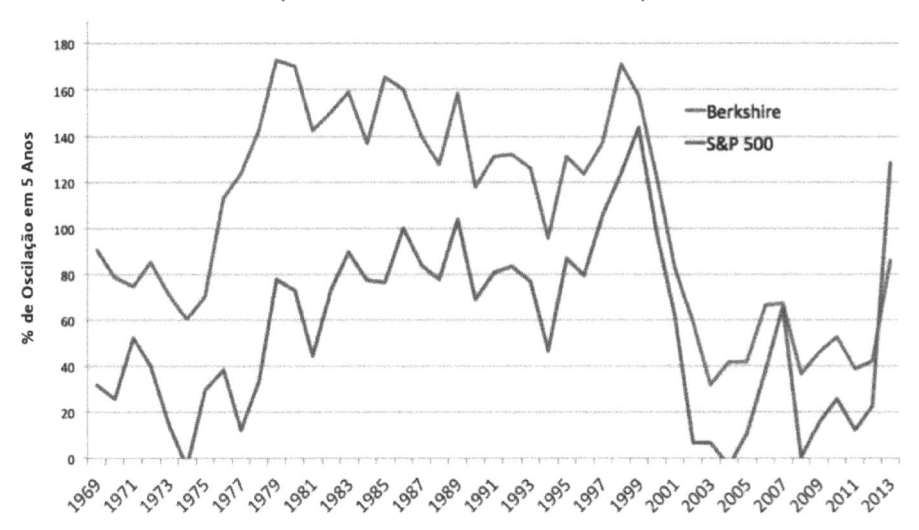

Fonte: Business Insider.

Imagino o que acontecerá quando a próxima crise chegar.

P: *Você está dizendo que Warren Buffett não superou o S&P 500? Está dizendo que ele também perdeu dinheiro?*

R: Olhe os gráficos.

P: *Então, quem investe com ele?*

R: Pessoas que dizem: "O que faço com meu dinheiro?"

P: *E os que perderam dinheiro? Não se sente mal por eles?*

Capítulo 1

R: Com certeza. Por que acha que ensino, escrevo livros e crio jogos de tabuleiro financeiros? Já estive quebrado. Também perdi dinheiro. Sei como é. Dilacera meu coração ver pessoas com problemas financeiros.

Se até Warren Buffett perde dinheiro, você não acha que deveria considerar investir em sua educação financeira antes de entregar seu dinheiro a especialistas?

Afinal, se um macaco pode superar especialistas, por que você não pode?

Capítulo 2
POR QUE POUPADORES SÃO PERDEDORES

Pai pobre:
Economizar dinheiro é inteligente.

Pai rico:
Poupadores são perdedores.

15 de agosto de 1971, ***começo oficial*** da atual crise financeira.

15 de agosto de 1971, Richard Nixon ***desatrelou o dólar do padrão-ouro.***

É Dinheiro, Estúpido

15 de agosto de 1971, ***os Estados Unidos passam a imprimir dinheiro.***

Capítulo 2

15 de agosto de 1971, **data oficial em que os ricos começaram a ficar mais ricos** — e os pobres e a classe média, mais pobres.

15 de agosto de 1971, o dia em que **poupadores se tornaram perdedores**.

O Aviso

Em 8 de abril de 1997, *Rich Dad Poor Dad* foi oficialmente lançado. Sua publicação foi independente porque os editores para quem mandamos o livro o desmereceram, alguns comentando: "*Você não sabe do que está falando.*"

Os editores discordaram de muitas lições do meu pai rico sobre dinheiro, especialmente a Lição #1:

Os ricos não trabalham por dinheiro.

A Lição #1 do pai rico é a pedra angular de seus ensinamentos financeiros.

Há muitas razões por que os ricos não trabalham por dinheiro. Uma delas são os impostos. O pai rico dizia: *Os que trabalham por dinheiro pagam os maiores porcentuais em impostos.*

A razão principal é porque, após 1971, o dólar norte-americano deixou de ser dinheiro. Tornou-se moeda fiduciária.

P: *O que é moeda fiduciária?*

R: É dinheiro sem valor, lastreado por nada além de um *decreto governamental*.

P: *O que é um decreto governamental?*

R: Em termos simples, o governo cria leis dizendo que um pedaço de papel é dinheiro, moeda corrente. Por exemplo, as pessoas devem pagar seus impostos com a moeda do país. Você não pode pagá-los com ouro ou galinhas.

P: *O que há de errado com a moeda fiduciária?*

R: Os governos tendem a gastar mais do que os impostos que cobram. Fazem promessas que nem sempre podem cumprir. Então imprimem moeda fiduciária para pagar contas, fazendo-a valer cada vez menos.

P: *Então eu preciso trabalhar mais... e a vida fica mais cara?*

R: Exato.

P: *As moedas fiduciárias podem perder todo o valor?*

R: Em um determinado ponto elas se tornam inúteis porque os burocratas do governo não sabem como ganhar dinheiro. Eles só sabem gastar.

O filósofo francês Voltaire (1694–1778) disse:

Dinheiro de papel por fim volta a seu valor intrínseco — zero.

Quando o dólar norte-americano era lastreado pelo ouro, era difícil de imprimir dinheiro. A partir do momento que foi desatrelado, as pessoas começaram a imprimi-lo, e os poupadores se tornaram perdedores.

Dinheiro É Tóxico

Depois de 1971, o dólar norte-americano se tornou tóxico. Em 1971, ele se tornou dívida — uma promissória dos contribuintes norte-americanos. Enquanto os contribuintes não reclamavam, as impressões não paravam. Imprimir dinheiro tóxico era como dar mais álcool a um ébrio. O álcool faz um bêbado se sentir melhor, da mesma maneira que o dinheiro, mesmo que também seja tóxico.

Por 29 anos, de 1971 a 2000, o mundo festejava. Infelizmente, a festa acabou.

Capítulo 2

A Festa de 30 Anos

O gráfico abaixo conta a história dessa festa de 30 anos.

120 Anos do *Dow Jones*

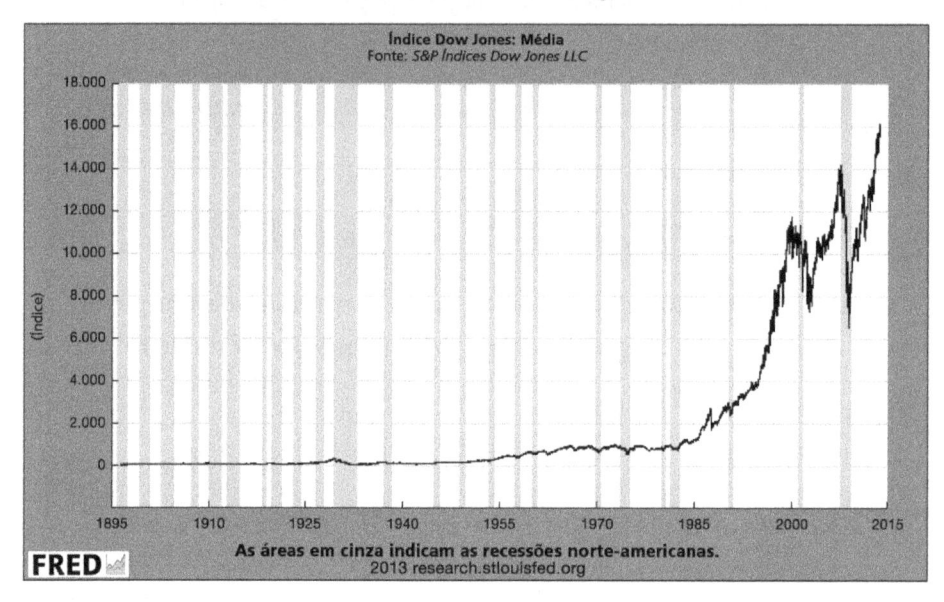

Fonte: Federal Reserve Economic Data (FRED).

Como você pode ver pelo gráfico acima, a festa começou a esfriar por volta do ano 2000, o começo do século XXI.

Três Crises Gigantes

Nos primeiros dez anos deste século, o mundo passou por três crises gigantes.

Primeiro, a crise das pontocom, em 2000, depois veio a do mercado imobiliário, em 2007, seguida pela quebra do mercado de ações, em 2008.

A cada crise do mercado, as impressoras funcionaram a todo vapor, imprimindo mais dinheiro a fim de que a economia não entrasse em colapso.

P: *Então o crescimento entre 1971 e 2000 foi causado pela impressão de dinheiro?*

R: Sim.

P: *Mas agora a festa acabou?*

R: Sim.

P: *E eles ainda estão imprimindo mais dinheiro? Esperando que isso salve a economia?*

R: Sim. E é por isso que poupadores são perdedores.

Hoje, nos Estados Unidos, as taxas de juros para as poupanças estão próximas ou abaixo de zero. Mais uma vez, poupadores são perdedores.

Ironicamente, os bancos hoje têm muito mais dinheiro. Mesmo assim as pessoas estão empobrecendo. Isso porque o dinheiro é tóxico. O *dinheiro* está tornando as pessoas mais pobres. Os que trabalham por dinheiro e o economizam estão ficando doentes.

Por que Poupadores São Perdedores

Em 1976, nos Estados Unidos, uma pessoa podia economizar dinheiro e enriquecer. Por exemplo:

Em 1976, $1 milhão na poupança X 15% de juros = $150 mil anuais. Você vivia bem com $150 mil por ano em 1976.

As coisas são muito diferentes atualmente.

Hoje, $1 milhão na poupança X 2% de juros = $20 mil anuais.

Isso mostra quanto o dinheiro se desvalorizou.

E 2% de juros são até muito atualmente.

Olhemos os juros considerando a inflação. Se a inflação for de 5%, você perde 3% do seu dinheiro por ano, e a inflação existe porque o governo norte-americano continua a imprimir dinheiro.

Adicione a esse fato que em **30% do mundo,** os juros estão abaixo de zero.

P: *Os bancos me cobrarão para guardar meu dinheiro?*

R: É esse o significado das taxas de juros negativas.

P: *Por que alguém pouparia dinheiro se o banco cobra por isso?*

R: Não sei. Não faz sentido para mim.

Capítulo 2

Os ricos cada vez ficam mais ricos porque amam dívidas. Eles sabem como usá-las para enriquecer.

Taxas de juros baixas me dizem: "Venha pedir dinheiro emprestado. Ele está à venda."

Profecias do Pai Rico

Em 2002, *Profecias do Pai Rico* foi publicado. O pai rico previu que a maior crise mundial da história aconteceria em 2016, um pouco antes, um pouco depois.

Ele também previu que haveria várias grandes crises antes da maior de todas, que viria por volta de 2016.

P: *Ele fala dessas crises de 2000, 2007 e 2008?*

R: Sim.

P: *Como conseguiu ser tão preciso em suas previsões?*

R: Há muitas razões. A principal é que não é a primeira vez que os governos imprimem dinheiro para pagar suas contas.

Lições da História

Os chineses foram os primeiros a imprimir dinheiro.

O primeiro uso generalizado de papel-moeda ocorreu na China, durante a Dinastia Tang (618–907 a.C.). O uso se espalhou para Índia, Pérsia e Japão, mas sua propagação foi de curta duração, porque o comércio parou quando as pessoas pararam de aceitar o papel-moeda.

P: *Por que as pessoas pararam de aceitar o primeiro papel-moeda?*

R: Porque os governos imprimiam muito dinheiro. E estão fazendo o mesmo hoje.

O Império Romano desmoronou, em parte, porque taxava os agricultores para financiar suas guerras. Quando os impostos já não podiam cobrir as despesas da guerra, os imperadores romanos começaram a aviltar as moedas. O aviltamento era sua maneira de imprimir dinheiro.

P: *O que aviltamento significa nesse contexto?*

R: Significa que pegavam metais preciosos, como ouro e prata, e os misturavam com metais como níquel e cobre, desvalorizando as moedas. Então as pessoas não confiavam no valor delas.

Os Estados Unidos fizeram o mesmo em 1964, por isso que as moedas de "prata" têm um tom acobreado na borda.

Os Estados Unidos Imprimem Dinheiro

George Washington imprimiu "continentais" para pagar a Guerra Revolucionária. Os soldados pararam de lutar quando o valor do continental chegou a zero. Hoje, o ditado "Não vale um continental" ainda se aplica.

Durante a Guerra Civil, o Sul imprimiu dinheiro para combater o Norte. Rapidamente o dólar confederado perdeu seu valor.

P: *Então o pai rico baseou sua profecia nessa história?*

R: Sim, e em outros fatores. A educação financeira legítima deve incluir história financeira. A história permite que você vislumbre o futuro.

Como o grande Yogi Berra, jogador do New York Yankees (um time de beisebol), disse uma vez:

"É um déjà vu *ininterrupto."*

Hoje, nosso dinheiro se torna cada vez mais tóxico à medida que os governos ao redor do mundo o imprimem.

P: *Por que eles imprimem dinheiro?*

R: Para evitar que suas economias colapsem.

Olhe novamente para o gráfico de 120 anos do índice *Dow Jones*.

Capítulo 2

120 Anos do *Dow Jones*

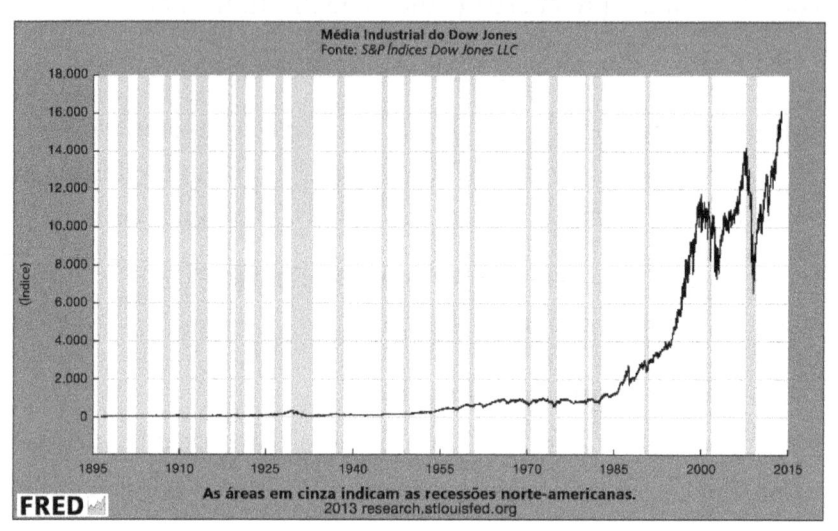

Fonte: Federal Reserve Economic Data (FRED).

Você pode perceber que depois de 1971 — o ano em Nixon desatrelou o dólar do ouro —, a economia decolou.

Imprimir dinheiro colocou os Estados Unidos e o mundo em uma bolha.

Em 2000, a bolha começou a vazar. Para evitar uma crise, o governo imprimiu mais dinheiro.

A bolha começou a estourar em 2007, com a crise do mercado imobiliário e, depois, em 2008, quando os bancos quebraram. Enquanto isso, as impressoras permaneceram funcionando.

P: *E agora a economia global pode entrar em colapso?*

R: Sim. Após 2008, o Federal Reserve (Fed) e o Tesouro norte-americano iniciaram a maior impressão de dinheiro da história mundial, um evento conhecido como *quantitative easing* (*flexibilização quantitativa*).

É isso o que acontece com a moeda corrente quando o governo imprime dinheiro.

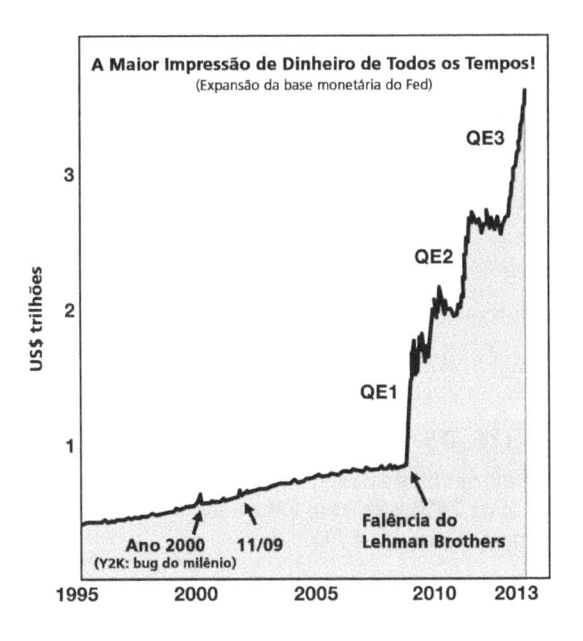

A Maior Impressão de Dinheiro de Todos os Tempos!
(Expansão da base monetária do Fed)

Fonte: MarketWatch.

O dólar norte-americano perdeu quase 90% de seu valor entre 1913, o ano em que o Fed foi criado, e 1971, quando Nixon o desatrelou do padrão-ouro.

Poder de Compra do Dólar (1900-2003)

Fonte: Financial Sense.

Capítulo 2

Entre 1971 e 2016, o dólar perdeu 90% de seu valor.

P: *Então o nosso dinheiro é a verdadeira razão para os ricos cada vez ficarem mais ricos e os pobres e a classe média, mais pobres?*

R: Sim. Há quatro motivos principais para esse abismo. São eles:

1. **Globalização:** Os empregos se deslocam para países com salários mais baixos. Considerando que os ricos são donos das fábricas, enriquecem ao contratar mão de obra mais barata.

Para Onde os Empregos Estão Indo

Multinacionais sediadas nos EUA criam empregos no exterior durante os anos 2000 e cortam empregos domésticos. Dados acumulados desde 1999.

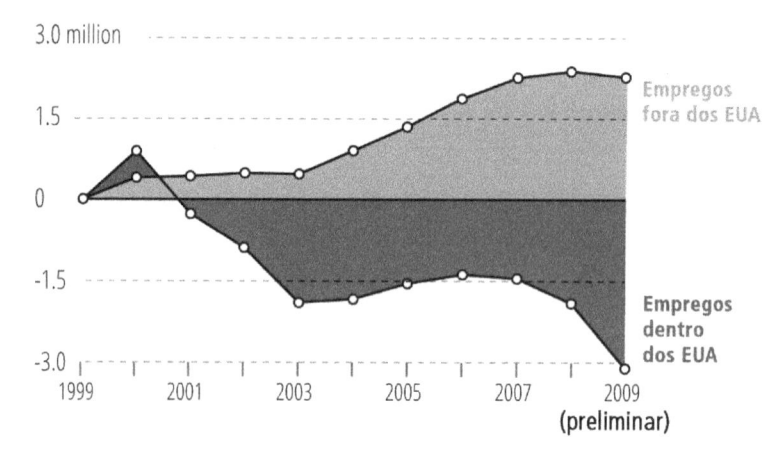

[Gráfico mostrando Empregos fora dos EUA subindo até ~3.0 milhões e Empregos dentro dos EUA caindo até ~-3.0 milhões entre 1999 e 2009 (preliminar)]

Fonte: *Wall Street Journal.*

2. **Tecnologia:** Se uma pessoa que trabalha por dinheiro quer mais dinheiro, um engenheiro empreendedor vai criar um robô, software ou IA que a substitua. Robôs não precisam de benefícios ou descanso, e trabalham 24 horas por dia.

3. Menos famílias têm renda de classe média

Não só as rendas da classe média estão estagnadas, mas o porcentual das famílias com rendimentos de classe média também estão em declínio desde 1970. O porcentual das famílias norte-americanas que ganham entre 50% e 150% da renda média era de 42,2% em 2010, abaixo dos 50,3% de 1970.

Porcentual de famílias com renda anual até 50% da média

1970	1980	1990	2000	2010
50,3%	47,3%	45,6%	44,2%	42,2%

Fonte: Alan Krueger, The Rise and Consequences of Inequality.* Discurso proferido no Center for American Progress, Washington, D.C, 12 de Janeiro de 2012.

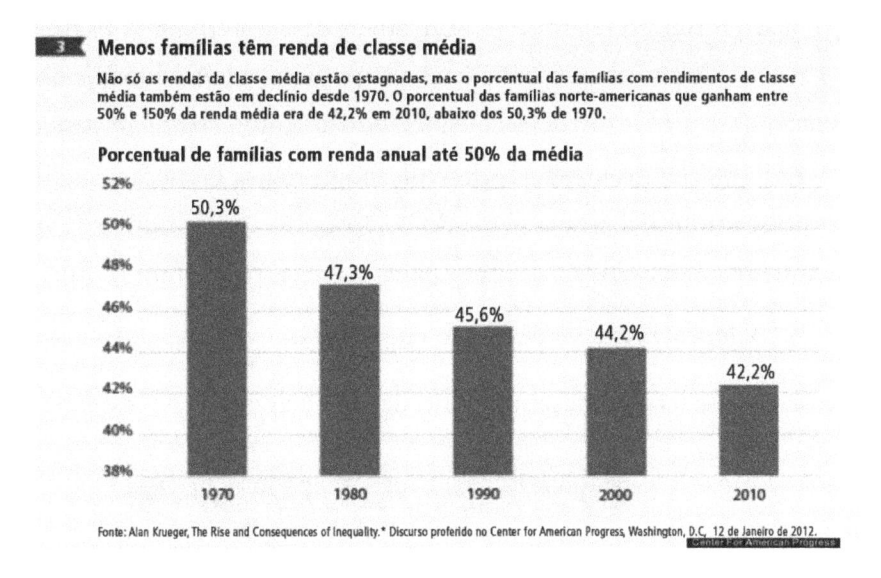

Fonte: Alan Krueger.

3. **Financeirização:** a ciência de imprimir dinheiro.

Aqui estão algumas definições que podem ser úteis:

Financeirização é o processo pelo qual mercados, instituições e elites financeiras ganham maior influência sobre política e resultados econômicos. É a maneira pela qual essas entidades ampliam seu tamanho e influência.

A financeirização é comumente conhecida como engenharia financeira.

Os engenheiros financeiros mais brilhantes constroem Frankensteins — monstros conhecidos como *derivativos*. Um dos monstros do dr. Frankenstein é o crédito de alto risco, destinado a pessoas que não podiam pagar pelo "Sonho Americano". Engenheiros financeiros reestruturavam esses financiamentos imobiliários tóxicos, classificando-os como *crédito de primeira linha*, e os vendiam para o mundo como "ativos".

Warren Buffett chamou os derivativos de *armas financeiras de destruição em massa*. Ele percebeu o quão letal eles podiam ser. A Moody's deu sua benção a esses ativos tóxicos considerando-os como *crédito de primeira linha*.

Em 2007, essas armas de destruição em massa começaram a disparar. A economia mundial estava perto do colapso. Os contribuintes resgataram os banqueiros, que, em vez de irem para a cadeia, receberam bônus.

4. Cleptocracia: Capitalismo clientelista.

Talvez se lembre deste desenho das primeiras páginas do livro...

Há várias definições para cleptocracia:

> 1) *Um governo ou estado em que os representantes exploram e roubam os recursos nacionais; governado por ladrões.*
>
> 2) *Uma sociedade cujos líderes tornam a si mesmos ricos e poderosos roubando de todos os outros.*

Hoje, a cleptocracia é desenfreada não só nos Estados Unidos, mas em todo o mundo. Há corrupção desenfreada no governo, esportes, educação, negócios e até nas religiões. Há pessoas que acreditam que Washington, D.C., significa *Distrito da Corrupção*.

A financeirização não acontece sem cleptocracia.

5. **O *Baby Boom*:** Os *baby boomers* (1946 a 1964) causaram parte do crescimento entre 1971 e 2000. Infelizmente, eles já não são mais bebês. São agora "cidadãos idosos". Seus anos dourados já se foram. Suas McMansions estão à venda.

Há um ditado que diz: "A demografia é destino." Muito de *Profecias do Pai Rico* foi baseado na demografia do *baby boom*. Os picos de gastos e anos de desperdício dessa geração ficaram para trás. Eles viverão mais, agirão como jovens e agitarão e atrapalharão a economia global até 2050, muitos tirando da economia mais do que colocaram. Há 75 milhões de *baby boomers* norte-americanos.

O próximo *baby boom* é a geração milênio (1981–1997). Haverá 81,1 milhões deles nos Estados Unidos em 2036.

O Velho e o Novo

O mundo ocidental é velho; o Novo Mundo, jovem. O Novo Mundo são mercados emergentes como Índia, Vietnã, Oriente Médio, América do Sul, África e Europa Oriental.

O Novo Mundo é o mundo da geração milênio. Eles são versados em tecnologia e nasceram em um mundo cibernético.

Assim como os *baby boomers* norte-americanos desestabilizaram o mundo, a geração milênio, do Novo Mundo, já está chacoalhando suas estruturas. Terrorismo, migração em massa, Uber, AirBnB e guerras cibernéticas são o começo da transformação.

O Fim do Crescimento

Ouvir especialistas financeiros é ouvir falarem sempre em "crescimento". A palavra *crescimento* faz os corações baterem mais forte. A palavra *crescimento* empolga as pessoas — "crescimento da economia"… "crescimento da riqueza". Após a crise de 2008, especialistas continuaram falando sobre "brotos verdes". Isso significa que eles estão procurando por um novo crescimento.

Olhe mais uma vez, atentamente, para o ano de 2008 no gráfico, o ponto mais baixo.

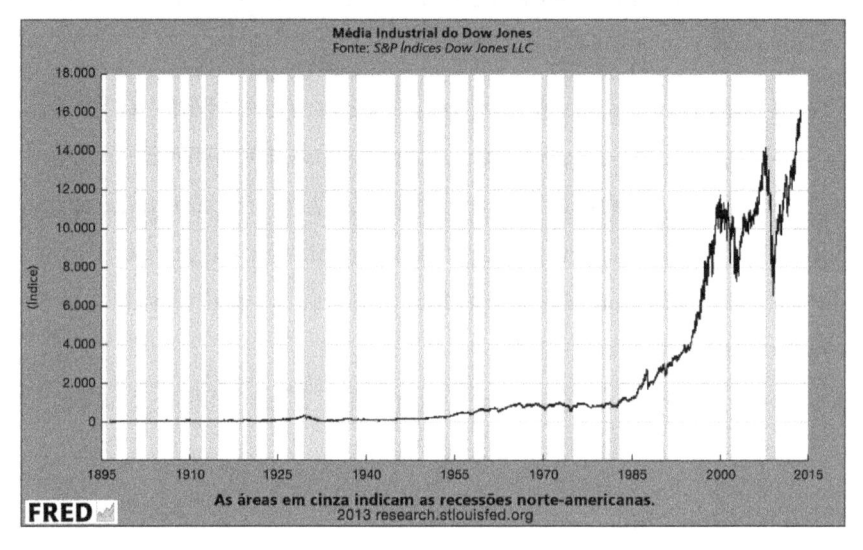

120 Anos do *Dow Jones*

Fonte: Federal Reserve Economic Data (FRED).

Poupadores realmente se tornaram perdedores em 2008. Foi o ano que o Fed começou a maior impressão de dinheiro da história mundial. E a impressão não parou mais.

Aviso aos Poupadores... de Buffett

Em setembro de 2010, Warren Buffett disse aos poupadores:

A única coisa que vou lhes dizer é que o pior investimento que você pode ter é dinheiro. Todos o colocam em um pedestal e coisas do tipo. O dinheiro está se desvalorizando com o tempo.

Nossos líderes ainda esperam os brotos verdes, mais crescimento. Esperam que imprimir dinheiro salve a economia.

Lord Rothschild, da poderosa dinastia bancária Rothschild, é frequentemente citado:

Esse é o maior experimento na história monetária mundial.

A família Rothschild sabe do que fala. Eles criaram o moderno sistema bancário da Alemanha, na década de 1760.

    P: *Nossos representantes políticos podem nos salvar?*

    R: Não. O problema não são os políticos. O fundador do banco Rothschild, Mayer Amschel Rothschild (1744–1812), recebe os créditos por ter dito:

Dê-me o controle do dinheiro de uma nação e não me importarei com quem faz as leis.

    P: *Então não faz muita diferença se Republicanos ou Democratas estão no controle em Washington? Os ricos controlam o mundo?*

    R: Correto. Lembre-se sempre dessa regra de ouro:

Quem tem o ouro faz as regras.

O pai rico me ensinou a jogar pelas regras dos ricos. Se quiser aprender mais sobre como os ricos jogam com as regras do dinheiro, continue a leitura.

Capítulo 3
POR QUE OS IMPOSTOS ENRIQUECEM OS RICOS... LEGALMENTE

Pai pobre:
Pagar impostos é uma atitude patriótica.

Pai rico:
Não pagá-los é uma atitude patriótica.

Durante as eleições presidenciais de 2012, Obama falou para o mundo que pagava 30% de imposto de renda.

Seu oponente, Mitt Romney, declarou que pagava 13%.

Os impostos foram mais um prego no caixão de Mitt Romney e em sua tentativa de se tornar presidente dos Estados Unidos. Milhões ficaram ultrajados. Milhões o chamaram de trapaceiro e desonesto. Milhões votaram em Obama porque sentiram um vínculo com o candidato democrata, acreditando que "Obama é como eu".

A palavra "ignorância" não significa estúpido. A base da palavra é "ignorar". Ignorar algo significa que uma pessoa ativamente *não quer saber*.

Definições de acordo com o Dicionário Merriam-Webster (tradução livre):

Ignorância: *Destituição de conhecimento*

Ignorar: *Recusar-se a tomar conhecimento*

Capítulo 3

A maioria de nós sabe que impostos são nossas maiores despesas. Mesmo que muitas pessoas escolham *ignorar o assunto impostos*. Elas *escolhem ser ignorantes*, e ficam revoltadas com pessoas como Romney, que sabem ganhar dinheiro e pagar menos impostos — legalmente.

Sem educação financeira, muitas pessoas se tornam financeiramente ignorantes a respeito dos impostos. Muitas delas votam em políticos que prometem "tributar os ricos". E se perguntam por que seus impostos continuam a subir. O problema não são os impostos; mas os gastos.

Um dos motivos para a desigualdade de riqueza e renda são os impostos. Simplificando, os ricos sabem como fazer mais dinheiro e pagar menos impostos do que os pobres e a classe média — legalmente. Os ricos nem sempre são mais espertos, simplesmente preferem não ser ignorantes.

Impostos sobre Impostos

Há mais impostos além do imposto de renda. Há impostos sobre impostos. É estimado que para cada dólar que uma pessoa gasta, 80% se torna, direta ou indiretamente, um tipo de imposto... e volta para o governo.

Por exemplo, se você paga um dólar pela gasolina, não apenas esse dólar já é *líquido após impostos*, o que significa que ele já foi tributado, como a maior parte do dinheiro que você paga pela gasolina vai para variados tipos de impostos. A companhia de petróleo recebe pouco do dólar usado para comprar a gasolina. Em seguida, ela paga imposto sobre a parte do *seu dólar* que recebeu. Falamos de *centavos de dólar!*

Acho que muitas pessoas concordam que a falta de educação financeira revela-se em nossos representantes. Muitos são funcionários, como meu pai pobre, pessoas que sabem gastar dinheiro, mas que não têm ideia sobre como ganhá-lo. Líderes financeiramente improficientes estão no centro dessa crise global.

Uma Breve Lição de História

1773: A Festa do Chá de Boston

Foi uma revolta fiscal — o estopim que levou à Guerra Revolucionária. Em 1773, era uma atitude patriótica *não pagar impostos.*

Exceto por algumas circunstâncias e guerras, como a Guerra Civil, os Estados Unidos eram praticamente um país sem impostos ou de baixa tributação de 1773 a 1943. Não pagar impostos era algo patriótico. E o país cresceu.

1943: A Lei Tributária (*Current Tax Payment Act*)

A Segunda Guerra Mundial foi cara. O governo precisava de dinheiro para combater na guerra. A lei tributária foi aprovada como um "imposto temporário".

Essa lei representou a primeira vez que o governo foi autorizado a deduzir impostos diretamente dos salários, antes de os trabalhadores serem pagos. Era como colocarem as mãos em seus bolsos! Esse é mais um motivo pelo qual os ricos não trabalham por dinheiro.

Depois de 1943, o governo passou a tirar cada vez mais do salário dos empregados. No começo dos anos 1960, lembro-me de abrir meu primeiro contracheque e me perguntar: "Quem mexeu no meu dinheiro?"

O problema foi que a lei de 1943 não foi temporária. Agora é permanente. O governo agora tem um aspirador legalizado para sugar o dinheiro do seu bolso.

Os Impostos Reduzem as Guerras

Se realmente queremos a paz mundial, usemos impostos para financiar guerras.

Em 1961, durante seu discurso de despedida à nação, Dwight D. Eisenhower, ex-comandante das Forças Aliadas na Europa, alertou o mundo sobre o poder em ascensão do complexo industrial militar.

Os Estados Unidos estiveram em guerra desde então.

P: *Por que os Estados Unidos estão em guerra?*

R: A guerra é lucrativa. Cria empregos e enriquece muitas pessoas.

A Última Guerra

Eisenhower, general de cinco estrelas, conheceu em primeira mão os horrores da guerra. Ele foi o último presidente norte-americano a combater em uma guerra financiada pelo dinheiro dos contribuintes.

P: *Por que financiar guerras com o dinheiro do contribuinte?*

R: Os contribuintes exigiram que a guerra acabasse imediatamente. Eisenhower sabia que os contribuintes não se importavam com a guerra, mas odiavam impostos mais altos. Assim, os impostos desempenharam um papel crucial no fim da Guerra da Coreia.

P: *Como pagamos as guerras atualmente?*

R: Os Estados Unidos pagam com dívidas, não impostos. As futuras gerações eventualmente pagarão impostos pelas guerras de hoje.

P: *Por isso que Nixon desatrelou o dólar do ouro em 1971? Os Estados Unidos estavam gastando muito dinheiro combatendo no Vietnã?*

R: Foi um dos motivos. O complexo industrial militar gastava dinheiro em uma guerra que não venceria. Eu sei. Eu estava lá. A guerra pode ser uma estupidez, mas é rentável.

Os pobres e a classe média enviam seus filhos para combater nas guerras, e os ricos cada vez ficam mais ricos. Tenho medo de estar em uma guerra contra o terror, uma que talvez nunca tenha fim. Os ricos de ambos os lados enriquecem enquanto inocentes morrem.

P: *Então os impostos podem ou não ser uma atitude patriótica?*

R: Sim. Tudo depende de seu ponto de vista... e de sua educação financeira.

Petrodólares

Em 1974, Nixon assinou um acordo com a família real da Arábia Saudita. O acordo foi que, a partir de então, todo o petróleo do mundo teria que ser negociado em dólares norte-americanos. O dólar se tornou *petrodólar*.

P: *Por que eles fizeram isso?*

R: Porque, depois de 1971, o ano em que Nixon quebrou sua promessa mundial de que o dólar norte-americano seria lastreado pelo ouro, a hegemonia dos Estados Unidos — o poder e a influência do dólar — foi ameaçada. Ao forçar o mundo inteiro a comprar e vender petróleo com dólares, os Estados Unidos e o dólar recuperaram seu destaque a nível global.

Lembre-se, o petróleo é a força vital da economia mundial. Ele substituiu o ouro como dinheiro. As nações que controlam o petróleo dominam o mundo.

A Segunda Guerra Mundial foi por petróleo. O Japão atacou os Estados Unidos porque cortaram seu petróleo. A Guerra do Vietnã, também. Os Estados Unidos não queriam que o Vietnã o vendesse diretamente para a China.

Em 1999, o euro foi lançado, ameaçando o poder do dólar. Em 2000, Saddam Hussein declarou que começaria a vender o petróleo do Iraque para a Europa em euro, não em dólar. Em resposta ao 11 de Setembro, os Estados Unidos atacaram o Iraque, embora a maioria dos terroristas identificados do 11 de Setembro fosse da Arábia Saudita.

O mesmo aconteceu com Muammar Gaddafi, líder da Líbia, a nação africana com a maior reserva de petróleo. Em 2011, Gaddafi propôs que as nações africanas e muçulmanas se unissem para criar uma nova moeda, lastreada pelo ouro, o dinar. O dinar seria usado para comercializar petróleo, em detrimento do dólar norte-americano. Se o plano funcionasse, teria destruído o poder do sistema bancário mundial. Em 2011, Gaddafi morreu.

Hoje, o ISIS (também conhecido como Estado Islâmico) e outras redes terroristas perturbam o mundo.

P: *Por que a história do petróleo é relevante?*

Capítulo 3

R: Impostos. Alguns dos meus maiores incentivos fiscais vêm de investimentos em petróleo.

P: *Você quer investir em empresas petrolíferas como Chevron ou Exxon?*

R: Não. Esses são investimentos para investidores *passivos*. Sou um investidor *profissional*.

P: *Então, os investidores passivos não recebem as mesmas isenções fiscais que os profissionais?*

R: Correto. As regras fiscais são diferentes. Você descobrirá mais conforme for lendo. Para ser um investidor profissional, sugiro que procure um consultor profissional.

P: *Investir em petróleo e receber muitos impostos é ou não patriótico?*

R: O que penso não importa. O que você acha?

Lições de Tom sobre Impostos

Benefícios Fiscais para o Desenvolvimento

Cada país decide o que é importante em sua economia. Na década de 1960, os Estados Unidos decidiram que ter autonomia em petróleo era crucial. A título de incentivo, o Congresso norte-americano promulgou duas isenções fiscais para aqueles que investissem em exploração e perfuração. A primeira permite aos investidores deduzirem 100% de seus investimentos, dos quais cerca de 80% são deduzidos nos dois primeiros anos de desenvolvimento. Isso é chamado de custos de perfuração intangíveis. O segundo benefício fiscal permite aos investidores declarar apenas 85% de sua receita de perfuração. Isso se chama depleção porcentual. Esses dois benefícios fiscais se combinam para criar um incentivo para que os contribuintes norte-americanos que investem em petróleo e gás desenvolvam projetos, tornando-se efetivamente parceiros do governo nas atividades de exploração e perfuração.

Contadores Não São Todos Iguais

A contribuição de Tom Wheelwright para este livro é importante e valiosa. Tom é o contador e estrategista tributário mais astuto que conheço, e eu já conheci inúmeros.

Alguns contadores são realmente estúpidos. Anos atrás, quando eu estava começando, perguntei a um contador altamente respeitado: *Como posso pagar menos impostos?* Ele me respondeu: *Ganhando menos dinheiro.*

Outro contador, de uma empresa de contabilidade muito respeitada, me aconselhou: *Você tem muitos imóveis. Sugiro que os venda e aplique o dinheiro em ações, títulos e fundos mútuos.*

Ele me disse isso em 2006. Se eu tivesse seguido seu conselho, teria sido aniquilado em 2008.

Definições Dicionarizadas

O Dicionário Merriam-Webster define estúpido como (tradução livre):

1) *mentalmente lento*

2) *dado a decisões não inteligentes*

Sinônimos de estúpido incluem: *lento, inepto e tolo.*

Sei que sou estúpido em alguns aspectos. Sei que já tomei decisões estúpidas — todos nós já o fizemos. Quando se trata de impostos, sou muito estúpido. É por isso que pago esses especialistas em impostos para ter conselhos profissionais.

Se não fosse por meu pai rico e minha recorrente educação financeira, eu poderia ter seguido conselhos estúpidos de alguns contadores.

Esse é mais um motivo por que os ricos cada vez ficam mais ricos. Os ricos têm contadores inteligentes, diferentemente dos pobres e da classe média.

P: *Como uma pessoa diferencia um contador inteligente de um estúpido?*

R: Primeiro você precisa ser inteligente. Se não souber diferenciar bons de maus conselhos, qualquer um lhe parecerá útil.

Capítulo 3

Para ser justo, um contador só pode me dar conselhos no meu nível de educação e experiência. Por exemplo, se não sei dirigir carros, não preciso de lições de corrida. Preciso aprender a dirigir um carro primeiro.

Melhor Conselho sobre Impostos

Tom Wheelwright tem sido meu contador pessoal há anos. Tom tem me guiado pela estrada da vida e dos negócios. Ele ganhou milhões de dólares para mim e Kim, e nos economizou milhões em impostos. Tem sido um de nossos grandes professores.

Digo isso porque tive que me preparar para Tom. Ele não conseguiria me guiar se eu não tivesse feito minha parte antes.

Pedi a Tom para escrever um livro, *Tax-Free Wealth* ("Riqueza Livre de Impostos", em tradução livre), para que você saiba o que precisa fazer, como se preparar para o mundo dos ricos.

Lições de Tom sobre Impostos

Bons Consultores Têm uma Ótima Educação Financeira

Ao nos tornarmos financeiramente proficientes, o risco diminui à medida que nossos resultados aumentam. O mesmo se aplica aos consultores. Quando seu consultor fiscal sabe pouco, o risco de uma auditoria ou de pagar mais impostos é muito alto. Quando ele sabe muito, os riscos e os impostos diminuem.

Muitos me perguntam se sou conservador ou agressivo. Acredito que sou o consultor tributário mais conservador que existe porque gasto muito tempo todos os dias estudando a legislação tributária. Gosto de mostrar isso assim:

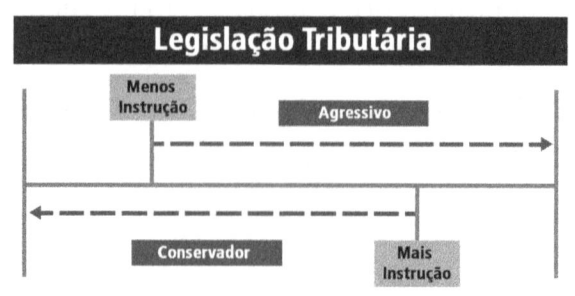

Legislação Tributária

Menos Instrução → Agressivo

Conservador ← Mais Instrução

P: *Você está dizendo que, mesmo que eu tenha uma educação acadêmica forte e um bom emprego, Tom não pode me ajudar?*

R: Está correto. Na verdade, se você for um empregado, há pouco que Tom possa fazer por você. Tudo de que precisa é de um serviço de preparação de impostos.

Quem Paga os Impostos Mais Altos?

A imagem abaixo é o quadrante CASHFLOW, do livro *Independência Financeira*, o segundo da série *Rich Dad*.

E de *Empregado*
A de *Autônomo ou pequeno empresário.*
D de *Dono de grandes empresas*
I de *Investidor*

O quadrante também revela quem paga mais — e menos — impostos.

Capítulo 3

Porcentual de impostos pagos por quadrante

```
            20%
         D
    E  ─┼─   ®
  40%    │   0%
         A  I
       60%
```

P: *Nos Estados Unidos, depois da lei de 1943 (Current Tax Payment Act), todos que trabalham por dinheiro pagam os impostos mais altos?*

R: Sim. É por isso que a Regra #1 do pai rico é: Os Ricos Não Trabalham por Dinheiro.

P: *Então os investidores profissionais recolhem menos impostos?*

R: Sim.

P: *Sou investidor. Tenho um plano de aposentadoria. Contribuo através da empresa em que trabalho. E tenho uma pequena carteira de ações, títulos, fundos mútuos e ETFs. Tenho retornos livre de impostos. E sou ex-militar e tenho pensão do exército. Sou um I no quadrante?*

R: Não. Você provavelmente é um *investidor passivo*. *Investidores profissionais* são diferentes. Pense desse modo: um dos grandes golfistas da história é Tiger Woods. Mesmo que eu usasse seus tacos, camisas e sapatos, nunca seria um *golfista profissional* como Tiger Woods.

Em outras palavras, investimento profissional não tem a ver com investimento. Diz respeito ao investidor. E a educação financeira necessária para viver no quadrante I é extensa.

P: *Você acha que posso fazer isso?*

R: Depende de você. Só você pode responder a essa pergunta.

Lições de Tom sobre Impostos

Consumidores versus Produtores

Pense nos quadrantes E, A, D e I em termos de consumo e produção. Alguém no quadrante E produz o que pode e consome em igual proporção. Alguém no quadrante A produz um pouco mais (se tiver alguns empregados) e consome um pouco menos do que produz. Alguém nos quadrantes D ou I, entretanto, produz muito mais do que consome. No quadrante D, milhares de empregos são criados, e no I, são produzidas energia, alimentação e moradia. Os D e I ainda consomem na mesma proporção que as pessoas nos quadrantes E e A. O governo os encoraja e recompensa suas atividades por meio de incentivos fiscais porque os produtores estimulam a economia e produzem alimentos, combustível e habitação que os outros cidadãos precisam para ter vidas felizes e produtivas.

Os Quadrantes D e I

Há ricos nos quatro quadrantes. Existem muitos empregados e autônomos, como médicos, advogados, atletas e artistas que são ricos. Nos quadrantes E e A há tanto ricos quanto pobres.

As pessoas mais ricas do mundo estão no quadrante I. Não há pobres ali. A riqueza que eles têm varia, mas ninguém é pobre.

P: *Então por que pagam menos impostos, se são ricos?*

R: Por causa da regra de ouro: *Quem tem o ouro faz as regras.*

P: *Você joga pelas regras do quadrante I?*

R: Sim. E você também pode. Essas regras não segregam.

P: *As regras no quadrante E são diferentes?*

R: Muito diferentes.

> P: *Quanto tempo levou para você chegar ao quadrante I?*
>
> R: Demorou um pouco. Nada acontece da noite para o dia.

Em 1973, retornei do Vietnã. Meu pai pobre sugeriu que eu voltasse à academia para fazer um mestrado e passar a vida no quadrante E. Meu pai rico sugeriu que eu fizesse um curso de investimentos imobiliários para que vivesse no quadrante I.

> P: *E o que fez?*
>
> R: Ambos. Voava para os Fuzileiros Navais durante o dia e cursava um MBA à noite. Também fiz um curso de três dias de investimento.
>
> P: *O que aconteceu?*
>
> R: Saí do MBA seis meses depois.
>
> P: *Por quê?*
>
> R: Por muitas razões. Uma delas eram os instrutores. Eles não tinham experiência prática. Eram professores ensinando em um curso de negócios.

O instrutor no curso de investimentos em imóveis realmente era um investidor. Ele me inspirou a aprender. O instrutor do MBA era entediante. O instrutor do curso de investimentos me ensinava sobre o quadrante I. O do MBA, sobre o quadrante E. Depois de seis meses, fui embora — porque eu sabia aonde queria chegar. Queria um dia viver minha vida no quadrante I, como um investidor profissional.

O curso de três dias, quarenta anos atrás, custou US$385, o que, para mim, àquela época, era metade da minha renda como piloto dos Fuzileiros Navais. O curso não me deu respostas. Ele me ensinou o que precisava aprender e fazer depois que as aulas terminassem. Hoje, ainda sou um estudante, e continuo aprendendo.

P: *Qual foi seu retorno dos US$385?*

R: Milhões. Principalmente, aprendi a usar dívidas e impostos para me tornar rico.

P: *Dívidas e impostos o fizeram rico?*

R: Sim. E as mesmas *dívidas* e *impostos* que tornam a maioria das pessoas pobre. *Dívidas* e *impostos* tornam ricos os financeiramente proficientes. O conhecimento que obtive daquele curso de US$385 não tem preço.

P: *Eu deveria voltar à escola?*

R: O tipo de escola que deve frequentar depende do quadrante em que deseja viver. Eu queria viver minha vida no quadrante I, o mesmo das pessoas mais ricas do mundo. Após completar aquele curso de 3 dias, me mantive aprendendo e frequentando aulas. Amo aprender no quadrante I.

P: *Você acha que as pessoas devem fazer um MBA?*

R: Sem dúvida alguma — especialmente hoje em dia. Os programas de MBA fornecem uma base sólida para todos os quadrantes. Após a graduação, as pessoas podem decidir em que quadrante viver. Tenha em mente que não é só a profissão que determina o quadrante. Por exemplo, um médico pode ser um empregado, no quadrante E, um autônomo, no A, ter o próprio hospital, no quadrante D, e ser um investidor profissional, no I.

A diferença está na mentalidade, habilidades e educação financeira. Se deseja viver nos quadrantes D e I, deve saber usar *dívidas* e *impostos* para cada vez ficar mais rico.

P: *Aquele curso de 3 dias marcou sua entrada no quadrante I?*

R: Sim. Mas isso não é o bastante: aquele curso foi só o começo. Meu instrutor me inspirou a aprender mais e a continuar estudando. Procurei cursos sobre negociação de ações, de câmbio, opções, investimento em ouro e prata, planejamento financeiro, dívidas, impostos, alavancagem de capital, bem como cursos em diferentes níveis sobre imóveis, desde comprar pequenas residências a propriedades na planta. Amo aprender no quadrante I.

Se já assistiu ao programa de TV *Shark Tank*, viu o que pessoas reais do quadrante I fazem. Elas procuram investimentos, empresas ou imóveis, startups, e então decidem se vale a pena financiar o produto e os empresários.

P: *É isso o que as pessoas do quadrante I fazem?*

R: Sim, é uma vida incrível. E realmente funciona.

P: *Quanto tempo demorou para você chegar ao quadrante I?*

R: Eu estava com 47 e Kim com 37 anos quando nos tornamos financeiramente independentes. Houve vários obstáculos ao longo do caminho. Kim e eu fomos sem-teto por um pequeno tempo. No processo, alcançamos não só riqueza e liberdade, mas ganhamos educação, conhecimento, sabedoria, experiência e amigos que pensam como nós.

P: *Quanto tempo eu vou levar?*

R: Depende de você. Conheci pessoas que eram naturalmente do quadrante I. Eu não pertencia a ele, então levei um tempo. Kim tem essa naturalidade. Ela ama sua vida no quadrante I.

Impostos São Incentivos

O ponto a que quero chegar é que as pessoas nos lados E e A do quadrante CASHFLOW pagam as maiores porcentagens em impostos. Há pouco que pessoas como Tom podem fazer por elas, a menos que primeiro estejam dispostas a investir em sua educação financeira.

Conheci muitos contadores, advogados e médicos de sucesso que diriam a Tom e a mim: "Você não pode fazer isso aqui." Não importa em que lugar do mundo estamos, alguns especialistas vão levantar a mão e dizer: "Você não pode fazer isso aqui. É ilegal."

O problema é que esses especialistas estão aprisionados na mentalidade de seu quadrante. É preciso educação financeira para se mover do lado esquerdo, E e A, para o direito do quadrante, D e I.

Em 1994, depois que Kim e eu chegamos ao quadrante I, montamos a *Rich Dad*, no quadrante D. O propósito de começar a *Rich Dad* foi fornecer educação financeira para os que queiram migrar dos quadrantes E e A para os D e I. Como você sabe, não há garantia de que todos conseguirão chegar aos quadrantes D e I.

Nosso primeiro produto foi o jogo de tabuleiro *CASHFLOW*®, lançado em 1996, seguido de *Rich Dad Poor Dad*, em 1997. Em 2000, *Rich Dad Poor Dad* entrou para a lista do *New York Times* e lá permaneceu por seis anos. Um mês depois, a Oprah me convidou para uma hora inteira de entrevista em seu programa. Esse dia mudou minha vida e o destino da *Rich Dad*.

Fui chamado de "sucesso repentino" inúmeras vezes. De algumas maneiras, é verdade. Em apenas uma hora — falando com Oprah e seus milhões de fãs leais, contando a história de meus dois pais, um rico e outro pobre, e da importância da educação financeira — passei de um ilustre desconhecido para uma celebridade internacional. Entretanto, asseguro-lhe que houve muito trabalho e estudo intenso… muito antes de a Oprah ligar.

Ideias Finais sobre Impostos

Mitt Romney pagava 13% em impostos e Barack Obama, 30%, porque ele opera nos quadrantes D e I. Barack Obama está nos quadrantes E e A. Eles veem o mundo de maneiras muito diferentes.

Esse é o poder da educação financeira.

Incentivos

Quando Tom e eu ensinamos juntos, em palcos ao redor do mundo, ele explica que impostos e isenções fiscais são incentivos. E incentivos são específicos para quadrantes distintos.

Por exemplo, pessoas nos quadrantes E e A respondem a incentivos como dinheiro, mais renda, salários maiores e bonificação. Os que estão nos quadrantes E e A trabalham por dinheiro.

Pessoas nos lados D e I trabalham por incentivos fiscais. Fazem mais dinheiro, indiretamente, via isenções fiscais.

Por exemplo, pessoas do quadrante D recebem incentivos fiscais para contratar funcionários. O governo faz isso porque precisa de empregos para as pessoas. Há um fluxo constante de dinheiro de impostos que circula nos cofres do governo dos contracheques dos funcionários. Então o governo oferece o incentivo por meio de impostos mais baixos, para empresários como Elon Musk. Ele recebe milhões em incentivos de diferentes estados e do governo federal norte-americano.

No quadrante I, recebo incentivos para investir em condomínios residenciais. Se eu não provesse habitação, o governo teria que fazê-lo, o que custaria muito dinheiro dos contribuintes. Assim, em vez de pedirem aos contribuintes para pagarem altos impostos, oferecem incentivos a empresários como eu. Eu me torno um sócio do governo.

Se o governo tivesse que construir esses apartamentos... seria socialismo. Como eu os construo, é capitalismo. Pessoalmente, prefiro ser um capitalista nos lados D e I do quadrante CASHFLOW.

Lições de Tom sobre Impostos

Incentivos Governamentais

Mesmo os quadrantes E e A recebem incentivos fiscais. Nos Estados Unidos, por exemplo, os que compram imóveis podem deduzir os juros em sua declaração de imposto. Os que economizam para a aposentadoria podem deduzir seus investimentos através de IRAs, RRSPs e Superannuations (tipos de aplicação e condições para elegibilidade às deduções). Os que doam para a caridade podem deduzir suas doações. Esses são todos os incentivos fiscais do governo.

Os quadrantes D e I simplesmente conseguem mais incentivos fiscais do governo porque as atividades que lá ocorrem ajudam de maneira extremamente importante o governo a desempenhar seu papel de melhorar a economia, provendo empregos, alimentação, energia e combustível para cidadãos e empresas.

Agora você entende por que Tom Wheelwright é meu consultor fiscal e colaborador neste livro. Ele assegura que eu faça as coisas certas nos negócios e escreva com precisão. Não desejo ir para a cadeia nem informá-lo erroneamente.

Tom é meu contador pessoal porque cada investimento ou negócio é diferente. Muitos negócios não funcionam e temos que desativá-los. Mas de cada oportunidade de negócio ou acordo de propriedade em que fazemos a devida diligência, nos tornamos mais sagazes juntos.

Lembre-se disto: pessoas que dizem "*Você não pode fazer isso aqui*", provavelmente vivem nos quadrantes E e A. Então, é verdade, a maioria deles *não pode* agir onde está. Mas você *pode*, se investir em sua educação financeira nos quadrantes D e I.

Capítulo 3

> **Lições de Tom sobre Impostos**
>
> **Você Não Pode Fazer Isso Aqui**
>
> Quando ouço isso, entendo que o falante diz que você não pode fazer isso na situação dele. Ele está correto. Para fazer o que Robert e eu fazemos, você precisa mudar suas circunstâncias. Nos Estados Unidos, por exemplo, alguém que alugue uma casa (o inquilino) não pode deduzir o aluguel, enquanto alguém que cede sua casa para terceiros residirem mediante um aluguel (o locador) pode. Então, a fim de deduzir o aluguel, a pessoa precisa mudar sua situação, de inquilino para locatário. O mesmo se verifica em outras deduções, créditos e benefícios fiscais. Uma pessoa deve se colocar na situação certa para obter o incentivo fiscal. Se o fizer, não importa se é rico ou não, conseguirá o benefício fiscal. Os ricos simplesmente aprenderam a se posicionar nas situações certas com mais frequência do que os pobres e a classe média.

Posteriormente neste livro, Tom e eu vamos guiá-lo pelos negócios que Kim e eu fizemos — que pessoas nos lados E e A não poderiam ter feito.

Capítulo 4

POR QUE OS ERROS ENRIQUECEM OS RICOS

Pai pobre:
Erros o tornam estúpido.

Pai rico:
Erros fazem você mais sagaz.

Você já viu um bebê aprendendo a andar? O bebê para, vacila, e dá um passo. Muitas vezes ele cai. E chora. Todos conhecemos o que vem a seguir. Logo o bebê tenta de novo, levanta-se do chão, para, vacila, cai novamente e, provavelmente, chora mais uma vez. Ele repete o processo até o dia em que caminha; então corre, anda de bicicleta, dirige um carro e deixa a casa dos pais.

Deus nos criou para aprender assim. Pessoas aprendem com seus erros. Se os bebês fossem punidos a cada queda, rastejariam pelo resto de sua vida. Nunca sairiam de casa.

Na escola, alunos aprendem a partir de leitura, escrita e estudando para as provas. Digamos que haja dez questões na prova e um estudante erre três. O professor lhe atribui nota 7, e a classe passa para a lição seguinte.

O sistema educacional descarta a principal parte dos testes: os erros. Em vez aprender com os erros, os alunos são punidos por eles. Muitos deixam a escola se sentindo estúpidos (certamente não inteligentes!) e temerosos de erros, inseguros sobre sua capacidade de aprender.

Erros dizem aos professores o que os alunos não sabem e, em muitos casos, o que falharam em ensinar. Erros são oportunidades para alunos e professores se tornarem mais espertos.

Um ano após a graduação muitos estudantes se esquecem de 75% das respostas "corretas". O que nunca se esquecem é das mensagens negativas: "Não cometa erros. Pessoas que falham são estúpidas."

O pai rico tinha um respeito imenso pelos erros. Costumava dizer: "Erros são a maneira pela qual Deus fala com você. Erros estão dizendo: 'Acorde. Preste atenção. Há algo que precisa fazer.'"

Depois da escola, o filho do pai rico e eu trabalhávamos em seu negócio dois dias por semana. Após o trabalho, ele se sentava conosco para debater e discutir o dia. Ele queria saber o que aprendemos. E também o que não entendemos e quais erros havíamos cometido. Se isto tivesse acontecido, ele queria que disséssemos a verdade. Não queria que aprendêssemos a mentir por causa deles. E ele acreditava que erros somente são pecados quando não os admitimos.

Lições de Tom sobre Impostos

Especialistas Odeiam Cometer Erros

Contadores, advogados, médicos, gurus da internet e outros profissionais geralmente pertencem aos lados E e A do quadrante. Eles trabalham tanto para serem perfeitos que é muito difícil para eles errar e admitir seus erros. É por isso que tão poucos deles conseguem ir para os quadrantes D e I. Eles não compreendem as vantagens de cometer erros e permitir que outros o façam. É isso o que os prende ao chão.

Os Melhores Professores do Mundo

O dever de casa do pai rico era ler livros sobre empreendedores ricos. Depois de terminar um livro, nos reuníamos para um "estudo dos livros", e discutíamos o que tínhamos aprendido. Lemos alguns grandes livros sobre empresários notáveis. O pai rico costumava dizer: "Os melhores professores do mundo são os livros."

Um dos meus livros preferidos desses que estudamos é sobre a vida de Thomas Edison. Edison, que viveu de 1847 a 1931, foi um inventor e fundador de uma grande corporação, a General Electric.

Na escola, um professor de Edison lhe disse que ele era "muito estúpido para aprender" e "confuso". Ele deixou a escola e foi educado por sua mãe, em casa, onde teve tempo de estudar o que queria.

Uma de suas criações foi o protótipo dos modernos laboratórios de hoje. Em seu laboratório, as pessoas *experimentavam como uma equipe — e ele e sua equipe eram livres para falhar juntos até que obtivessem sucesso.*

Algumas das invenções que saíram de seu laboratório foram o telégrafo, fonógrafo, lâmpada elétrica, bateria de armazenamento alcalino e câmera para imagens em movimento — invenções que mudaram o mundo. Nada mal para um aluno que era estúpido demais para aprender.

Minha citação preferida de Edison é:

Não fracassei. Encontrei 10 mil maneiras que não funcionam.

E, para as pessoas que desistem, ele disse:

Muitas das falhas da vida resultam de pessoas que não perceberam o quão perto estavam de conseguir quando desistiram.

Muitos de vocês já ouviram essas duas citações de Edison antes. No entanto, eu lhe pergunto: Quanto de sua vida é limitada pelo medo de cometer erros, seu medo de fracassar? E quanto ao medo de ser demitido, de não conseguir um emprego e de parecer estúpido?

Capítulo 4

O Milionário Mora ao Lado

Entre 1971 e 2000, as pessoas não precisavam mudar. Estavam protegidas por uma economia global em ascensão.

Em 1996, *O Milionário Mora ao Lado* foi publicado. Ele se tornou um best-seller irrefreável, um reflexo da euforia em que o mundo vivia.

A classe média amou o livro. Definia o *milionário* como alguém de classe média, com nível superior, um bom emprego e uma casa no subúrbio. Esses *milionários* dirigiam carros modestos, como Volvos e Toyotas, e seguiram a fórmula que os planejadores financeiros descrevem como: *Economizar dinheiro, livrar-se das dívidas e investir em longo prazo em um portfólio diversificado de ações, títulos e fundos mútuos.*

O milionário ao lado tornou-se milionário por estar no lugar certo, fazendo as coisas certas, no momento certo da história. O problema é que esses *milionários ao lado não precisaram de educação financeira para chegar lá.*

Então o Mundo Mudou

Se olharmos novamente para o gráfico de 120 anos do Dow Jones, no Capítulo 2, veremos a baixa logo após a publicação de *O Milionário Mora ao Lado*, em 1996. Em 2008, muitos milionários ao lado eram *As Execuções Hipotecárias ao Lado*.

Pai Rico, Pai Pobre foi publicado em 1997, com a mensagem oposta. *Pai Rico, Pai Pobre* fala do que os ricos sabem e que os *milionários ao lado* desconhecem.

Em 2008 o mundo quase entrou em colapso e os governos de todo o mundo começaram a imprimir moeda, trilhões de dólares, para sustentar a economia. Muitos *milionários ao lado* foram poupados da ruína financeira. Eles eram milionários no papel... "milionários por patrimônio líquido". Eram "milionários home equity" (tinham uma casa e com ela podiam fazer empréstimos pessoais)" e "milionários por planos de aposentadoria". O problema era que a maioria tinha pouca ou nenhuma educação financeira. De muitas maneiras, isso se aplica hoje em dia.

Hoje, em vez de olhar para a frente e planejar a aposentadoria, muitos desses *milionários ao lado* estão preocupados em perder tudo. Sabem que há algo muito errado com a economia. Muitos se preocupam em ter uma vida longa e ficar sem dinheiro na aposentadoria.

E Se Eu Falhar?

Este capítulo fala sobre erros. O que a maioria aprende na escola é o medo de cometê-los. O medo se torna uma barreira mental, um muro entre o que sabem e o que precisam aprender.

No começo deste livro, escrevi sobre pessoas me perguntando: "O que faço com meu dinheiro?" Muitos dos que me fizeram essa pergunta têm problemas atualmente.

P: *Por que eles têm problemas?*

R: Porque são pessoas que economizaram dinheiro, compraram uma casa, livraram-se das dívidas e investiram em longo prazo no mercado de ações.

P: *São essas pessoas que podem ser aniquiladas?*

R: Sim.

P: *O que elas podem fazer?*

R: Elas têm opções. Mas quando sugiro que vão atrás de uma educação financeira legítima, em vez de entregar seu dinheiro a especialistas, muitas dizem:

> Mas e se eu falhar?
> E se eu cometer um erro? E se perder dinheiro?
> Isso é arriscado?
> Não será muito trabalho?
> Não preciso me preocupar. Tenho a Previdência Social.

Capítulo 4

P: *Então você não pode lhes ensinar nada se tiverem medo de errar? Ou eles não querem aprender?*

R: Está correto. Os dias de *milionário ao lado* acabaram. Foram-se os dias em que você podia entregar seu dinheiro para um *especialista* e acordar milionário.

Outra citação de Lord Rothschild surge como um aviso terrível: *Os seis meses em questão viram banqueiros, o que é seguramente o maior experimento na política monetária da história mundial. Estamos, portanto, em águas inexploradas, e é impossível prever as consequências indesejadas de taxas de juros muito baixas, com cerca de 30% da dívida pública global em rendimentos negativos, combinada com a flexibilização quantitativa de grande escala.*

P: *O que isso significa?*

R: Que o mundo está com sérios problemas.

Entre 1971 e 2000, pessoas que tinham bons trabalhos, economizavam dinheiro e investiam passivamente no mercado de ações eram grandes vencedores.

Pouco antes de se aposentar, os milionários ao lado trocaram uma renda estável durante a aposentadoria por títulos. Entre 1971 e 2000, os títulos eram à prova de balas — praticamente seguros e protegidos.

Atualmente, poupadores são perdedores, o mercado de ações está na maior bolha da história mundial, e os títulos, antes seguros e protegidos, são bombas-relógio. Se as taxas de juros continuarem a cair, o mercado de ações colapsará.

Armas de Destruição em Massa

Anteriormente neste livro, afirmei que uma das razões para o abismo crescente entre os ricos e todos os outros é a *financeirização*, a produção de dinheiro tóxico e ativos sintéticos, às vezes chamados de *derivativos*. Ou, como Warren Buffett os define: *armas de destruição financeira em massa*.

E Buffett sabe do que fala. Sua empresa, Moody's, chamou essas "armas de destruição em massa" de *mortgage backed securities* (MBS, "títulos garantidos por financiamento imobiliário", em tradução livre). Um MBS é composto por financiamentos hipotecários de *alto risco* para pessoas pobres. Então, os engenheiros financeiros assumem o controle e, como mágica, transformam o *crédito de alto risco* em *crédito*. Depois de a Moody's dar sua benção a essas armas de destruição em massa considerando-as "seguras e confiáveis", elas foram vendidas na economia mundial. A explosão que se seguiu destroçou o mundo financeiro.

P: *Derivativos não podiam ser vendidos sem a bênção da Moody's?*

R: Correto. Buffett e seus amigos fizeram bilhões enquanto milhões de vidas eram destruídas nessa explosão. Então seus contatos no governo resgataram Buffett e seus amigos com trilhões em dinheiro dos contribuintes. Essa é a cleptocracia em seu melhor momento.

P: *Então, foram derivativos de engenharia financeira, ativos sintéticos, que causaram a crise do mercado de ações, em 2007, e a dos bancos, em 2008?*

R: Sim. O mercado imobiliário não quebrou — os derivativos começaram a explodir e o mundo quase entrou em colapso.

Se quiser aprender mais sobre derivativos e seu poder destrutivo, o filme *A Grande Aposta* o mantém entretido enquanto o educa sobre essas armas de destruição financeira em massa.

Você pode me assistir na CNN, em uma entrevista de 2008 com Wolf Blitzer, alertando sobre a crise iminente e a queda do Lehman Brothers, um dos bancos mais antigos dos Estados Unidos. Dei o aviso seis meses antes da crise. Você assiste ao vídeo em:
RichDad.com/RDTV
(conteúdo em inglês)

Capítulo 4

Mas, Espere... Isso Pode Piorar

Em 2007, antes da crise, havia US$700 trilhões de derivativos perto de explodir. Hoje, há US$1,2 quatrilhão.

P: *E se isso acontecer de novo?*

R: Dessa vez, o milionário ao lado pode ser aniquilado.

P: *Eles estão seguros atualmente?*

R: Não. Em 1º de setembro de 2016, o *Wall Street Journal* escreveu sobre os problemas do Deutsche Bank. Outrora um dos bancos mais poderosos do mundo, fundado em 1870 e com mais de 100 mil funcionários em todo o mundo, estava vendendo partes de seus negócios para levantar capital. Taxas de juros negativas são como um câncer no modelo de negócios de um banco. O *Wall Street Journal* também observou que o portfólio de derivativos do banco estava se sobreaquecendo, aproximando-se de um colapso, como os reatores nucleares de Fukushima no Japão, em 2011.

P: *Existe uma maneira mais fácil de entender derivativos?*

R: Pense em uma laranja. O suco de laranja é um derivativo da laranja. O suco concentrado de laranja é um derivativo do suco.

Um *financiamento imobiliário* é um *derivativo financeiro de uma casa*.

O que os engenheiros financeiros fizeram foi pegar milhões de financiamentos imobiliários, transformá-los em *financiamentos concentrados* e vender essa concentração tóxica para o mundo. Enquanto os mutuários de alto risco, em muitos casos pessoas desempregadas, fizerem o pagamento mensal do financiamento, o mundo estará seguro e protegido.

Guerra Nuclear

Uma bomba atômica é um derivativo do elemento químico urânio, símbolo U, número atômico 92. Como uma criança na escola durante a década de 1960, todos viviam com medo de uma guerra nuclear. Foi-nos dito que Rússia e China eram nossos inimigos e que iriam nos atacar.

Em resposta a essa ameaça atômica, tivemos simulações ridículas de ataque nuclear na escola. Sob o comando de nossos professores, crianças pequenas rastejavam sob as mesas e cobriam suas cabeças.

Hoje, as potências estrangeiras continuam na linha de fogo. Bombas atômicas e outras armas de destruição em massa são ameaças reais. É imperativo dizimar o ISIS e outras ameaças de terrorismo global. A cleptocracia é desenfreada nos governos mundiais, corporações internacionais, bancos centrais e no setor de serviços financeiros. E hoje ainda há pouca ou nenhuma educação financeira em nossas escolas.

Prisioneiros do Quadrante E

Em muitos casos, a escola nos prepara para a vida. É com os fundamentos e a mentalidade — sem novas ideias que perturbem a realidade das pessoas — que a sorte é lançada.

Quando os pais dizem a seu filho: "Vá à escola e consiga um emprego", a criança é programada para a vida no quadrante E.

O problema é que, para a maioria das pessoas, o quadrante E é *tudo* o que conhecem. A maior parte das pessoas não faz ideia de que existe um mundo muito maior fora do quadrante E.

Todos somos *humanos*, mas *seres* muito diferentes. Os *seres* no quadrante E dizem as mesmas palavras, em idiomas distintos, em todo o mundo. Todos dizem: "Quero um emprego seguro, um salário estável, com

Capítulo 4

bons benefícios e férias remuneradas." Não importa se os *seres* falam inglês, espanhol, japonês, alemão ou swahili... as palavras são as mesmas.

Um Ser... Ser Humano

Um ser humano é formado por quatro componentes básicos. São eles:

1. Mente
2. Corpo
3. Emoções
4. Espírito

Nosso atual sistema educacional é preparado para programar a mente, o corpo, as emoções e o espírito dos estudantes para *ser* empregado.

> P: *É por isso que é tão difícil para os empregados largar a segurança no trabalho e um pagamento estável? Sem educação financeira legítima, a emoção do medo os domina?*
>
> R: Sem dúvida. Sem educação financeira, um *ser* só consegue ser humano.
>
> P: *E é por isso que não existe educação financeira em nossas escolas?*
>
> R: É minha opinião, baseada no que minhas pesquisas me dizem. O sistema ocidental de educação se baseia no sistema prussiano, um método educacional destinado a produzir trabalhadores e soldados, pessoas treinadas para seguir ordens e o que são mandadas fazer.

Não estou dizendo que é ruim seguir ordens. Eu as sigo. Obedeço à lei. Uma pessoa precisa ser um bom seguidor antes de se tornar um bom líder. Quando as pessoas param de obedecer às regras e leis nós temos o caos.

Minha preocupação é que nosso sistema educacional usa o medo para ensinar. É por isso que as pessoas não podem pensar. Elas se preocupam mais em cometer erros, falhar e parecer tolas. Sem inteligência emocional e educação financeiras elevadas, muitas pessoas deixam a escola e se tornam prisioneiras do quadrante E. Elas não podem escapar.

A Câmara de Tortura

Depois da graduação, muitos alunos A vão para pós-graduações e cursos técnicos para se tornar *especialistas*, no quadrante A. Eles se tornam médicos, contadores e advogados.

Muitos outros se tornam profissionais *autônomos*, no quadrante A. Eles se tornam corretores de imóveis, massoterapeutas, programadores, web designers, atores e músicos. Alguns se saem muito bem financeiramente, mas não a maioria.

Alguns se tornam *pequenos empresários*, no quadrante A. Eles montam um restaurante, abrem uma loja ou um estúdio de ginástica.

P: *Por que você chama o quadrante A de "a câmara de tortura"?*

R: Porque é o pior quadrante. A primeira coisa que acontece com uma pessoa que deixa o quadrante E é que as despesas sobem e a renda diminui. Então as regras e regulações do governo a soterra. Você não tem benefícios — plano de saúde, dental ou de aposentadoria ou férias remuneradas. Sua renda é reduzida porque você não está mais fazendo seu trabalho, que é cuidar de seus clientes. Seu *novo* trabalho é construir um negócio e lidar com pessoas que levam seu tempo e dinheiro.

P: *É por isso que nove entre dez empresários fracassam nos primeiros cinco anos?*

R: Sim.

P: *Isso melhora depois que o negócio já está formado?*

R: Um pouco, mas a tortura nunca termina para os empresários do quadrante A.

Por exemplo, aqueles no quadrante A sempre pagarão os impostos mais altos, 60% ou mais, em alguns estados dos EUA. Em muitos casos, é por isso que muitos não se expandem. A renda extra não vale a chateação de fazer mais dinheiro.

Capítulo 4

P: *Quais as boas notícias?*

R: Que há muitos programas ensinando as pessoas a empreender. Hoje, muitas escolas oferecem programas empresariais, formas pouco arriscadas de fazer a transição do quadrante E para o A.

A má notícia é que a maioria desses programas ensina as pessoas a empreender no quadrante A.

P: *Quais os benefícios de ser bem-sucedido no quadrante A?*

R: Ele é o quadrante mais importante.

P: *Por quê?*

R: Se for bem-sucedido, você se tornará um empresário de verdade. E nunca voltará para o quadrante E.

As Melhores Notícias

Se você se tornar rico e bem-sucedido no quadrante A, será capaz de passar para os quadrantes D e I. Foi o que Ray Kroc fez quando comprou o McDonald's dos irmãos McDonald. Ele passou a empresa dos irmãos do quadrante A para os quadrantes D e I… e fez milhões.

P: *Você fez a mesma coisa?*

R: Sim. Não nas proporções do McDonald's, mas o caminho que segui foi similar. Ainda não sou bilionário.

P: *Passar de um empregado, no quadrante E, para o A e então para os quadrantes D e I foi um processo difícil?*

R: Para mim, a travessia entre os quadrantes foi extremamente complexa.

P: *Por quê?*

R: Porque a educação para cada *ser* nos diferentes quadrantes é específica. As lições são distintas, bem como os desafios pessoais.

Quando passei do quadrante E para o A, meu *ser* teve que mudar. Tive que me mexer e aprender o que não sabia. Não tinha salário estável, mas tinha empregados que precisavam de salários e benefícios. Tive que comprar mesas e equipamentos de escritório. Tive que levantar capital de investidores para comprar suprimentos para meu negócio de carteiras de náilon e velcro. Cada erro cometido por mim, ou por meus empregados, me custou dinheiro.

Como um bebê que cai antes de aprender a caminhar, caí todos os dias — e tive que me levantar. Se meu pai rico não tivesse me ensinado a respeitar as lições em cada erro, eu teria desistido. Teria me tornado o que Edison chamou de *fracasso*. Repetindo sua citação:

Muitos dos fracassos da vida resultam de pessoas que não perceberam o quão perto estavam de conseguir quando desistiram.

Tive que superar os fracassos antes de conseguir. É assim que nosso *ser* se transforma e muda de quadrantes.

Uma vez no quadrante A, eu estava pronto para ir aos quadrantes D e I. Todo empresário bem-sucedido que conheço passou pelo mesmo processo.

P: *Quando vou aprender sobre os quadrantes D e I?*

R: É sobre isso que o restante do livro trata.

Por agora quero que comece a entender a diferença entre *humanos fracassados* e *seres ricos*.

O que Se Leva

Mudar de quadrantes requer quatro coisas:

1. *Inteligência espiritual...* sua inteligência silenciosa sabe que há uma pessoa grandiosa em você, capaz de alcançar seus sonhos.

2. *Inteligência mental...* o conhecimento que você pode aprender de tudo o que desejar aprender.

3. ***Inteligência emocional...*** sua capacidade de aprender com seus erros. Em algumas situações, a inteligência emocional é pelo menos três vezes mais poderosa que a mental, especialmente se estiver irritado. Resista a culpar os outros, mesmo que tenham culpa. Culpa é um indício de baixa inteligência emocional. Acusar é como *usar* alguém. Lembre-se de que todas as moedas têm três lados: cara, coroa e borda. A inteligência se encontra na borda da moeda e na capacidade de enxergar os outros dois lados.

4. ***Inteligência física...*** sua capacidade de usar o que sabe, transformar suas ideias em ações e resistir mesmo quando cair.

Se puder envolver todas as quatro inteligências, você vencerá — independentemente do que acontecer com a economia.

Se puder fazer isso todos os dias, não importa o que aconteça, você se tornará uma pessoa forte e nobre, melhor do que é atualmente.

Capítulo 5
POR QUE CRISES ENRIQUECEM OS RICOS

Pai pobre:
Espero que o mercado não quebre nunca.

Pai rico:
O mercado quebrar não me afeta.

Se o **Walmart** fizesse uma venda geral com 50% de desconto, você não conseguiria entrar na loja. Se **Wall Street** fizesse isso, *o milionário ao lado* correria e se esconderia.

O Gênio Vivo Antecipador do Mundo que Virá

Em 1983, li o livro *Grunch of Giants* ("A Patifaria dos Gigantes", em tradução livre), escrito por dr. R. Buckminster Fuller. Depois de ler o livro, pude ver a aproximação da crise financeira em que estamos hoje.

O dr. Fuller era comumente chamado de gênio vivo antecipador do mundo que virá. Ele é conhecido por ter projetado o domo geodésico.

Em 1967, peguei uma carona da minha escola, em Kings Point, Nova York, para Montreal, Canadá, para a Expo 67, a feira mundial sobre o Homem e Seu Mundo. Eu queria ver, especialmente, o maciço domo geodésico do dr. Fuller, no pavilhão norte-americano da exposição. O domo era incrível.

Capítulo 5

Em 1981, tive a oportunidade de ser aluno de Bucky Fuller por uma semana em uma estação de esqui em Kirkwood, Califórnia. Aquele final de semana mudou o rumo da minha vida.

Fui aluno dele novamente em 1982 e em 1983. Ele ensinou nossa turma como podíamos prever o futuro. O dr. Fuller faleceu algumas semanas após aquele evento.

Fuller era conhecido por muitas coisas. Ele foi cientista, arquiteto, matemático e um futurista. Muitas de suas previsões se confirmaram com uma precisão inquietante. Por exemplo, ele previu que uma nova tecnologia chegaria ao mundo por volta de 1990. Pontual, a internet chegou em 1989, com a ARPANET (primeira rede operacional de computadores, criada para fins militares), seis anos após o falecimento de Fuller.

Seu livro *Grunch of Giants* foi lançado em 1983. GRUNCH é um acrônimo de **Gr**oss **Un**iversal **C**ash **H**eist ("O Roubo de Todo o Dinheiro do Universo", em tradução livre). No livro, ele explica como os ultrarricos esfolam o mundo e o que o futuro nos reserva. Bucky disse as mesmas coisas que meu pai rico me falou por anos.

Quem É Grunch?

Fuller escreve em *Grunch*:

> *Quem está por trás do GRUNCH? Ninguém sabe. Ele controla todos os bancos do mundo. Inclusive os paraísos fiscais suíços. Ele faz o que os advogados lhe dizem. Mantém a legalidade técnica, e é capaz de prová-la. Seu escritório de advocacia é chamado de Machiavelli, Machiavelli, Atoms & Oil. Alguns pensam que o segundo Mach é um disfarce para Máfia.*

O ponto principal que destaco é que todos devemos estar cientes do fato de que o jogo do dinheiro é manipulado. Ele não é justo. O jogo do dinheiro que o GRUNCH joga é roubar nossa riqueza, através do nosso dinheiro, nosso sistema monetário.

O Mundo Está Acordando

Citando *The Economist*, de 26 de março de 2016:

Os Estados Unidos costumavam ser a terra das oportunidades e do otimismo. Agora, oportunidade é algo visto como a preservação das elites: 2/3 dos norte-americanos acreditam que a economia é manipulada em favor dos interesses adquiridos. E o otimismo se transformou em raiva.

Os Estados Unidos devem ser o templo da livre iniciativa. Não é.

O jogo pode realmente estar sendo manipulado.

P: *Podemos parar o GRUNCH?*

R: Você pode tentar. Mas em vez de destituir o GRUNCH, decidi aprender e entender seu jogo. Decidi que não serei uma vítima. É por isso que, em 1963, comecei a vislumbrar o futuro... e escolhi não jogar o jogo que o GRUNCH quer que joguemos.

P: *E que jogo é esse?*

R: O jogo que começa com as instruções: "Vá à escola, trabalhe arduamente, pague impostos, livre-se das dívidas e economize dinheiro."

Para vencer o GRUNCH, eu sabia que precisava aprender a prever o futuro — e me preparar para ele.

Como Prever o Futuro

A maneira de prever o futuro é observar o passado. Fuller chamava isso de *prognosticação*.

Deixe-me ensiná-lo como o dr. Fuller me ensinou a prever o futuro. Vamos usar o mesmo gráfico de 120 anos do *Dow Jones* que já estudamos:

Capítulo 5

120 Anos do *Dow Jones*

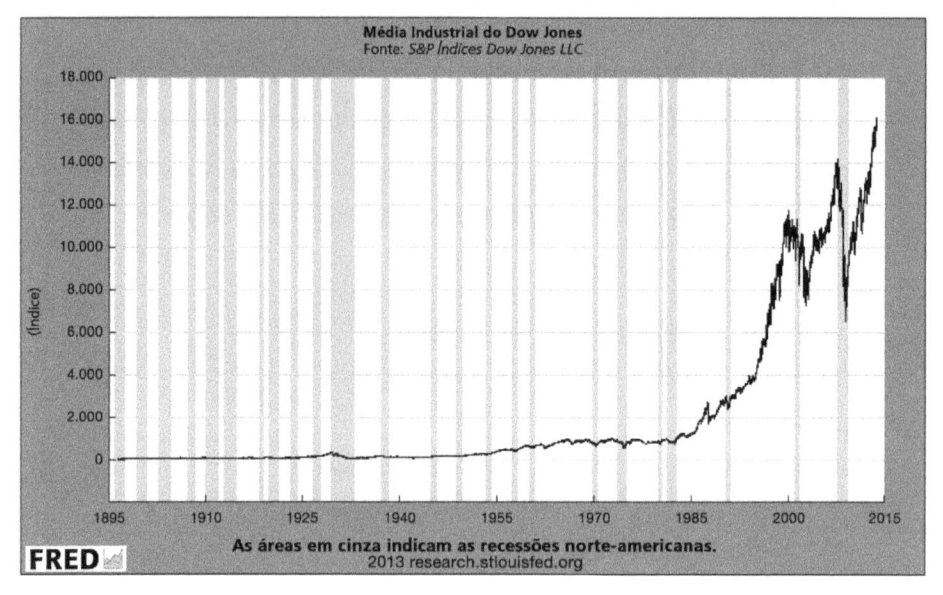

Fonte: Federal Reserve Economic Data (FRED).

Agora você vai aprender a prever o futuro simplesmente olhando, de novo, para os últimos 20 anos da média do índice *Dow Jones*.

1913:

O Federal Reserve (equivalente norte-americano do Banco Central) foi criado.

No mesmo ano:

A 16ª Emenda à Constituição norte-americana foi aprovada, autorizando o governo a cobrar imposto de renda.

P: *O Fed foi criado no mesmo ano que o imposto de renda?*

R: Sim. O Fed precisa dos impostos para produzir dólares.

> **Lições de Tom sobre Impostos**
>
> **Impostos Criam Mais Dinheiro**
>
> O Fed só consegue criar dólares porque eles são lastreados pelo contribuinte norte-americano. Sem o sistema de impostos, o Fed não teria esse apoio e não poderia produzir dólares.

P: *Por que essa data é tão importante?*

R: Porque foi em 1913 que a atual crise global começou. A crise não teria acontecido sem a criação do Fed e do Internal Revenue Service (IRS, equivalente norte-americano da Receita Federal), o departamento norte-americano de imposto de renda.

Muitos especialistas concordam que, sem o Fed, não haveria vários trilhões em *flexibilização quantitativa*, a impressão de dinheiro. Sem o Fed, não haveria a crise de 2007 do mercado imobiliário.

Sem o Fed, os grandes bancos não teriam quebrado em 2008. E, sem o Fed, não teriam sido resgatados pelo dinheiro dos contribuintes.

É por isso que 1913 é uma data importante para entender a história por trás da atual crise.

1929:

A crise gigante do mercado de ações. Ela levou à Grande Depressão, que aterrorizou o povo norte-americano. Essa insegurança financeira levou à Grande Sociedade, a gênese de muitos programas sociais que temos hoje, incluindo os passivos não financiados desses programas assistencialistas, que atualmente conduzem os Estados Unidos à falência.

Capítulo 5

A dívida nacional dos Estados Unidos, em 2017, está estimada em mais de US$220 trilhões, em que passivos fora do balanço patrimonial (passivos cuja responsabilidade não é direta, mas em que há possibilidade de iliquidez), programas falidos como a Previdência Social e o Medicare[1], estão inclusos.

1935:

A Previdência Social é instaurada por Franklin D. Roosevelt. Hoje, milhões contam com o governo para cuidar deles quando se aposentarem.

1943:

A atual lei tributária é aprovada, pela qual o Congresso autorizou que os impostos fossem deduzidos dos salários dos empregados, no quadrante E, ou seja, antes que estes fossem pagos.

1944:

O Acordo de Bretton Woods colocou o mundo no *padrão dólar*. Os Estados Unidos concordam em lastrear o dólar com ouro. O mundo é obrigado a negociar internacionalmente em dólar norte-americano.

Em vez de guardar ouro, os bancos centrais do mundo foram forçados a guardar dólares norte-americanos. O dólar agora era "tão valioso quanto o ouro" e se tornou "a moeda de reserva mundial". Isso deu aos Estados Unidos uma supremacia sem precedentes na economia mundial e o país se tornou — junto com muitos de seus cidadãos — extremamente rico.

1971:

O presidente Richard Nixon rompe o Acordo de Bretton Woods. A máquina de imprimir dinheiro começa a funcionar. A atual crise não teria acontecido se Nixon não tivesse rompido o Acordo de Bretton Woods.

---

1 O Medicare, bem como o Medicaid, é um programa norte-americano de assistência médica aos idosos. (N. E.)

1972:

Nixon abriu as portas para a China. A segurança no emprego é perdida por causa de países com salários mais baixos.

Em três décadas, a China passou de um país pobre para uma potência mundial.

1974:

Nixon assina o acordo do petrodólar com a Arábia Saudita. O dólar norte-americano agora é garantido pelo petróleo. Todos os países devem agora comprar petróleo com dólares norte-americanos... o que o tornou a moeda mais poderosa da história.

Os petrodólares permitiram ao Fed imprimir dinheiro como louco. A boa notícia é que a economia norte-americana cresceu. A má, que o terrorismo também.

Milhares de pessoas estão morrendo nas mãos de terroristas e milhões mais fugindo de sua terra natal, arrasada pela guerra... causada, em grande parte, pelos petrodólares.

O governo norte-americano, muitas vezes, parece assumir a posição de Polícia do Mundo. Isso não é realmente verdade. Os Estados Unidos combatem em guerras para proteger a hegemonia do dólar norte-americano.

P: *O que hegemonia significa?*

R: É a autoridade de uma nação sobre as outras. O acordo com a Arábia Saudita e outros produtores de petróleo deu aos norte-americanos uma economia mais forte, um estilo de vida incrível, um padrão de vida mais alto e uma vantagem arrebatadora sobre os outros povos do mundo.

P: *O que acontecerá se o petrodólar como moeda chegar ao fim?*

R: Boa pergunta. Ninguém sabe ao certo. Trilhões de petrodólares *provavelmente* voltarão para casa, já que os bancos centrais esvaziariam suas reservas de dólar... o que *pode* causar uma

Capítulo 5

hiperinflação massiva nos Estados Unidos. A hegemonia norte-americana teria fim e o abismo entre ricos e pobres aumentaria.

P: *Então a crise no Oriente Médio começou em 1974, quando o dólar se tornou petrodólar? Você quer dizer que milhões de pessoas migram para a Europa por causa do petrodólar?*

R: Uma pergunta profunda. Agora você está aprendendo a ver o futuro estudando o passado.

1978:

O plano de aposentadoria 401(k) é criado. Hoje, 80% de todos os *baby boomers* sentem que ficarão pobres quando se aposentarem. O 401(k) não foi projetado para tornar os *baby boomers* financeiramente seguros, mas para enriquecer Wall Street.

1983:

O livro *Grunch of Giants*, de Bucky Fuller, é publicado.

1987:

O mercado de ações quebra. O então presidente do Fed, Alan Greenspan, (1987–2006) promulga o Greenspan Put (algo como "política monetária de Greenspan", em tradução livre). Seu nome oficial era Grupo de Trabalho Presidencial sobre Mercados Financeiros. Os internos o chamavam de Plunge Protection Team ("Equipe de Proteção de Quedas", em tradução livre).

P: *O que o* Plunge Protection Team *fazia?*

R: A cada vez que os mercados entram em crise, o dinheiro de "fontes misteriosas", que muitos suspeitam serem financiadas pelo Fed, surge para sustentar o mercado.

Quando Greenspan e o Fed impediram a crise de 1987, os ricos perceberam que o Fed estava do lado deles. Os ricos não podiam perder.

Olhe para 1987 e verá que os mercados decolaram após Greenspan declarar que ele seria *o banco deles*. O Fed emitiu uma garantia de "retorno financeiro" para os ricos — uma espécie de rede de segurança caso os mercados quebrassem. Os ricos não podiam perder.

1987 a 2000:

O Dow Jones se torna parabólico (as cotações sobem e descem, mas a tendência geral é de crescimento constante). E o milionário ao lado, rico.

Milhões de indivíduos da classe média, investidores passivos, se tornam milionários através da inflação na valorização de suas casas, seus planos 401(k) e IRAs, bem como através de planos de pensão governamentais. Era muito fácil para os norte-americanos "enriquecerem" entre 1970 e 2000.

1996:

O livro *O Milionário Mora ao Lado* é publicado. O autor Thomas Stanley elogia a pessoa mediana, que se torna milionária comprando uma casa, vivendo frugalmente e investindo em longo prazo no mercado de ações.

Alan Greenspan alerta sobre a "exuberância irracional". Suas palavras eram um sinal de que a festa estava chegando ao fim. Ele devia saber. Ele e o Fed financiaram a festa. A "exuberância irracional" era seu jeito de dizer: "Rapazes, vocês estão bêbados. Vou tirar o 'barril de chope'."

1997:

Pai Rico, Pai Pobre é lançado, avisando que os ricos não trabalham por dinheiro, poupadores são perdedores e sua casa não é um ativo.

P: *Você escreveu* Pai Rico, Pai Pobre *como um alerta?*

R: Sim. Estava avisando que o "passeio de carruagem" tinha acabado. A bolha estava prestes a explodir. E a espoliação financeira, a começar.

Capítulo 5

P: *Você está dizendo que a geração* baby boom *pode se tornar a geração da crise?*

R: Isso. Hoje, em 2017, a classe média está diminuindo e a pobreza, aumentando.

Dê um tempo e estude o gráfico a seguir. Ele mostra a história — e o status de falência — da Previdência Social nos Estados Unidos. O que você vê no futuro... para *baby boomers*, seus filhos e netos?

Superavits e Deficits da Previdência Social (EUA)

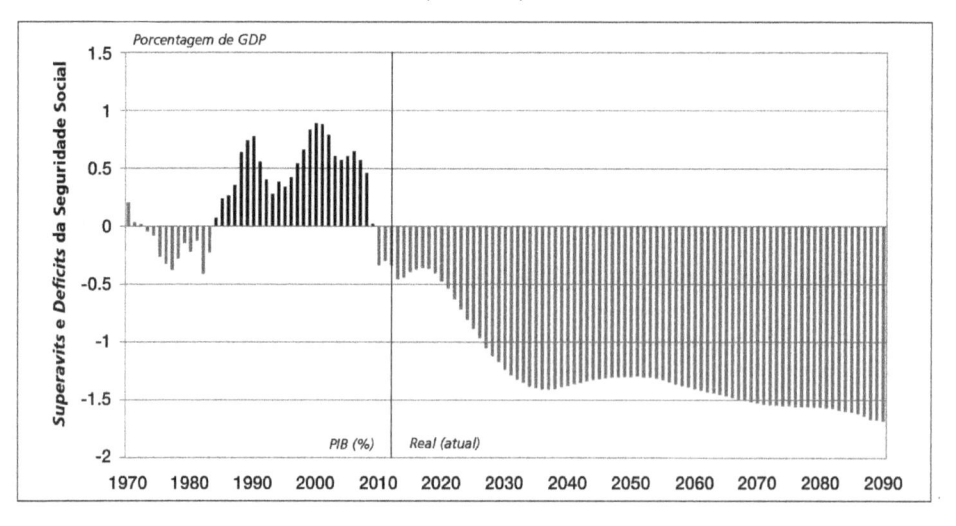

Fonte: Peter G. Peterson Foundation.

Você agora é um clarividente. O que vê olhando para o futuro?

1999:

A União Europeia cria o euro.

2000:

Saddam Hussein anuncia sua intenção de vender o petróleo iraquiano em euro.

2001:
O World Trade Center é atacado. Dos 19 sequestradores, 14 eram da Arábia Saudita. Nenhum era do Iraque.

Flashback… para 28 de junho de 1914:
O arquiduque Franz Ferdinand é assassinado em Sarajevo, iniciando a Primeira Guerra Mundial. No mesmo dia, a Inglaterra assina um acordo sobre os direitos do petróleo na Mesopotâmia, conhecida hoje como Iraque. Mosul foi uma importante cidade em 1914, e ainda o é atualmente. Mosul foi capturada pelo ISIS em 2014 e retomada pelo Iraque em 2017.

O petróleo tem desempenhado um papel crucial na história e economia mundial.

Em 1941, Pearl Harbor foi atacada após os Estados Unidos cortarem o petróleo do Japão. A Guerra do Vietnã se baseou em petróleo, não no comunismo. Os Estados Unidos não queriam que a China tivesse acesso ao petróleo do Vietnã.

Na minha opinião, o petrodólar deve ser defendido. Se o petróleo não for negociado em dólar norte-americano, a economia dos Estados Unidos entrará em colapso.

Três Grandes Crises
Houve três grandes crises nos dez primeiros anos deste século, entre 2000 e 2010:

> 2000: A crise das empresas pontocom
> 2007: A crise do crédito de alto risco
> 2008: A crise dos bancos

Três grandes crises — milhares de vezes maiores que a Grande Depressão, de 1929.

Capítulo 5

Muitos milionários ao lado foram aniquilados entre 2000 e 2010. E muitos provavelmente também o serão na crise que está vindo.

2002:

Profecias do Pai Rico foi publicado.

Em 2002, *Profecias do Pai Rico* foi lançado. Previ que a maior crise do mercado de ações o atingiria por volta de 2016.

No mesmo livro, também previ uma crise menor, antes de 2016. Essas crises chegaram em 2007 e 2008. (Você pode ver minha entrevista com Wolf Blitzer, na CNN, em: RichDad.com/TV (conteúdo em inglês).)

2008:

A terceira crise foi a dos bancos. Aproximadamente seis meses depois, em 15 de setembro de 2008, Lehman Brothers, um banco de 150 anos, um dos mais antigos dos Estados Unidos, vai à falência e é fechado.

Em 3 de outubro de 2008, Ben Bernanke e o então secretário do Tesouro, Hank Paulson, ex-CEO do Goldman Sachs, criam o *Troubled Assets Relief Program* (TARP — "Programa de Alívio de Ativos Problemáticos"). O programa resgatou os maiores bancos — incluindo o Goldman Sachs, ex-empregador de Paulson.

Os contribuintes pagarão esse resgate por gerações.

2009:

Muammar Gaddafi propõe a venda do petróleo líbio em dinares garantidos por ouro.

2011:

Gaddafi é assassinado.

2015:

Benjamin Netanyahu, primeiro-ministro de Israel, é desprezado por Barack Obama. Israel discorda dos esforços de Obama para normalizar as relações com o Irã.

P: *Você mantém sua previsão da crise de 2016?*

R: Sim.

Em janeiro de 2016, o investidor mediano perdeu 6,3% quando o Dow Jones caiu. O mediano do NASDQ, 8%. A crise foi interrompida quando o Fed e o Plunge Protection Team começaram o resgate.

Os preços do petróleo tinham caído. As taxas de juros, nunca antes na história mundial estiveram tão baixas.

Em agosto de 2016 foi relatado que o poderoso Deutsche Bank estava com sérios problemas. Havia cheiro de fumaça em seu portfólio de derivativos.

Ao ler este livro, você terá uma ideia melhor sobre como essa crise financeira é generalizada.

Em *Profecias do Pai Rico* (2002), também previ que o terrorismo se espalharia. Uma maneira de destruir os Estados Unidos é destituir o petrodólar. Se o petróleo não for negociado em dólar norte-americano, a economia dos Estados Unidos estará em apuros.

Em 2016, grupos terroristas, como o ISIS, cresciam.

Em 2016, 60 Minutes, um noticiário televisivo, conta a história do processo interposto contra a Arábia Saudita por atacar os Estados Unidos.

Em 2016, Obama voa para a Arábia Saudita para beijar o anel do rei.

Arábia Saudita e Irã são inimigos mortais. A Arábia Saudita não fica satisfeita com Obama levantar sanções contra o Irã.

Com os baixos preços do petróleo e o Irã o vendendo em euro, a economia da Arábia Saudita e seus programas sociais enfrentam dificuldades. A Arábia Saudita ameaça vender a Aramco, sua companhia de petróleo, no mercado público. Os sauditas querem seu dinheiro agora. Eles sabem que o jogo acabou.

A China e a Rússia estão construindo um gasoduto, e negociarão petróleo em suas moedas. O acordo de 1974 que criou o petrodólar está se desfazendo.

Capítulo 5

A Crise

Os fatos contam a história. Em 2016, milhões de norte-americanos não tiveram aumento de salário, não podiam comprar uma casa, tinham pouco guardado para a aposentadoria e seus filhos estavam soterrados em dívidas estudantis. À mesma época, o governo norte-americano se afundava cada vez mais em dívidas. Para milhões de pessoas, a "grande crise" já começou...

Pouco mudou desde 2007 e 2008. O problema só cresce. E *esse é o verdadeiro problema.*

P: *Você não se sentiu mal pelas pessoas que perderam suas casas?*

R: Sim. Detesto ver pessoas perderem empregos, suas casas, dinheiro da aposentadoria e seu futuro. Por isso escrevi *Pai Rico, Pai Pobre* em 1997, e *Profecias do Pai Rico*, em 2002. Fiz meu melhor para alertar as pessoas e ensiná-las a usar a educação financeira para se prepararem. Se isso o faz se sentir melhor, não compramos residências pessoais na execução hipotecária.

P: *Você está dizendo que os bancos que causaram a crise compraram casas daqueles que as perderam?*

R: Em muitos casos, foi exatamente o que aconteceu.

Outro Flashback...

Janeiro de 2013. As organizações que compraram a maioria das residências pessoais tiveram seus fundos de hedge e equity funds (fundo mútuo que investe principalmente em ações) financiados pelos bancos de Wall Street. O Blackstone Group LP, o maior proprietário de imóveis privados nos Estados Unidos, acelerou as compras de casas não geminadas à medida que os preços subiam mais rápido do que o esperado.

De acordo com o Bloomberg.com (conteúdo em inglês), o Blackstone gastou mais de US$2,5 bilhões em 16 mil lares para gerir com aluguéis, conseguindo capital de um fundo de US$13,3 bilhões. A empresa busca transformar um mercado dominado por pequenos investidores em uma nova classe de ativos institucionais, que a JPMorgan Chase & Co. estima que valham até US$1,5 trilhão.

No final de 2015, o Blackstone anunciou que parou de comprar residências particulares quando os preços subiram novamente. A maior venda de imóveis da história tinha acabado.

É por isso que crises enriquecem os ricos.

P: *Você está dizendo que os mercados são manipulados?*

R: Em vez de responder especificamente à sua pergunta, vou lhe contar a história que Warren Buffett me contou. Ele disse: "Se estiver sentado em uma mesa de pôquer, e não sabe quem é o pato, é porque é você."

Agora você entende por que Bucky Fuller escreveu *Grunch of Giants*? Entende por que essa crise não teria acontecido se o Federal Reserve e o IRS não tivessem sido fundados em 1913? Por que não há educação financeira legítima em nossas escolas?

Agora que tem uma ideia sobre como prever o futuro, o que fará?

Quando Ir às Compras

Todos amam uma pechincha. Todos sabem que o melhor momento de ir às compras é quando o que desejam está à venda.

Infelizmente, a maioria das pessoas compra coisas que as empobrecem, como novos carros chamativos, roupas e joias.

Os ricos compram barganhas que os enriquecem. Esperam por crises do mercado de ações para comprar as melhores a preços baixos. Eles ficam preparados para crises para que possam comprar imóveis por uma pechincha. Compram ouro, prata e negócios a preços mínimos.

Os ricos não investem em longo prazo, diversificam ou um pouco de tudo... nem qualquer coisa que lhes mandem comprar.

Capítulo 5

É isso que Warren Buffett fala sobre diversificação:

A diversificação é uma proteção contra a ignorância. Faz pouco sentido se você sabe o que está fazendo.

O problema com os fundos mútuos é que eles já são diversificados, o mesmo vale para ETF e REIT. E também para *fundos de fundos*.

P: *O que são fundos de fundos?*

R: São fundos compostos por outros fundos, como fundos mútuos, ETFs e REITs. É a diversificação levada ao extremo.

Todos esses produtos de diversificação são criados para o milionário ao lado. Infelizmente, a diversificação não o protege em uma crise catastrófica, como as três no começo deste século. Para se tornar um investidor de verdade do quadrante I, você deve aprender a escolher criteriosamente. Precisa aprender a ver o que os financeiramente improficientes não veem.

Prepare-se para a Crise

A educação financeira legítima o prepara para a crise — antes que ela o atinja.

P: *Como você sabe quando uma crise está chegando?*

R: Há muitas maneiras... e incluem estudar história, gráficos, ler e ouvir pessoas sábias.

Em minha experiência, a maneira de saber que uma crise é iminente é quando pessoas estúpidas se tornam "investidores".

Por anos, eu sabia que uma crise do mercado imobiliário se aproximava. A euforia era crescente. Pessoas sem renda ou emprego compravam casas. Meu prédio residencial estava com muitas vagas. Os inquilinos que não podiam pagar o aluguel de repente compravam casas luxuosas. Eu sabia que o fim estava próximo quando a caixa da mercearia me entregou seu cartão e disse: "Me ligue. Tenho algumas propriedades em que pode querer investir." Em um esforço de fechar seu negócio, acrescentou: "Os preços estão subindo, então aja rapidamente."

O ano era 2007. Agradeci a ela e peguei seu novo cartão de visita. Eu sabia que o fim se aproximava e que logo seria o momento de ir à compra de pechinchas.

Quando Comprar
Foi quando Kim e eu começamos a comprar imóveis com nosso sócio e consultor da *Rich Dad*, Ken McElroy.

Capítulo 6
POR QUE AS DÍVIDAS ENRIQUECEM OS RICOS

Pai pobre:
As dívidas me empobrecem.

Pai rico:
As dívidas me enriquecem.

Dívida é dinheiro.

Os ricos se tornam mais ricos porque usam as dívidas para enriquecer.

Infelizmente, sem educação financeira, dívidas empobrecem os pobres e a classe média.

Donald Trump resumiu isso, dizendo: *Você sabe que sou o rei das dívidas. Eu as amo, mas dívidas são algo complicado e perigoso.*

O mercado imobiliário caiu quando as instituições de crédito imobiliário começaram a emprestar dinheiro para mutuários de alto risco, pessoas que (em muitos casos) não tinham emprego e eram encorajadas a comprar casas pelas quais não podiam pagar.

Milhões de pessoas da classe média, proprietárias de imóveis, perderam suas casas quando começaram a usá-las como caixa eletrônico. Hoje, a dívida de financiamentos estudantis supera US$1,2 trilhão — maior que todas as dívidas de cartões de crédito.

Capítulo 6

É a maior fonte de renda para o governo dos Estados Unidos.

Embora a dívida estudantil torne os estudantes que não completam a escola pobres, enriquece o governo norte-americano.

DÉJÀ-VU
Wall Street Journal • 21 de Maio de 2016

Os saldos dos cartões de crédito norte-americanos estão em vias de atingir US$1 trilhão este ano, à medida que os bancos empurram agressivamente seu pedaço de plástico e os consumidores ficam mais confortáveis carregando a dívida.

Essa soma chegaria perto do maior pico de todos os tempos de US$1,02 trilhão, estabelecido em julho de 2008, imediatamente antes da crise financeira.

Além disso, os credores aceitaram milhões de consumidores de crédito de alto risco que anteriormente não conseguiam crédito.

Cartões de crédito são uma das poucas linhas de negócio que funcionam para os bancos agora.

O Dólar Se Torna Dívida

Em 1971, quando Nixon desatrelou o dólar do padrão-ouro, ele se tornou dívida. Essa foi uma das grandes mudanças econômicas na história mundial.

Em 1971, poupadores se tornaram perdedores — e devedores, ricos.

Como a Dívida Torna os Ricos Mais Ricos

Quando palestro para grupos por todo o mundo, frequentemente pergunto: "Como a dívida torna os ricos mais ricos?"

Usarei cartões de crédito como um exemplo para ilustrar isso. Digamos que você receba um novo cartão de crédito. Não há dinheiro nele. Tudo o que tem é crédito. Você vai às compras e adquire um novo par de sapatos que custa $100. Você usa seu novo cartão de crédito e — como mágica — $100 de "dinheiro" são criados. Ao mesmo tempo, $100 em dívida são criados. Os $100 fluem para a economia e as pessoas ficam felizes. O problema é que agora você tem que trabalhar para pagar esses $100 em dívidas.

P: *Então, minha obrigação de pagar os $100 de dívida criou esses $100? Minha promissória criou os $100?*

R: Correto.

P: *Então os $100 são dívida? Uma promessa? Nada mais que uma promissória minha?*

R: Sim.

P: *Criei dinheiro a partir do nada?*

R: Isso, em teoria.

P: *É por isso que as empresas de cartões de crédito estão sempre me oferecendo mais e mais cartões?*

R: Exatamente.

P: *Por quê?*

R: Há muitas razões.

Uma delas é que a economia cresce quando você cria dinheiro tomando emprestado. Quando pagas suas dívidas, a economia encolhe.

Outro motivo é que a dívida enriquece os ricos. Se ela não fizesse isso, os ricos não emitiriam um cartão de crédito para você.

Capítulo 6

Os ricos não emitem cartões porque gostam de você. Eles lhe dão crédito porque ganharão dinheiro, através dos juros, quando você usar seu cartão. Eles ganharão ainda mais se você só pagar o mínimo de sua fatura.

P: *Então o governo permite que os ricos emitam cartões de crédito porque precisa que a economia cresça e crie empregos?*

R: Teoricamente, sim.
Como titulares dos cartões de crédito, os bancos não querem países que paguem suas dívidas. Países como a Grécia e o território norte-americano de Porto Rico enfrentam *inadimplência*, o que significa que não podem fazer pagamentos de juros "mínimos" sobre suas dívidas. Os bancos permitirão que um país "reestruture" sua dívida. *Reestruturar* significa a permissão ao país de refinanciar sua dívida, representando que os bancos emprestarão *mais* dinheiro, o que lhe permite continuar a pagar os juros.

P: *Os bancos na verdade emprestarão mais dinheiro a um país... para que possa fazer "pagamentos mínimos"?*

R: Sim. Eles farão e fazem isso.

P: *É por isso que as empresas de cartão de crédito somente exigem um pagamento mínimo? Para que eu não quite a dívida nunca?*

R: Exato. O pagamento mínimo de seu cartão é como um inquilino que paga o aluguel. Você não quita nunca a dívida de seu cartão de crédito e o inquilino não possui a casa em que vive. O pagamento mínimo mensal enriquece os ricos da mesma maneira que o aluguel mensal torna os investidores imobiliários ricos.

Dinheiro a Partir do Nada

No exemplo do cartão de crédito e dos sapatos novos, os $100 foram criados a partir do nada. No momento em que o cartão de crédito é usado, os $100 de dívida se tornam um *ativo* para os ricos e um passivo para seu detentor pobre ou de classe média.

P: *Então, se eu quiser ser rico, preciso aprender a usar dívidas para enriquecer?*

R: Em teoria, sim. Você deve ser muito cuidadoso com as dívidas. É preciso educação financeira para aprender a usar dívidas para enriquecer.
A dívida é uma faca de dois gumes. Podem fazê-lo rico e então, subitamente, algo mudar e a mesma dívida torná-lo muito pobre.

Foi isso o que aconteceu quando o mercado imobiliário começou a quebrar em 2007. Milhões de pessoas achavam que eram ricas porque tinham capital próprio em suas casas — que muitas pessoas usavam como caixas eletrônicos pessoais. E então, de repente, o mercado caiu e as deixou de ponta-cabeça. Elas tinham mais dívidas com suas casas do que realmente valiam. Do dia para a noite, se tornaram *pobres*. Muitos perderam tudo.

Por isso Kim e eu criamos o jogo de tabuleiro *CASHFLOW*®. O único jogo de educação financeira que encoraja os jogadores a usar dívidas para vencer.

P: *Aprender a usar dívidas com o dinheiro do jogo antes de usar dinheiro de verdade?*

R: Exatamente. Mas nunca se esqueça: as dívidas podem ser perigosas. São como uma arma carregada. Ela pode salvar sua vida — mas também matá-lo.

Tolos Financeiros

Quando digo: "Uso dívidas para comprar *ativos*", muitos dizem: "Isso é arriscado." No entanto, essas mesmas pessoas não têm problemas em usar um cartão de crédito para comprar *passivos*, como um par de sapatos de $100.

Devedores Ricos

A Apple, uma das empresas mais ricas do mundo, tem aproximadamente US$246 bilhões guardados no banco. Porém, pegou emprestados bilhões de dólares nos últimos anos por causa das baixas taxas de juros. Por que a Apple fez um empréstimo? Porque dívidas são mais baratas que repatriamento de dinheiro, o que significa levar o dinheiro de volta para o país e pagar impostos sobre ele nos Estados Unidos.

Capítulo 6

CEOs Ricos

Muitos executivos corporativos são pagos em *opções de ações* em vez de em dinheiro. Isso faz com que os CEOs peguem dinheiro emprestado e comprem de volta suas ações da empresa. Quando o preço das ações sobe, os CEOs e os executivos vendem suas "opções" a preços altos, o que os enriquece... mas torna os empregados e acionistas da empresa pobres.

Desde a década de 1970, muitos CEOs têm usado dívidas para especular no mercado de ações em vez de usá-las para expandir a empresa e criar mais empregos.

Aprenda a Usar Dívidas

Então, como uma pessoa aprende a usar dívida como se fosse dinheiro? Vou começar com uma história que talvez você já tenha escutado antes.

Em 1973, o ano que voltei para o Havaí do Vietnã, meu pai pobre sugeriu que eu fosse para a universidade conseguir um MBA. Meu pai rico sugeriu que eu aprendesse a investir em imóveis.

Meu pai pobre me encorajou a me tornar um empregado altamente remunerado do quadrante E. Meu pai rico, a me profissionalizar como investidor, no quadrante I.

Um dia, enquanto assistia à televisão, um comercial anunciou um seminário gratuito sobre imóveis. Fui a esse seminário, gostei do que ouvi e investi US$385 em um curso de três dias. Aqueles US$385 eram muito dinheiro na época, porque eu ainda integrava os Fuzileiros Navais e não ganhava muito dinheiro.

O programa de três dias foi ótimo. O instrutor era realmente um investidor rico, experiente e bem-sucedido que amava ensinar. Aprendi muito com ele. No fim do programa, ele me deu um dos melhores conselhos que já recebi. Disse: "Sua educação começa quando você sai da aula."

A tarefa que pediu foi que nos reuníssemos em grupos de três a cinco estudantes para analisar e escrever uma avaliação de 100 propriedades que estavam à venda. Ele nos deu 90 dias para completá-la. Ele não queria que comprássemos nada ou investíssemos dinheiro algum por 90 dias.

Inicialmente, havia cinco pessoas em nosso grupo. Para o primeiro encontro, chegamos a ter três ou quatro. No final dos 90 dias, nosso grupo caiu para dois.

De Volta à Escola

Após 90 dias analisando e escrevendo avaliações de uma página das 100 propriedades, identifiquei minha primeira oportunidade de investimento imobiliário. Era um apartamento de um quarto e um banheiro próximo à praia da ilha de Maui. Todo o processo aconteceu em execução hipotecária e o preço foi de US$18 mil. O vendedor possibilitou financiar 90%.

Tudo o que tive que fazer foi pagar US$1.800 para os 10% de entrada.

Entreguei meu cartão de crédito para o corretor para o pagamento da entrada e a propriedade era minha. Adquiri minha primeira propriedade para investir 100% com dinheiro de outras pessoas (DOP). Não coloquei nada do meu dinheiro no investimento.

Ao final de cada mês, depois de todas as despesas serem pagas, incluindo serviços de dívidas e taxas de manutenção, a propriedade colocava aproximadamente US$25 em meu bolso, um *retorno infinito* sobre meu investimento. Foi um retorno infinito porque não coloquei nada do meu dinheiro no negócio.

Mesmo que US$25 mensais não sejam muito dinheiro, as lições que aprendi se provaram inestimáveis. Uma delas foi que *dívida é dinheiro*, e outra, que *dívidas são livres de impostos*.

P: *Por que a dívida é livre de impostos?*

R: Duas expressões muito importantes para a proficiência financeira são *dívidas* e *capital próprio*. Em termos simples, *capital próprio* é o seu dinheiro. *Dívidas* são DOP.

Quando uma pessoa adquire uma propriedade, geralmente começa o processo com o *pagamento da entrada*. Em muitos casos essa

Capítulo 6

    entrada, o capital próprio do proprietário, é feita com dinheiro livre de impostos. O proprietário já pagou o imposto de renda sobre ele.

P: *Ao usar dívidas como entrada, não havia mais imposto de renda a pagar?*

R: Correto. Dívidas podem ser um dinheiro muito barato se souber como usá-las para fazer dinheiro. São extremamente caras se usá-las para adquirir passivos (como aquele par de sapatos) com um cartão de crédito e fizer pagamentos mínimos.

P: *Então seu primeiro investimento imobiliário foi feito com 100% de dívidas, e você ganhou US$25 de fluxo de caixa líquido mensais?*

R: Sim. E aquela renda de US$25 era livre de impostos.

P: *Como fez isso?*

R: É para isso que serve a educação financeira. Tom Wheelwright, contador e meu consultor fiscal, explicou impostos e estratégias fiscais no Capítulo 3.

Lições de Tom sobre Impostos

Por que Dívidas São Livres de Impostos

A regra geral é que toda renda é tributável. Renda é dinheiro que você recebe, que é seu para gastar como deseja, sem restrições. Dívidas não são renda. Você precisa pagá-las. Então, quando pega dinheiro emprestado para um investimento, é realmente livre de impostos. Isso torna a dívida menos dispendiosa que o capital próprio. Capital próprio é seu dinheiro já tributado. Portanto, mesmo que tenha uma taxa de juros de 5% a 6%, as dívidas são muito mais baratas do que se tivesse que usar o capital próprio, no qual pagou 40% de impostos (essas taxas de juros e alíquota referem-se ao que ocorre nos Estados Unidos).

Estratégias Avançadas

Obviamente, a propriedade de US$18 mil em Maui é um exemplo muito simplificado. Hoje, a mesma propriedade vale aproximadamente US$300 mil. E gostaria de não tê-la vendido!

O primeiro investimento de Kim em imóveis foi de US$45 mil. Ela deu uma entrada de US$5 mil e fez US$50 mensais em fluxo de caixa positivo.

O acordo: o banco permitiu que Kim "assumisse" a dívida do vendedor. O banco não queria a casa — queria os pagamentos mensais do titular do financiamento. Dois anos depois, Kim vendeu a casa por US$90 mil e reinvestiu seus *ganhos de capital* em propriedades adicionais.

Atualmente, Kim e eu, junto com o consultor da *Rich Dad*, Ken McElroy, possuímos aproximadamente 10 mil unidades para aluguel. Temos fluxo de caixa, isenção fiscal, todos os meses livres de trabalho e ganhamos mais dinheiro do que muitas pessoas em uma vida inteira. O processo de investimento imobiliário é o mesmo, a única coisa que mudou foi o número de zeros nos cheques que depositamos.

O que aumentou ao longo dos anos foi nossa educação financeira e experiência.

Sinto por pessoas que, como os cachorros de Pavlov, simplesmente fazem o que lhes mandam ou são condicionadas a fazer, transferindo seu dinheiro de forma impensada para Wall Street, investindo em longo prazo... e sem aprender nada.

É uma grande razão pela qual os ricos cada vez ficam mais ricos.

P: *Usar seu cartão de crédito, dívida, para pagar a entrada não é arriscado?*

R: Sim, mas muito menos do que pagar US$1.800 em sapatos. Imóveis comumente se valorizam. Sapatos perdem de 90% a 100% de seu valor no momento em que os calça. Quem quer alugar sapatos? Muitas pessoas adoram alugar um apartamento nas areias brancas da praia do Havaí.

Capítulo 6

DEMONSTRAÇÃO FINANCEIRA

Renda

Despesas
Dívidas — *pobres usam cartões de crédito para despesas de susbsistência (alimentação, roupas, combustível)*

BALANÇO PATRIMONIAL

Ativos	Passivos
Dívidas — *ricos as usam para adquirir ativos*	Dívidas — *a classe média as usa para comprar passivos (como casas e carros)*

Essa é mais uma razão pela qual os ricos cada vez ficam mais ricos. Eles se concentram mais em ativos do que em renda e usam as dívidas para adquirir e aumentar seus ativos.

No jogo *CASHFLOW*®, há pequenos e grandes negócios. É interessante observar as pessoas conforme o jogam. Descobri que você sempre detecta um perdedor apenas observando seu comportamento. Ele sempre começa com Grandes Negócios.

Banqueiros Amam Imóveis

Há quatro classes básicas de ativos. São elas:

1. Negócios

2. Imóveis

3. Ativos de papel: ações e títulos

4. Commodities

É possível garantir o financiamento, dívida, em todas essas classes. Dos quatro, imóveis são o mais simples. Banqueiros amam emprestar dinheiro para imóveis. E há boas razões para isso.

Empréstimos Comerciais

Se for a seu banco e disser: "Quero fazer um empréstimo de US$1 milhão para começar um negócio", talvez o banqueiro sequer fale com você. Se forem gentis, podem lhe recomendar que solicite um empréstimo de empresas próprias para essa finalidade. Se não possuir propriedades, não é fácil conseguir um empréstimo comercial.

Lições de Tom sobre Impostos

Os Bancos Buscam Segurança

Bancos são menos inclinados a fazer empréstimos para startups porque buscam segurança. Imóveis são seguros. O banco sabe que o imóvel provavelmente vai se valorizar. Então, se não pagar o empréstimo, o banco tem a segurança de tomar sua propriedade e ser pago vendendo-a. O banco não pode vender seu negócio se ele fracassar. Portanto, há bem menos segurança para ele em um empréstimo comercial. É por isso que o banco quer que uma empresa própria para essa finalidade garanta o empréstimo — para ser pago caso o negócio falhe.

Empréstimos para Ações e Títulos

Um corretor de ações pode deixá-lo investir em ações e títulos *on margin*, o que significa que você tem algum *crédito* ou linha de crédito com o corretor. Se cometer um erro e perder dinheiro, o corretor vai imediatamente emitir uma *margin call*, e venderá os ativos que você deixou como garantia.

Capítulo 6

> **Lições de Tom sobre Impostos**
>
> **Margem de Empréstimos**
>
> Ações são verificáveis, então apresentam uma boa segurança para um empréstimo. Entretanto, oscilam rapidamente. É por isso que corretores apenas lhe emprestam uma pequena parcela (normalmente não mais que 50%) do valor de seu portfólio. Eles precisam ser capazes de liquidá-las rapidamente se você não pagá-las ou se perderem valor.

Empréstimos para Commodities

Se planeja comprar ouro ou prata com dívidas, duvido que os bancos lhe emprestem qualquer coisa. Eles detêm ouro e prata como *garantia*, mas ainda não vi um banco que me emprestasse US$1 milhão com 5% de juros por quinze anos... para comprar ouro e prata.

Moedas de ouro e prata têm pernas. Imóveis não saem do lugar.

Os governos mantêm anos de documentos, descrições legais, cadeias históricas de propriedade e como as propriedades foram compradas e vendidas. Essas são apenas algumas razões pelas quais os bancos amam imóveis.

Se estiver entrando no negócio de investimento imobiliário, invista primeiro em educação financeira, começar aos poucos para ganhar experiência do mundo real é fundamental.

A boa notícia é: você pode enriquecer em todas as quatro classes de ativos — se for financeiramente proficiente.

Escolha Seus Quadrantes com Sabedoria

> P: *Foi por isso que seu pai rico o aconselhou a ter aulas sobre investimentos antes de deixar os Fuzileiros Navais?*
>
> R: Foi uma das razões. Seu motivo principal foi fazer com que eu me concentrasse no quadrante I no começo da minha vida.

Meu pai pobre queria que eu me concentrasse em encontrar um emprego altamente remunerado no quadrante E.

Há muitas maneiras de se chegar ao paraíso imobiliário. *The Real Book of Real Estate* ("O Livro Definitivo sobre Imóveis", em tradução livre) é uma coleção de estratégias e fórmulas escritas por investidores imobiliários reais. No livro, dois dos filhos de Donald Trump, Don Jr. e Eric, compartilham o que aprenderam com seu pai.

Era uma Vez...

Era uma vez... os governos pagariam juros para encorajá-lo a comprar seus títulos, emitidos para pagar por um governo que vivia além de suas possibilidades e gastava mais do que arrecadava em receitas fiscais.

Era uma vez... os bancos competiriam pela sua poupança. Os bancos ofereceriam torradeiras gratuitas e facas de corte — até dinheiro — para fazê-lo guardar seu dinheiro com eles.

Hoje, um número crescente de bancos na Europa, Estados Unidos e Ásia desencorajam ativamente poupanças. Atualmente, Europa e Japão cobram dos poupadores para economizar dinheiro. Isso é conhecido como política de taxas de juros negativas. É só uma questão de tempo até que o resto do mundo siga o exemplo. É a prova cabal de que poupadores se tornam perdedores.

O que isso significa? Que o mundo tem muito dinheiro. Banqueiros não querem suas economias porque elas são um passivo para o banco. Os bancos querem devedores, pessoas que sabem como pegar dinheiro emprestado. É por isso que as taxas de juros (no primeiro mundo) são tão baixas.

Era uma vez... as pessoas confiariam nos banqueiros para canalizar suas poupanças em projetos produtivos, fazendo a economia crescer.

Atualmente, banqueiros e executivos corporativos não reinvestem dinheiro de poupadores para expandir a economia.

Capítulo 6

Abandonei o programa de MBA depois de seis meses. Em vez de aprender como expandir um negócio, o que eu esperava, aprendi como "fazer muito dinheiro manipulando mercados".

Hoje, nossas escolas de negócios continuam a ensinar nossos melhores e mais brilhantes estudantes a ganhar muito dinheiro manipulando mercados, em vez de ensiná-los a investir em pesquisa e desenvolvimento, expandir seus negócios e criar empregos.

O mercado de ações e os bancos foram criados para ajudar as empresas a levantar dinheiro para ampliar seus negócios e para os poupadores e investidores crescerem com a empresa. É a ironia final que as empresas americanas mais ricas estejam ativamente envolvidas em pegar dinheiro emprestado de bancos e investidores no mercado de ações quando não precisam de dinheiro.

É mais um motivo por que os pobres e a classe média empobrecem.

Finalmente, o público norte-americano está percebendo o quão densa e profundamente quebrada está a economia e a proporção em que não funciona para a maioria dos norte-americanos.

Por isso a frase de campanha de Bernie Sanders era:

A questão da riqueza e da desigualdade social é o grande dilema moral de nossos tempos.

Essa crise moral começa em nossas escolas. Nossas escolas primárias ensinam pouco ou nada sobre dinheiro. A maioria das pessoas ainda acredita em economizar dinheiro, sem perceber que a partir de 1971 dívida é dinheiro. Sem educação financeira, muitas pessoas não enxergam que as regras do dinheiro mudaram.

Se quiser enriquecer, invista em sua educação financeira antes de começar a usar dívidas como dinheiro. Aprender a usá-las para enriquecer lhe confere um poder incrível, que poucos vivenciarão.

Parte 1
RESUMO

O abismo entre ricos e pobres é causado por estes fatores:
1. Consultores financeiros
2. Impostos
3. Dívidas
4. Erros
5. Economizar dinheiro
6. Crises

Agora que você concluiu a Parte 1, está mais apto a ver os dois lados da moeda. Acredito que você pode ver que o caminho para o outro lado da moeda é a educação financeira legítima.

Mas, antes de entrar na educação financeira, é muito importante entender o que ela *não* é, bem como o preço da improficiência financeira em sua vida.

Parte 2
O QUE A EDUCAÇÃO FINANCEIRA NÃO É

Introdução à Parte 2
UM CONTO DE DOIS PROFESSORES

Muitas pessoas acreditam que são financeiramente instruídas. Conforme for lendo este livro, tenho certeza de que você obterá um entendimento melhor sobre onde se enquadra no espectro da educação financeira. Você pode achar que concorda com meu pai rico e decidir que tem muito a aprender sobre dinheiro e investimento.

Antes de continuarmos com "O que Educação Financeira É...", penso que é útil cobrirmos o que ela *não é*.

Por exemplo, a maioria das pessoas acredita que sua casa é um *ativo*. Porém, em muitos casos, ela é, na verdade, um *passivo*. Tratar um *passivo* como *ativo* é uma das principais razões para o abismo crescente entre os ricos e todos os outros.

Improficiência Financeira

Depois de definir o que a educação financeira não é, o capítulo seguinte fala da proficiência financeira e, mais importante, o que acontecerá com as pessoas financeiramente improficientes quando a economia mudar de novo.

Então, se estiver preparado para descobrir quão sólida é sua *educação financeira* e o quão *financeiramente proficiente* é, você está pronto para a Parte 2.

Capítulo 7
O QUE A EDUCAÇÃO FINANCEIRA... NÃO É

Pai pobre:
Por que preciso de educação financeira? Tenho uma boa formação. Tenho um bom trabalho. Tenho uma casa, dinheiro no banco e uma aposentadoria do governo.

Pai rico:
Se você argumenta com um idiota, então são dois idiotas.

Existe uma educação financeira para os pobres e a classe média. E, do outro lado da moeda, para os ricos.

É por isso que Warren Buffett falou:

Wall Street é o único lugar em que pessoas em um Rolls-Royce se aconselham com quem pega metrô.

Antes de entrar em que se constitui a *educação financeira legítima*, é importante discutir o outro lado da moeda, o que *ela não é*.

O que a Educação Financeira Não É
Rich Dad Poor Dad foi publicado em 1997 e entrou para a lista dos best-sellers do *New York Times* em 2000.

Capítulo 7

Logo depois de entrar para essa lista de prestígio, fui convidado para o *Oprah!* e entrevistado por Oprah Winfrey. Em uma hora passei de desconhecido para quase famoso.

Os telefones começaram a tocar e logo me tornei convidado frequente em inúmeros programas de televisão e rádio, e fui entrevistado por revistas e jornais ao redor do mundo. A maioria das entrevistas era sobre histórias dos meus dois pais — um rico e um pobre. Ninguém me perguntava sobre educação financeira.

Quase toda pessoa que me entrevistou foi formada e estava certa de que sabia o que educação financeira é.

Como o pai rico diz: *Se você argumenta com um idiota, então são dois idiotas.* Foi uma prova de diplomacia explicar que *sua ideia* de educação financeira não era a mesma que a do meu pai rico. Não estávamos do mesmo lado da moeda.

A seguir estão exemplos do que pessoas altamente instruídas acreditam que a educação financeira é:

Economia: Muitos jornalistas pensavam que *Economia* era educação financeira. Embora o entendimento da Economia seja importante, não era a ideia do meu pai rico sobre educação financeira. Ele costumava dizer: "Se o estudo da Economia o torna rico, por que a maioria dos economistas é pobre?"

Hoje, o Federal Reserve emprega mais economistas com doutorado do que qualquer outra instituição. Se os doutores em Economia podem nos tornar ricos, por que a economia norte-americana está com problemas? Apenas observe o gráfico a seguir:

Dívida Nacional dos Estados Unidos

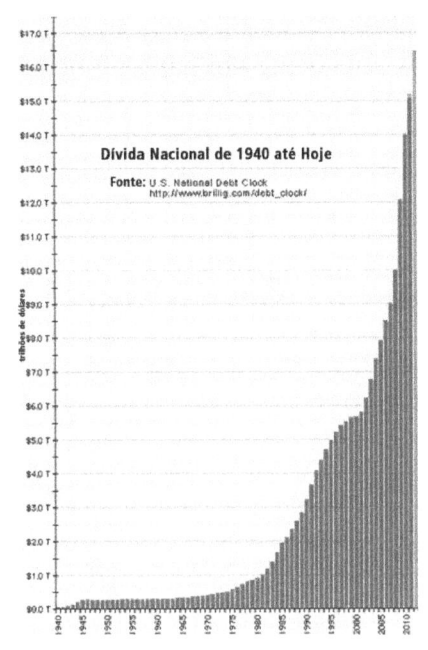

Dívida Nacional de 1940 até Hoje
Fonte: U.S. National Debt Clock
http://www.brillig.com/debt_clock/

Fonte: National Debt Clock.

Você não precisa de um doutorado em Economia para saber que esses economistas estão sendo pagos além do devido.

Balancear um talão de cheques: Durante uma entrevista, um famoso apresentador de TV norte-americano disse: "Educação financeira é saber como balancear um talão de cheques." Quando discordei dele, ele me cortou e puxou outro assunto.

Balancear um talão de cheques é importante. Mas minha mãe e meu pai sabiam fazê-lo, e mesmo assim eram pobres.

Economizar dinheiro: Todo entrevistador acreditava que economizar dinheiro era inteligente, a coisa mais esperta a se fazer.

A maioria dos entrevistadores se encolhia quando eu falava: *Poupadores são perdedores.*

Uma educação financeira legítima deve incluir a história do dinheiro. A maioria dos entrevistados não sabia que, em 1971, quando o presidente

Nixon desatrelou o dólar do padrão-ouro, os Estados Unidos e o mundo começaram a imprimir dinheiro.

Por que uma pessoa inteligente pouparia dinheiro quando o governo o está imprimindo?

Aqui estão dois gráficos anteriormente examinados neste livro para reforçar o que acontece quando os governos imprimem dinheiro.

A Expansão da Base Monetária do Fed

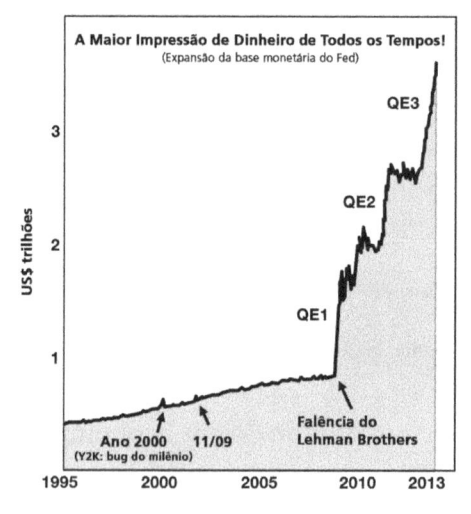

Fonte: MarketInsider.

Poder de Compra do Dólar (1900-2003)

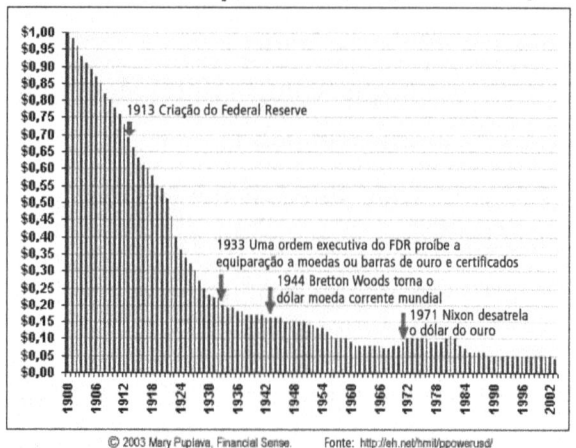

Fonte: http://eh.net/hmit/ppowerusd/.

Uma pessoa financeiramente educada sabe que quando bancos e governos imprimem dinheiro, seu valor diminui e o custo de vida sobe.

Como você já sabe: *É dinheiro, estúpido.*

Conhecer seu escore FICO: Nos Estados Unidos, um escore FICO® é uma marca popular de avaliação de crédito, que é um número usado para prever a probabilidade de você pagar um empréstimo no prazo. Avaliações de créditos são usadas por empresas para decidir o mérito dos créditos, se oferece ou não um financiamento, um empréstimo ou um cartão de crédito.

Sua avaliação de crédito é importante, mas não é educação financeira. Muitas pessoas pobres e de classe média têm bons escores de crédito.

Livrar-se de dívidas: Meu pai pobre acreditava que as dívidas eram ruins. Ele acreditava em "viver livre de dívidas". Dada sua educação financeira limitada, viver sem dívidas era uma boa ideia. Uma vida livre de dívidas é um bom conselho para os pobres e a classe média.

O pai rico dizia: "Dívidas são dinheiro." E também: "Há dívidas boas e ruins. As boas o tornam rico e as ruins, pobre. Se quiser usar as dívidas para enriquecer, deve investir em sua educação financeira, entender a diferença entre dívidas boas e ruins e saber usar as dívidas." A seguir está uma imagem do sistema bancário.

Capítulo 7

A verdadeira educação financeira deve explicar o panorama do sistema bancário. É um sistema de poupadores e devedores. Como a ilustração anterior mostra, *sem devedores o sistema monetário do mundo colapsaria.*

É por isso que a maioria dos cartões de crédito bancários oferece viagens, devolução de dinheiro e outras "vantagens", para encorajar as pessoas a contrair dívidas. O banco faz dinheiro a partir dos devedores, não dos poupadores. Após a crise dos financiamentos imobiliários de 2007, os cartões de crédito se tornaram a principal fonte de renda para muitos bancos.

O pai pobre usou as dívidas para comprar sua casa e seu carro. Isso é dívida ruim. Dívidas ruins compram passivos. São dívidas pelas quais você tem que pagar.

O pai rico usou as dívidas para comprar propriedades para investir e expandir seu negócio. Isso é dívida boa, e ela o enriquece. Dívidas boas são dívidas pelas quais outra pessoa paga. Os governos oferecem isenções fiscais para pessoas que sabem usar dívidas boas.

O sistema bancário mundial é baseado em um sistema bancário de reserva fracionária. Isso significa que para cada dólar que um poupador coloca no banco, um múltiplo do valor pode ser emprestado aos devedores. Por exemplo, se a reserva fracionária for dez, significa que o banco pode emprestar US$10 para cada US$1 depositado no banco. Se a inflação está muito alta, o Banco Central (o Federal Reserve, nos Estados Unidos) usa suas ferramentas para reduzir efetivamente a fração que um banco pode emprestar, digamos, 5... com apenas US$5 disponíveis para o banco emprestar a cada US$1 de um depositante.

Quando (como nos Estados Unidos) os bancos baixam as taxas de juros como estão fazendo atualmente, estão dizendo: "Não queremos poupadores. Queremos devedores."

Baixas taxas de juros sobre as poupanças empurram a classe média para os mercados de ações e imobiliários, esperando um melhor retorno para seu dinheiro. A classe média persegue "bolhas" no mercado financeiro. Se a bolha estourar, muitos da classe média podem perder tudo.

Taxas de juros baixas mandam a mensagem: "Venha pedir dinheiro emprestado. Ele está à venda."

Para os ricos, taxas de juros baixas tornam fácil enriquecer. Para os pobres e a classe média, especialmente poupadores, significam desastres financeiros.

Ironicamente, *poupadores são tributados* e *dívidas são dinheiro livre de impostos*. O que é outro motivo para os ricos cada vez ficarem mais ricos.

Lições de Tom sobre Impostos

Economias e Dívidas São Lados Opostos da Moeda Fiscal

Não só os juros sobre as poupanças a as dívidas são tributados de formas diferentes — as poupanças são taxadas, e as dívidas, não — os juros pagos sobre as dívidas boas (usadas para adquirir ativos) são dedutíveis. Assim, as dívidas na verdade diminuem seus impostos, enquanto a poupança os aumenta.

Viver abaixo de suas possibilidades: Em um passado longínquo, viver abaixo de suas possibilidades e economizar dinheiro faziam sentido. Você conseguia segurança financeira, possivelmente até se tornar rico vivendo frugalmente e poupando para seu futuro.

Depois de 1971, o ano em que Nixon desatrelou o dólar do padrão-ouro e abriu as portas para os bancos e governos imprimirem dinheiro, viver abaixo de suas possibilidades e economizar dinheiro se tornou *sem sentido*.

Capítulo 7

Menos famílias têm renda de classe média

Não só as rendas da classe média estão estagnadas, mas o porcentual das famílias com rendimentos de classe média também estão em declínio desde 1970. O porcentual das famílias norte-americanas que ganham entre 50% e 150% da renda média era de 42,2% em 2010, abaixo dos 50,3% de 1970.

Porcentual de famílias com renda anual até 50% da média

- 1970: 50,3%
- 1980: 47,3%
- 1990: 45,6%
- 2000: 44,2%
- 2010: 42,2%

Fonte: Alan Krueger, The Rise and Consequences of Inequality. Discurso proferido no Center for American Progress, Washington, D.C, 12 de Janeiro de 2012.

Fonte: Alan Krueger.

O gráfico anterior conta a história do que aconteceu à classe média. Viver abaixo de suas possibilidades e economizar dinheiro não é financeiramente inteligente.

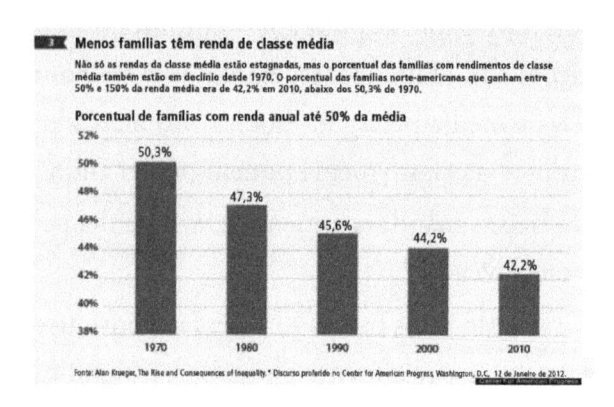

Hoje, viver abaixo das possibilidades só torna os pobres e a classe média mais pobres.

Investir em longo prazo: Vamos olhar novamente para o gráfico que mostra o que tem acontecido durante os últimos 120 anos no mercado de ações. Como pode ver, "investir em longo prazo" fez sentido de 1895 a 2000.

120 Anos do *Dow Jones*

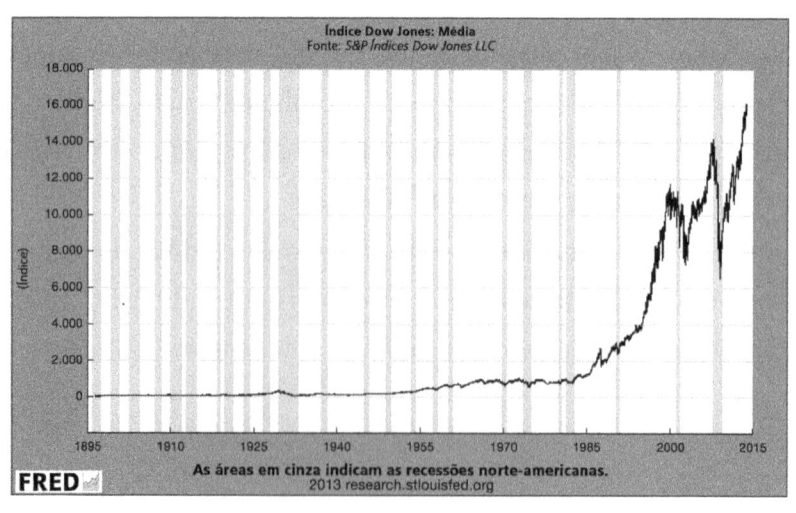

Índice Dow Jones: Média
Fonte: S&P Índices Dow Jones LLC

As áreas em cinza indicam as recessões norte-americanas.
2013 research.stlouisfed.org
FRED

Fonte: Federal Reserve Economic Data (FRED).

114

Entre 2000 e 2010, o mundo vivenciou três grandes crises. Em 2000, testemunhamos a crise das empresas pontocom. Em 2007, foi a crise imobiliária do crédito de alto risco. E, em 2008, a crise dos bancos.

Como você viu no Capítulo 1, o gráfico da empresa de Warren Buffett prova que mesmo o maior investidor do mundo não pôde impedir sua empresa, Berkshire Hathaway, de perder dinheiro depois de 2000.

Acredito que grandes crises estejam a caminho.

Muitas pessoas dizem: "Não se preocupe. Nada será maior que a grande crise de 1929." Não sou uma delas.

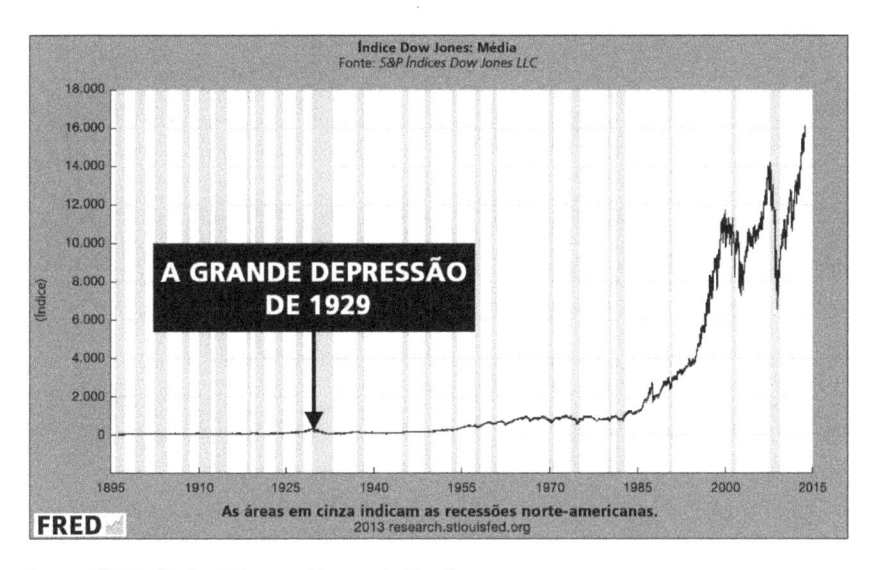

Fonte: FRED (Federal Reserve Economic Data).

Então lhe pergunto: "Por que investir em longo prazo se a próxima crise será milhares de vezes maior que a grande crise de 1929?

Em 2002, o livro *Profecias do Pai Rico* foi publicado. Ele previu que a maior crise de todos os tempos provavelmente ocorreria em 2016... ou nas proximidades. O próximo gráfico faz uma importante pergunta: Qual é a próxima?

Capítulo 7

Qual É a Próxima?

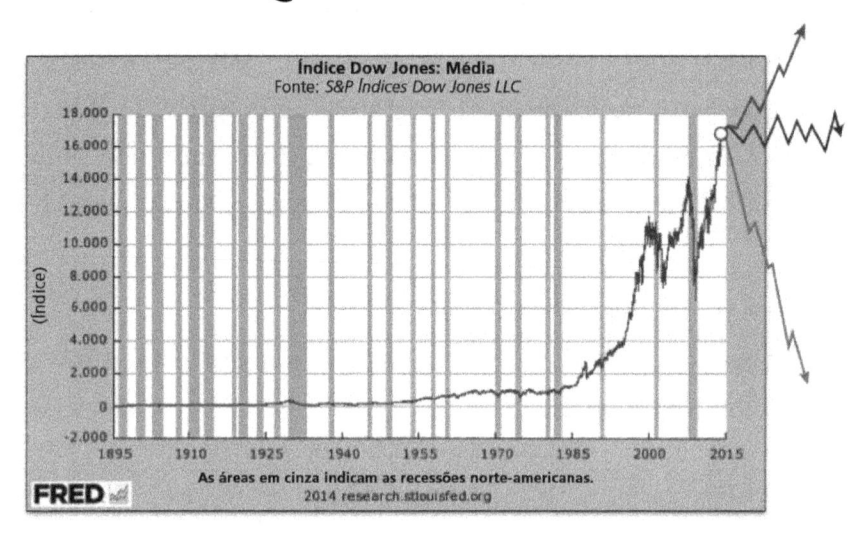

Fonte: FRED (Federal Reserve Economic Data).

Se os mercados se mantêm subindo, investir em longo prazo funciona. Se o mercado cair, os ricos vão enriquecer. Por outro lado, infelizmente, milhões de pessoas serão aniquiladas. Se quiser ficar mais rico, você deve parar de se aconselhar com pessoas que pegam metrô.

Quanto Pode Piorar?

Bem...

P: *É possível que alguém pare a insanidade e salve a economia mundial?*

R: Tudo é possível. O problema é que a economia mundial é um castelo de cartas.

P: *Quão rápido a economia pode cair?*

R: Se houver um colapso, a economia provavelmente cairá em etapas, o que significa que você terá tempo para mudar com as transformações, se estiver preparado.

Um livro que recomendo para todos que estão interessados no futuro da economia global é *When Money Destroys Nations* ("Quando o Dinheiro Destrói Nações", em tradução livre), de Philip Haslam. É um livro excelente, financeiramente preciso e fácil de ler e entender.

Philip Haslam é um jovem muito brilhante, um contador qualificado e privilegiado, consultor econômico, autor e palestrante. Ele mora em Joanesburgo, África do Sul. Quando Tom e eu estamos na África do Sul, Philip se junta a nós no palco, auxiliando Tom Wheelwright com as leis tributárias locais, as consequências da impressão de dinheiro, bitcoin e a economia global.

Morando na África do Sul, Philip decidiu atravessar a fronteira do Zimbábue para testemunhar, em primeira mão, um colapso financeiro moderno de um país extremamente rico — não devido a guerras ou desastres naturais, mas pela impressão irrestrita de dinheiro.

Os Seis Desfiladeiros

Em seu livro, Philip explica "os seis momentos de desfiladeiro da hiperinflação". Em sua África do Sul, há um vale profundo entre montanhas e intercalado com seis cachoeiras perigosas, conhecida como Suicide Gorge ("Desfiladeiro do Suicídio", em tradução livre). Ele descreve o pulo do primeiro penhasco para uma piscina profunda abaixo. Olhando para trás, percebeu que só havia uma saída. Ele teve que continuar pulando, dando saltos cada vez mais amplos sobre cachoeiras furiosas, em piscinas menos profundas.

Ele usa sua experiência no Suicide Gorge como uma metáfora para explicar os seis momentos do colapso financeiro.

Philip conta a história dos seis momentos do colapso do Zimbábue através dos olhos das pessoas que realmente passaram por ele. Os relatos são perturbadores. Se quiser motivação para fazer algo agora, leia esse livro.

A seguir estão trechos do livro de Philip, afirmações de pessoas que viveram o colapso.

Capítulo 7

Eles acabaram tendo que vender sua casa, o que os manteve vivos por três anos. Depois disso, ele e sua mulher ficaram sem dinheiro e tiveram que se mudar para a África do Sul para morar com seu filho. Dois anos depois, ambos morreram.

Um amigo do meu pai era sócio de uma firma de advocacia, tendo trabalhado nela por cinquenta anos. Por todo esse período investiu as economias de sua aposentadoria na Old Mutual (a empresa de investimentos para funcionários). Com a hiperinflação, suas economias foram dizimadas. A Old Mutual lhe enviou uma carta dizendo que não valia a pena lhe pagar mensalmente, então lhe pagou o montante total. Com aquele pagamento — a pensão de uma vida inteira — ele comprou um galão de combustível.

Como se pode pegar dinheiro que está perdendo valor? Você não pode. O governo nos obrigava a usar papel-moeda.

A despensa era mantida trancada à chave porque a comida era nosso equivalente à moeda; foi nosso investimento e poupança. Podíamos comprar tudo com nossa comida — trabalho, açúcar, arroz, combustível etc. Era nosso dinheiro.

Nas prisões femininas, havia escassez de absorventes íntimos. A demanda por eles era mais alta do que os dólares norte-americanos, e produtos de higiene logo circularam como meio de troca nas prisões.

A hiperinflação tornou a todos criminosos porque você tinha que quebrar as leis para sobreviver.

Uma senhora idosa que trabalhava em meio período para nós foi comprar livros para os órfãos que ajudávamos. Ela comprou uma pilha de livros e pagou o livreiro em dólares norte-americanos. Naquele momento, um agente do governo surgiu. Fomos obrigados a dar-lhe uma propina. Detesto subornos, mas quando a escolha é entre ele e a prisão de uma senhora idosa, você suborna.

Suas vidas foram se extinguindo até a decrepitude. Eles não conseguiam adquirir nenhum medicamento, alimentação ou água, e poucos entenderam por que seu dinheiro não comprava nada. Havia muitas histórias de pensionistas morrendo em suas casas e muitos casais idosos terminando silenciosamente suas vidas juntos enquanto chegavam ao fundo do poço.

Era uma Vez um País Rico

Muitas pessoas dizem: "Isso aconteceu no Zimbábue porque é um país pobre." Lembro-lhes de que menos de cinquenta anos atrás, o Zimbábue era um país rico, conhecido como "o celeiro da África".

Hoje, a Venezuela está na mesma condição que o Zimbábue. Ela também é um país muito rico, com as maiores reservas de petróleo do mundo.

Então, a questão é como as pessoas em países que um dia foram ricos permitiram que isso lhes acontecesse?

O livro de Philip conta a história:

*À medida que a inflação crescia e os zimbabuanos iam perdendo a confiança nos dólares zimbabuanos, o governo recorria a medidas de controle extensivas, gerenciava preços, manipulava as taxas de inflação e **usava uma linguagem obscura, que tornava difícil realmente entender o que estava acontecendo.***

Capítulo 7

Fedspeak

Alan Greenspan, ex-presidente do Federal Reserve (de 1987 a 2006), é famoso pelo Fedspeak ("linguagem do Fed", em tradução livre, também conhecida como Greenspeak). Em suas próprias palavras:

> *Desde que me tornei o presidente do FED, aprendi a murmurar com grande incoerência. Se eu lhe parecer indubitavelmente claro, você não deve ter entendido o que falei.*

Ouvir o Fed Speak, ou qualquer outro banco central, definitivamente não é educação financeira. É desinformação financeira. Se os presidentes do Fed, Chairman Greenspan, Ben Bernanke e, agora, Janet Yellen fossem honestos, simplesmente diriam: *É dinheiro, estúpido.*

Perguntei a Philip por qual desfiladeiro ele achava que o mundo estava pulando em 2016. Sua resposta foi: "Acredito que o nº 3, possivelmente, o nº 4."

Agora que você tem uma ideia geral do que a educação financeira não é, o próximo capítulo explicará o preço de ser financeiramente improficiente.

Capítulo 8
VOCÊ É FINANCEIRAMENTE IMPROFICIENTE?

Pai pobre:
Minha casa é um ativo.

Pai rico:
Minha casa é um passivo.

Meu pai pobre foi um homem altamente instruído. Era o orador de sua turma, formou-se na universidade em dois anos e estudou em Stanford, na Universidade de Chicago, e na Northwestern University, onde cursou o doutorado.

Infelizmente, ele não era financeiramente proficiente. Não sabia a diferença entre *passivos* e *ativos* porque não falava a linguagem do dinheiro.

Sua *improficiência financeira* exigiu que ele trabalhasse mais arduamente — embora nunca tivesse evoluído financeiramente. Todo ano ele recebia aumento salarial, mas as despesas aumentavam também. Ele fez seu melhor para gerir seu dinheiro, mas o dinheiro parecia escapar entre seus dedos.

Embora ele fosse um homem altamente instruído, honesto, um pai de família trabalhador com quatro filhos — e um pilar da comunidade — morreu como um homem pobre.

O Preço da Improficiência

Todos conhecemos a importância da proficiência, a habilidade de ler, escrever, falar e fazer operações matemáticas básicas. A proficiência é a conexão de um ser humano com o mundo exterior.

A seguir estão as cinco estatísticas da improficiência.

1. Dois terços dos alunos que não sabem ler fluentemente até o final do quarto ano acabarão na cadeia ou em programas sociais.
2. Mais de 70% dos prisioneiros norte-americanos não leem em níveis acima do quarto ano.
3. Uma em cada quatro crianças nos Estados Unidos cresce sem aprender a ler.
4. Alunos que não leem fluentemente até o terceiro ano são quatro vezes mais propensos a deixar a escola.
5. A partir de 2011, os Estados Unidos eram o único país de livre mercado da *Organization for Economic Cooperation and Development* (OECD — "Organização para a Cooperação Econômica e o Desenvolvimento", em tradução livre) em que a presente geração era menos educada que a anterior.

O Preço da Improficiência Financeira

Tenho certeza de que você vai concordar que o preço que pagamos pela falta de educação financeira é alto.

A improficiência financeira imobiliza as pessoas. Pessoas financeiramente improficientes vivem com medo, agarrando-se a uma falsa sensação de segurança. O medo mantém as pessoas pobres. Pessoas financeiramente improficientes não conseguem resolver seus problemas financeiros básicos.

A improficiência financeira destrói a autoestima. Sem proficiência financeira, o respeito próprio e a autoestima de uma pessoa costumam ser baixos, tornando-a incapaz de agir de forma eficaz e decisiva. Uma pessoa financeiramente improficiente passa pela vida fingindo que sabe o que faz com o dinheiro.

A improficiência financeira torna as pessoas frustradas e deprimidas. A principal razão para divórcios são discussões por falta de dinheiro. Pessoas financeiramente improficientes não encontram as respostas corretas para solucionar seus problemas financeiros. Sempre estão preocupadas em ganhar mais dinheiro, muitas são incapazes de viver vidas felizes, prósperas e gratificantes.

Pessoas financeiramente improficientes criam ideias fixas. Descobri que essas pessoas têm mentes fechadas. Muitas acreditam que os ricos são maus, gananciosos e cruéis. Muitas acreditam que mais dinheiro vai resolver seus problemas.

Pessoas financeiramente improficientes costumam dizer: *Você não pode fazer isso aqui*. Persistem nessa crença, mesmo que pessoas financeiramente proficientes estejam agindo assim — bem na frente delas. Sua improficiência financeira limita vidas. Ideias fixas bloqueiam dor, conflito, estupidez e desamparo que resultam da falta da educação.

Pessoas financeiramente improficientes acreditam que são vítimas. Sem educação financeira, uma pessoa não sabe o que está acontecendo na economia mundial. Elas tendem a culpar os outros por seus problemas financeiros. Muitas culpam os ricos por seus problemas.

A maioria das pessoas é vítima do sistema fiscal. Quando ouvem que os ricos pagam pouco ou nada em impostos, ficam irritadas. Em vez de descobrir *como* eles fazem isso (ou como podem reduzir os impostos que elas mesmas pagam), chamam os ricos de "criminosos e enganadores".

Capítulo 8

A improficiência financeira cega. Pessoas financeiramente improficientes não conseguem ver os milhões de dólares em oportunidades... bem na frente delas.

Elas confiam em estranhos, que mal conhecem, para cuidar de seu dinheiro mais do que confiam em si mesmas para isso. Essa é a razão pela qual milhões de pessoas perguntam: "O que faço com meu dinheiro?" e então investem em longo prazo, sem realmente saber quem está "gerindo" seu dinheiro.

Pessoas financeiramente improficientes não veem as crises do mercado chegando e operam baseadas na confiança.

A improficiência financeira causa a pobreza. A ironia é que, em um mundo repleto de dinheiro, a classe média está diminuindo e a pobreza, aumentando.

Embora os bancos tenham imprimido trilhões de dólares, bilhões de pessoas continuam a dizer: "Não posso arcar com isso." E, embora as taxas de juros atinjam mínimos históricos, bilhões de pessoas ainda não conseguem fazer um empréstimo ou comprar uma casa.

Pessoas financeiramente improficientes são investidoras pobres. Elas estão no lugar errado na hora errada e costumam investir em coisas erradas no momento errado por razões erradas. Compram na alta e vendem na baixa. Quando o Walmart faz uma promoção, correm e compram. Quando Wall Street "faz uma promoção", fogem dos melhores investimentos, que estão "à venda" a preços baixos.

A improficiência financeira causa julgamentos superficiais. Uma pessoa financeiramente improficiente não compreende valor. Comumente compra barato, em vez de pagar pela qualidade. Não compreende o que é importante, o que é valioso, o que precisa ser feito ou as consequências de seus atos.

A improficiência financeira faz com que uma pessoa odeie a vida.
Milhões estão presos em empregos que odeiam, sem ganhar o dinheiro que desejam e precisam. É estimado que 70% de todos os norte-americanos realmente detestam seus trabalhos. Vendem seu ativo mais valioso, sua vida, por um salário.

A improficiência financeira pode levar a atos antiéticos. Ela corrói os valores morais, éticos e legais. Todos já ouvimos histórias de terror de pessoas que começaram a "negociar", "furtar" ou "trapacear" só para ganhar um dinheiro extra.

Milhões enganam, mentem e roubam por dinheiro. Muitos sonegam seus impostos, em vez de aprender a reduzi-los legalmente.

Lições de Tom sobre Impostos

Sonegação de Impostos no Mundo

Várias vezes, todo ano, vou encontrar pessoas que querem que eu as ajude a sonegar seus impostos — ou pelo menos ser conivente com sua sonegação. Em todas as vezes explico que quando você entende as leis fiscais não precisa sonegar. Algumas pessoas vão ouvir, aprender e parar de sonegar. Outras vão continuar porque são muito preguiçosas para agir do jeito certo. Na Itália, as leis tributárias realmente se referem a dois níveis de sonegação. Fraudes secundárias têm uma penalidade e as principais, uma diferente. Quando viajamos, Robert e eu encontramos pessoas em países em que é normal para as pessoas sonegarem impostos. Isso não precisa acontecer. Com educação financeira, todos podem pagar menos impostos legalmente e nunca ter medo que o leão as pegue por estar sonegando.

A improficiência financeira distorce a realidade. Quando as pessoas ficam estressadas e ansiosas por estarem financeiramente atadas, nem sempre têm uma visão clara da realidade. Nem sempre veem as opções e oportunidade oferecidas a elas. Por exemplo, muitos acreditam que uma casa grande, um carro atraente, roupas bonitas, vinhos caros e joias os tornará ricos.

Passo a Passo

Como muitas coisas na vida, a educação financeira é um processo:

A educação financeira melhora a proficiência financeira;

A proficiência financeira aumenta a capacidade de uma pessoa de resolver problemas financeiros;

Solucionar problemas financeiros torna uma pessoa financeiramente mais sagaz;

E uma pessoa financeiramente mais sagaz é alguém rico.

P: *Você está dizendo que quanto mais problemas financeiros resolvo mais rico me torno?*

R: Sim. Uma pessoa rica comumente pode resolver problemas que os pobres e a classe média não conseguem.

P: *E você está dizendo que se eu evitar resolver meus problemas financeiros ficarei mais pobre?*

R: Isso. E se não resolvê-los, se acumulam como contas não pagas... o que leva a problemas maiores.

P: *Nosso governo não faz o mesmo?*

R: Faz, sim.

P: *Então como mudamos o mundo?*

R: Esse é o ponto, não é? Meu pai rico dizia: "Se quiser mudar o mundo, comece por você mesmo." Sempre que eu me queixava e choramingava sobre alguma coisa, ele me fazia repetir para mim mesmo:

Para que as coisas mudem... primeiro devo mudar.

O que É Proficiência Financeira?

Uma das lições mais importantes do pai rico foi:

Como você resolve seus problemas determina o resto de sua vida.

Em 1997, *Rich Dad Poor Dad* foi lançado. É um livro sobre proficiência financeira, sobre garotos de 9 anos... o filho do pai rico e eu. Para os que leram *Pai Rico, Pai Pobre*, isto aqui será uma revisão... com alguns enfeites.

A Demonstração Financeira

A imagem a seguir é o diagrama básico que o pai rico usou para desenvolver nossa proficiência financeira. É a versão do pai rico de uma demonstração financeira.

Esse diagrama básico mudou o rumo da minha vida. Se não fosse por essa maneira simples de visualizar e entender renda, despesas, ativos e passivos, eu teria seguido os passos do meu pai pobre e me tornado um empregado que trabalhou arduamente e teve dificuldades com o dinheiro por toda a vida.

DEMONSTRAÇÃO FINANCEIRA

Renda
Despesas

BALANÇO PATRIMONIAL

Ativos	Passivos

A demonstração financeira é o núcleo da proficiência financeira. É por isso que o pai rico dizia: "Meu banqueiro nunca pede meu histórico escolar.

Capítulo 8

Ele não se importa com qual escola frequentei ou minha média de notas. Quer ver minha demonstração financeira. Ela é seu histórico depois que você deixa a escola."

A proficiência financeira — o básico, em uma idade jovem — me deu uma direção clara para a minha vida.

Pessoas que não conseguem ler uma demonstração financeira são *financeiramente improficientes*. Como você sabe, há muitas pessoas altamente instruídas que não sabem lê-la. Essa é a verdadeira crise financeira que enfrentamos.

Imagens e Poucas Palavras

Como o filho do pai rico e eu tínhamos apenas 9 anos quando nossa educação financeira começou, o pai rico usava imagens e poucas palavras. Hoje, como homem adulto, ainda prefiro fazer o mesmo.

DEMONSTRAÇÃO FINANCEIRA

Renda
O pai pobre se concentra aqui

Despesas

BALANÇO PATRIMONIAL

Ativos	Passivos
O pai rico se concentra aqui	

Meu pai pobre trabalhou por segurança no emprego e um salário estável. O pai rico trabalhou por ativos e geração de fluxo de caixa. Em qual coluna você se concentra... Renda ou Ativos?

Lições de Tom sobre Impostos

O Poder das Demonstrações Financeiras

Posso identificar a proficiência financeira de uma pessoa analisando que demonstrações financeiras usa e como as usa. Empregados tendem a buscar apenas a renda. Em uma declaração de impostos, os empregados só precisam declarar sua renda. Poucas despesas são dedutíveis. Então, para os empregados no quadrante E, seus recibos de pagamento são sua demonstração financeira.

Os proprietários de pequenas empresas tendem a olhar para renda e despesas. Isso é a demonstração de resultados. Conta a história de quanto dinheiro ganharam e gastaram. Em uma declaração de impostos, eles apenas têm que declarar sua renda e despesas. Não são obrigados a ter um balanço patrimonial. Assim, para proprietários de pequenas empresas, aqueles no quadrante A, os lucros e as perdas, ou a demonstração de resultados, são a única demonstração financeira que utilizam.

Aqueles nos quadrantes D e I usam pelo menos mais duas demonstrações. Usam o balanço patrimonial, que relata seus ativos e passivos, e a demonstração de fluxo de caixa, que mostra de onde o dinheiro vem e para onde vai. Em uma declaração de imposto, donos de grandes negócios e investidores profissionais são obrigados a mostrar sua demonstração de resultados e seu balanço patrimonial. É esperado que mostrem sua demonstração de fluxo de caixa ao gerente de seu banco junto com a de resultados e o balanço patrimonial.

Quando preparamos declarações de imposto em minha empresa de consultoria, exigimos que todos nossos clientes de negócios e investimentos, não importa quão grandes ou pequenos, preparem ambas as demonstrações e o balanço patrimonial. Assim, temos uma garantia muito maior de que as informações que fornecem são precisas. Os fiscais de impostos se sentem da mesma forma. Um negócio tem cinco vezes mais chance de ser auditado se mostrar apenas sua demonstração de resultados em sua declaração de impostos do que se também enviar seu balanço patrimonial.

Capítulo 8

Seis Palavras Importantes

Há seis palavras no cerne da educação financeira. São elas:

1. Renda
2. Despesas
3. Ativos
4. Passivos
5. Fluxo
6. Caixa

Pergunte a qualquer empresário quais são as duas palavras mais importantes e eles dirão *fluxo* e *caixa*.

P: *Por que fluxo e caixa são as duas palavras principais?*

R: Porque *fluxo* e *caixa* determinam se algo é renda, despesa, ativo ou passivo.

Por exemplo, **renda** é caixa fluindo para dentro. **Despesas** são caixa fluindo para fora.

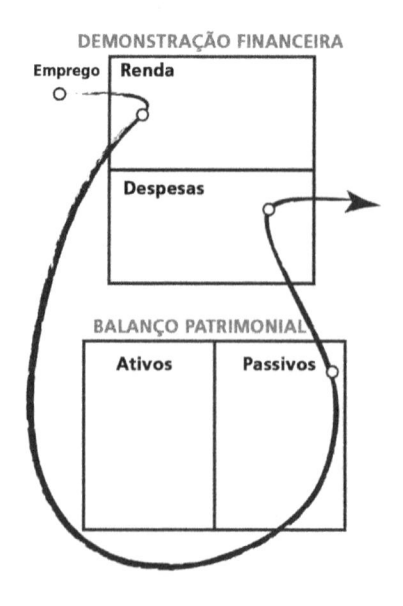

130

No mundo real isso pode ser um talão de cheques — *renda entrando* e *despesas saindo*.

P: *É por isso que você diz que balancear um talão de cheques não é educação financeira?*

R: Exatamente.

P: *Porque um talão de cheques não inclui ativos e passivos.*

R: Exato. Minha mãe e meu pai balanceavam seus talões, mas não tinham ideia do que eram *ativos* ou passivos. Por isso eram pobres.

Todo mês se perguntavam para onde seu dinheiro tinha ido. Seu dinheiro estava fluindo para fora, através de *passivos*, como sua casa e seu carro... *passivos* que chamavam de *ativos*.

P: *Então ativos e passivos determinam se alguém é rico, pobre ou de classe média?*

R: Sim. As diferentes classes concentram-se em colunas diferentes da demonstração financeira, como ilustrado a seguir.

DEMONSTRAÇÃO FINANCEIRA

Renda
Despesas
Os pobres

BALANÇO PATRIMONIAL

Ativos	**Passivos**
Os ricos	A classe média

Capítulo 8

P: *Você está dizendo que os pobres estão sempre tentando economizar dinheiro reduzindo suas despesas?*

R: Isso.

P: *E os ricos se concentram nos ativos?*

R: Exato.

P: *Então por que a classe média se concentra em passivos?*

R: Porque, na maioria dos casos, eles não sabem a diferença entre *ativos* e *passivos*.

P: *É por isso que seu pai pobre chamava sua casa de ativo? E o pai rico, de passivo?*

R: Sim.

P: *Por que isso?*

R: A resposta é proficiência financeira. E o outro lado da moeda: improficiência.

DEMONSTRAÇÃO FINANCEIRA

Renda
Despesas

BALANÇO PATRIMONIAL

Ativos	Passivos

O Poder das Palavras

Aqui estão duas definições importantes, distinções que o pai rico fez para nos ajudar a entender a diferença entre um ativo e um passivo.

Ativos colocam dinheiro em seu bolso se você trabalhar ou não.

Passivos o tiram, ainda que se valorizem.

P: *A direção do fluxo de caixa determina se algo é um ativo ou um passivo?*

R: Sim.

P: *Uma casa pode ser um ativo se colocar dinheiro em seu bolso?*

R: Você entendeu. Tudo pode ser ativo ou passivo, conforme definido pela direção do fluxo de caixa. O dinheiro escorrega dos dedos da maioria das pessoas porque elas insistem que sua casa ou carro é um ativo.

Lições de Tom sobre Impostos

Passivos e Fluxo de Caixa

Outra maneira de descrever uma demonstração financeira é "demonstração de condição financeira". Uma condição financeira pessoal é boa se o dinheiro que entra excede o que sai. Se não tivesse emprego em que se apoiar, suas entradas de dinheiro seriam determinadas somente pelos ativos, e suas saídas, pelos passivos. Assim, *ativos* podem muito bem ser definidos como algo que cria entradas de dinheiro e *passivos*, saídas. O saldo entre seus ativos e passivos, ou entradas e saídas de caixa, é chamado de patrimônio líquido, ou riqueza.

Para revisar, as seis palavras no núcleo da proficiência financeira são *renda, despesas, ativos, passivos, fluxo* e *caixa*.

P: *Por isso você chamou seu jogo de CASHFLOW®, juntando as duas palavras em uma?*

R: Exato. Porque no mundo real do dinheiro a capacidade de controlar a direção do fluxo de caixa é fundamental. Os ricos sabem como controlá-la e os pobres e a classe média não têm controle do caixa fluindo para fora.

P: *É por isso que o mundo está em crise? Por que nossos líderes criam passivos e o dinheiro está fluindo para fora?*

R: Sim. Além disso, nossos líderes estão imprimindo dinheiro para cobrir as saídas de dinheiro.

Mudança de Foco

Os milionários ao lado se concentram nestes dois ativos.

DEMONSTRAÇÃO FINANCEIRA

Renda

Despesas

BALANÇO PATRIMONIAL

Ativos	Passivos
Poupança Ações	

O maior problema hoje é que esses dois ativos — poupança e ações — são tóxicos.

Lembre que, de 1971 a 2000, pessoas que economizaram dinheiro e investiram em longo prazo no mercado de ações estavam bem. Então, em 2000, o mundo se transformou.

Uma pessoa financeiramente proficiente é capaz de olhar o diagrama a seguir — que já observamos anteriormente — e compreender o que nos diz.

A Grande Depressão de 1929

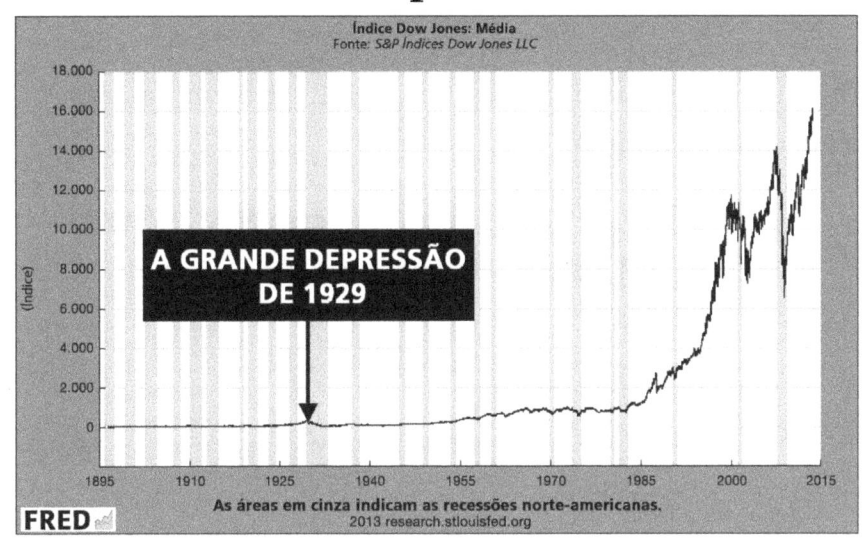

Fonte: Federal Reserve Economic Data (FRED).

P: *Por que está me assustando?*

R: Não é minha intenção. Sei que pode ser assustador, mas meu motivador para o trabalho que faço possibilitando a educação financeira é preparar as pessoas para o que virá a seguir.

P: *O que vai acontecer a seguir?*

R: Não sei ao certo. Ninguém realmente sabe. Nunca estivemos aqui antes.

Em 7 de setembro de 2010, Warren Buffett falou:

A única coisa que vou lhes dizer é que o pior investimento que você pode ter é dinheiro. Todos o colocam em um pedestal e coisas do tipo. O dinheiro está se desvalorizando com o tempo.

Pessoas que seguiram o conselho de Buffett — aquelas que saíram de poupanças e do mercado de ações em 2010 — fizeram muito bem. O problema é que, em 2017, enquanto escrevo este livro, o mercado de ações está na maior alta de todos os tempos. A questão é: Warren pode salvá-los nesta crise?

Olhe novamente para o desempenho de Buffett durante as três primeiras crises deste século.

Berkshire Hathaway versus S&P 500
(Retorno de 5 Anos)

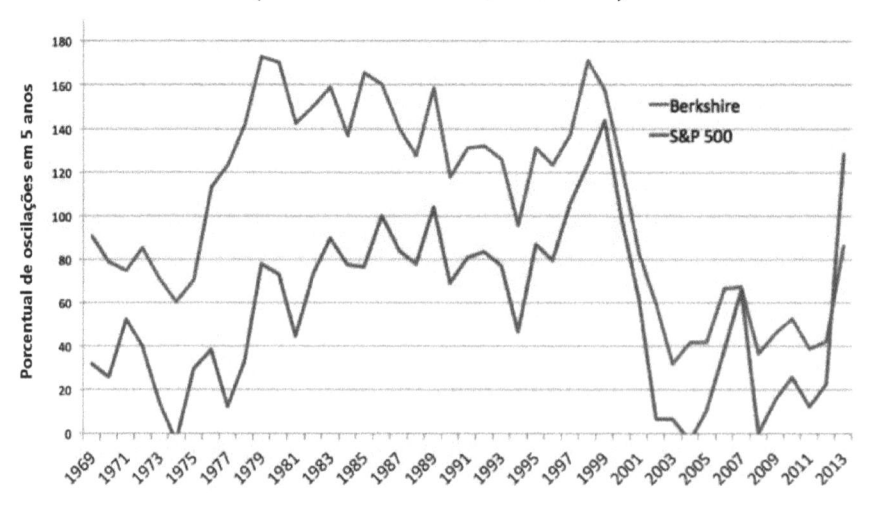

Fonte: Business Insider/Andy Kiersz, dados de Berkshire Hathaway e Yahoo! Finance.

O gráfico mostra os mercados subindo novamente. O ponto é: os investidores — mesmo os tão experientes quanto Warren Buffett — conseguirão não perder dinheiro na crise iminente?

Você É Financeiramente Improficiente?

Ao considerar essas ações e reações, essas lições sobre proficiência e improficiência financeira, pense em como você tem reagido. O que tem pensado e sentido? A seguir, resumi como as pessoas financeiramente improficientes provavelmente reagirão no mundo real — se houver outra crise:

A improficiência financeira imobiliza pessoas e destrói a autoestima.

A improficiência financeira torna as pessoas frustradas e deprimidas. Pessoas financeiramente improficientes criam ideias fixas.

Pessoas financeiramente improficientes acreditam que são vítimas. A improficiência financeira cega.

A improficiência financeira causa a pobreza.

Pessoas financeiramente improficientes são investidoras pobres. A improficiência financeira causa julgamentos superficiais.

A improficiência financeira faz com que uma pessoa odeie a vida e pode levar a atos antiéticos.

P: *O que uma pessoa financeiramente improficiente pode fazer?*

R: Começar a obter proficiência financeira. A entender suas seis palavras cruciais:

1. Renda
2. Despesas
3. Ativos
4. Passivos
5. Fluxo
6. Caixa

Desafie-se a entender por que:

O fluxo de caixa determina se algo é um ativo ou um passivo.

Uma casa não é um ativo. E por que poupadores são perdedores.

Seu portfólio de investimentos pode ser um passivo, não um ativo.

Capítulo 8

Os mercados estão caóticos.

Os dois principais ativos dos milionários ao lado, poupança e ações, podem se tornar passivos.

"É dinheiro, estúpido."

Se puder entender e explicar esses princípios e ideias, você está no caminho de se tornar um gênio financeiro.

Parte 2
RESUMO

O dinheiro é uma linguagem. Aprender a ser rico é como aprender um idioma estrangeiro. É preciso tempo, prática e dedicação.

Os pobres falam a mesma língua. Eles falam a língua da pobreza. Pensam com as palavras dos pobres e as usam quando se comunicam. Suas palavras mais usadas são: *Não posso arcar com isso* e *Não posso fazer isso*. Até que essas palavras mudem, pouco mudará.

Como Henry Ford falou:

Se pensa que pode, você pode.
Se pensa que não pode, não pode.
De qualquer forma, você tem razão.

A classe média fala a mesma língua. As palavras favoritas da classe média são: *segurança no emprego*, *salário estável* e *benefícios*. Ela evita as palavras *risco* e *dívidas*. Pensa que a ideia de *economizar dinheiro* é inteligente. E era, até 1971. Até que as palavras de uma pessoa mudem, pouco se modificará.

O idioma dos ricos é diferente. Os ricos, com educação financeira, falam linguagens distintas. Empresários falam um idioma diferente dos empregados. Investidores imobiliários, uma língua distinta dos que investem em ações. Um investidor imobiliário usará palavras como *taxa de capitalização* e um investidor do mercado de ações falará sobre *P/E ratio* (Índice Preço/Lucro, um indicativo do valor das ações), que significam quase a mesma coisa. O ponto é: *O verbo se faz carne.*

Parte 2

Obteve Educação Financeira Legítima?

A Parte 2 tratou de:

> *O que a educação financeira não é.*
> *O que é proficiência financeira?*

A Parte 3 se concentrará em:

> ***O que é educação financeira legítima?***

A boa notícia é que a educação financeira legítima começa nas palavras, a verdadeira linguagem do dinheiro — a linguagem dos ricos. E a melhor notícia de todas: palavras *realmente* se tornam carne, e são gratuitas.

Parte 3
O QUE É EDUCAÇÃO FINANCEIRA LEGÍTIMA?

Introdução à Parte 3
DÍVIDAS E IMPOSTOS

Aposto que muitas pessoas concordariam comigo se eu dissesse que as duas palavras mais desagradáveis no vocabulário financeiro são *dívidas* e *impostos*.

Dívidas e impostos são o motivo real para o abismo crescente entre os ricos e todos os outros.

Por isso que 1913 é um ano crítico na história mundial. Em 1913, o Federal Reserve foi criado. Também foi o ano em que a 16ª Emenda (à constituição dos Estados Unidos) foi ratificada, a ação que levou à criação do IRS — o estimado e muitas vezes temido departamento de impostos dos Estados Unidos.

Essas duas instituições precisavam coexistir antes que aquilo que o dr. Fuller chamou de GRUNCH, o roubo de todo o dinheiro do universo, tomasse seu lugar.

Atualmente, dívidas e impostos são como um câncer, comendo o coração e a alma dos pobres e da classe média. A dívida nacional norte-americana é um desastre à espera de acontecer. Porém, do outro lado da moeda, dívidas e impostos continuam enriquecendo os ricos.

A educação financeira legítima não trata de comprar ações, títulos, ETFs ou fundos mútuos. Ela não se refere à diversificação. Como Warren Buffett afirmou:

> A **diversificação** é uma proteção contra a ignorância. Faz pouco sentido se você sabe o que está fazendo.

Introdução à Parte 3

Como uma pessoa pode saber o que está fazendo se entende tão pouco de dívidas e impostos?

Sempre que digo: "Ganho milhões e pago pouco em impostos — legalmente", o coração da maioria das pessoas para e suas mentes se fecham. Duvido que haja muitas pessoas com medo maior do que sentem do leão. Poucas coisas são mais aterrorizantes do que uma auditoria fiscal do governo. No entanto, isso não precisa ser assim, se — como diz Buffett — "você sabe o que está fazendo".

Ter Tom Wheelwright como meu mentor, professor e consultor tributário me conferiu uma confiança tremenda para fazer o que faço diariamente como empresário e investidor profissional. Antes de eu fazer qualquer coisa que possa exceder os limites, verifico com Tom. A vida é muito mais fácil se você seguir as regras, especialmente regras e leis tributárias.

Como Tom sempre diz: "As regras tributárias são, principalmente, incentivos, diretrizes do governo sobre como ser seu sócio, fazendo o que o governo quer e precisa." Por isso que leis tributárias em todo o mundo favorecem empresários e grandes empresas.

Simplificando:

> *O código tributário pune aqueles nos quadrantes E e A. E recompensa os que estão nos quadrantes D e I.*

Assim, a *educação financeira legítima* deve começar com dívidas e impostos. A *educação financeira legítima* deve olhar para o outro lado da moeda das dívidas e dos impostos.

A *educação financeira legítima* deve ensinar aos estudantes como dívidas e impostos tornam os ricos mais ricos. A *educação financeira legítima* deve lhes ensinar como dívidas e impostos também os enriquecerão.

E foi por isso que pedi a meu consultor tributário pessoal, Tom Wheelwright, que fosse meu colaborador neste livro. Dívidas e impostos são o coração da *educação financeira legítima*.

> **Lições de Tom sobre Impostos**
>
> **O Verdadeiro Objetivo da Lei Tributária**
>
> Ao mesmo tempo em que aumentam a receita do governo, as leis também servem a um propósito muito importante, que é o de encorajar as pessoas a seguirem as políticas governamentais. Governos ao redor do mundo querem que as empresas contratem mais pessoas e investidores para produzir mais habitação, energia e alimentação. É por isso que há tantos incentivos fiscais nos quadrantes D e I.

Capítulo 9

POR QUE OS RICOS JOGAM *BANCO IMOBILIÁRIO*

Pai pobre:
Consiga um emprego.

Pai rico:
Não trabalhe por dinheiro.

Ao longo dos anos, participei de muitos seminários, conferências e palestras sobre dinheiro. Os oradores tinham uma coisa em comum: tornavam as coisas complexas, confusas e frustrantes.

Muitos deles pareciam falar um idioma estrangeiro. Eu suspeitava de que muitos usavam um "jargão financeiro" — não para se comunicar eficazmente, mas para parecerem superiores. Queriam provar que eram mais espertos que nós.

A educação financeira legítima não tem que ser complexa ou confusa.

Penso nas palavras comumente atribuídas a Albert Einstein: *Se não puder explicar a uma criança de seis anos, então você mesmo não entendeu.*

A educação financeira legítima pode ser muito simples, tal como jogar *Banco Imobiliário*.

Capítulo 9

Três Rendas

Quando você aconselha a um jovem: "Vá à escola, consiga um emprego, trabalhe arduamente, poupe dinheiro e invista em longo prazo em um plano de aposentadoria", o que está faltando é um pouco de educação financeira sobre *impostos.*

A pessoa que aconselha um jovem a seguir a fórmula para o sucesso: *Vá à escola e consiga um emprego...* deveria acrescentar: *E pagará as maiores porcentagens em impostos.*

Se o jovem conhecesse esse detalhe, perguntaria: *Como pago menores porcentagens em impostos?* Essa pergunta levaria uma pessoa a fazer outras, como: "O que é educação financeira legítima?"

Essa pergunta, e outras do tipo, conduziriam uma pessoa à *borda* da moeda — uma vantagem arrebatadora sobre os que não conseguem enxergar os dois lados. Ela veria o lado da moeda em que os ricos vivem, o lado dos que *não trabalham por dinheiro.*

A educação financeira legítima sobre impostos não precisa ser complexa.

O tema do dinheiro começa com a renda, o tipo de renda por que uma pessoa trabalha. Há três tipos.

1. Renda auferida

2. Renda de portfólio

3. Renda passiva

A renda auferida é a mais tributada das três.

Quando você aconselha ou encoraja alguém a "arrumar um emprego", essa pessoa começa a pensar como um empregado trabalhando por *renda auferida.*

Quando dizem: "Volte à universidade e eleve sua carreira ao próximo nível", significa, na verdade, trabalhar por *renda auferida.*

Quando uma pessoa aconselha alguém a "economizar dinheiro", também faz uma referência a impostos. Os juros da poupança são tributados como *renda auferida.*

Quando alguém aconselha: "Economize para a aposentadoria com um plano de pensão", as ramificações de longo prazo sobre esse plano são *renda auferida*.

Lições de Tom sobre Impostos

Renda Auferida É a Pior Delas

As rendas de portfólio e passiva são tributadas a taxas especiais e têm benefícios fiscais especiais. O governo prefere as rendas de portfólio e passiva, então proporciona um incentivo para ganhá-las. Todas as outras rendas são auferidas. O governo escolhe não dar incentivos fiscais para que as pessoas trabalhem ou economizem dinheiro.

O incentivo fiscal para separar dinheiro para a aposentadoria, como em um plano 401(k), nos Estados Unidos, ou RRSP, no Canadá, é a possibilidade de adiar o imposto de renda até que o dinheiro seja retirado. Além de tributar o 401(k) com as taxas de renda auferida, as leis fiscais penalizam quem retira o dinheiro antes da idade da aposentadoria. Portanto, ele não só é tributado com as taxas mais altas, como você deve deixá-lo no plano até que se aposente ou pagará, além do imposto, a penalidade.

P: *Ir à escola, conseguir um emprego, economizar dinheiro e investir em longo prazo em certos planos de aposentadoria patrocinados pelo governo é trabalhar por renda auferida?*

R: Sim.

P: *E quando uma pessoa se torna empreendedora e passa de empregada, do quadrante E, a empresária, do quadrante D, passa a pagar uma porcentagem de imposto de renda ainda maior?*

R: Exato.

P: *Por que isso?*

149

Capítulo 9

R: A resposta simples e curta é porque a pessoa trabalha por dinheiro. Lembre-se de que a Lição #1 do pai rico, de *Pai Rico, Pai Pobre*, é: "Os ricos não trabalham por dinheiro." Também lembre-se de que, após 1971, o dinheiro se tornou dívida. Por que trabalhar por dinheiro se mais e mais dinheiro está sendo impresso? Por que livrar-se das dívidas se dinheiro é dívida? Tenha em mente que tudo se resume a uma coisa: É dinheiro, estúpido.

As escolas ensinam os alunos a trabalhar por dinheiro. Essa é a razão principal para o crescimento do abismo entre os ricos, pobres e a classe média.

Dar mais dinheiro às pessoas não vai ajudar. Mais programas assistencialistas só tornam os pobres e a classe média mais pobres, porque esses programas são pagos com impostos, pagos pelos pobres e pela classe média, pessoas que trabalham por dinheiro.

P: *Isso é justo?*

R: Essa palavra maldita de novo. Quem disse algo sobre *justo*? Nunca disse que era justo. Se a vida fosse justa, eu pareceria com o Brad Pitt. O que *não* é justo é a falta de educação financeira *legítima* nas escolas. Sem educação financeira legítima, bilhões de pessoas estão com sérios problemas financeiros.

As escolas ensinam os alunos a trabalhar por *renda auferida*. Ponto final. É aí que o problema começa.

A Renda dos Ricos

Os ricos trabalham por *renda de portfólio* e *renda passiva*.

A **renda de portfólio** é também chamada de *ganhos de capital*. Os ganhos de capital ocorrem quando você compra na baixa e vende na alta. Por exemplo, você compra uma ação por $10 e vende por $16. Você teve ganhos de capital de $6 por ação. Os $6 são *renda de portfólio*. O mesmo é válido quando você compra imóveis em uma crise e então espera até que se valorize antes de vendê-lo. Comprar e vender imóveis para ganhos de capital é a mesma coisa: você compra barato e vende caro.

Tecnicamente, a *renda auferida* surge quando você trabalha por dinheiro. E a *renda de portfólio*, a cada vez que você compra barato e vende caro… quando seu dinheiro trabalha para você, em vez de você trabalhar arduamente por dinheiro.

A renda de portfólio é tributada em 20% nos Estados Unidos.

Lições de Tom sobre Impostos

Renda de Portfólio ao Redor do Mundo

Não só os Estados Unidos favorecem os investimentos. A maioria dos países tem uma taxa de imposto menor para a renda de portfólio do que para a auferida. A maior parte dos governos quer que seus cidadãos invistam, então lhes dão incentivos — taxas de impostos especiais para a renda de portfólio.

A **renda passiva** é *o fluxo de caixa de um ativo*. Seu ativo produzindo dinheiro. No setor imobiliário, a renda passiva é chamada de *renda de aluguéis*. Por exemplo, se compro uma propriedade para alugar por $100 mil e minha renda líquida mensal do aluguel são $1 mil mensais, esses $1 mil são *renda passiva*.

Nos Estados Unidos, a renda passiva dos imóveis é a menos tributada, às vezes a 0%.

Como você pode dizer, é aqui que as coisas começam a ficar confusas.

Há muitas palavras diferentes dizendo basicamente o mesmo. Os rapazes dos imóveis falam de um jeito, os das ações, de outro, completamente diferente, e os dos títulos, outro idioma estrangeiro.

Então, para simplificar, apenas lembro que há três tipos de renda: *auferida, de portfólio* e *passiva*. Se eu estiver em uma conferência e o palestrante falar um idioma "estrangeiro", simplesmente levanto minha mão e pergunto: *Isso é renda auferida, de portfólio ou passiva?* Se o palestrante não souber a diferença entre elas, não sabe do que está falando. Como citei anteriormente neste capítulo: *Se não puder explicar a uma criança de 6 anos, então você mesmo não entendeu.*

> P: *Portanto, a educação financeira legítima deve incluir o conhecimento das diferenças entre os três tipos de renda?*
>
> R: Sim. É aí que começa o abismo entre os ricos, pobres e a classe média. Começa com o tipo de renda pela qual trabalham.

Jogar *Banco Imobiliário*

O pai rico usava o *Banco Imobiliário* como uma ferramenta de ensino. O jogo de tabuleiro era sua sala de aula. Ele nos ensinava a não trabalhar por dinheiro, por *renda auferida*. Ensinava a trabalhar por *renda de portfólio* e *passiva*. Por exemplo, se eu tivesse uma casa e a renda de seu aluguel fosse $10, aqueles $10 eram *renda passiva*, a menos tributada das três.

> P: *Ainda jovem, você já sabia a diferença entre os três tipos de renda?*
>
> R: Sabia. Como a Introdução à Parte 3 deste livro afirma, a educação financeira legítima deve ensinar aos estudantes sobre dívidas e impostos. Ainda mais importante, *como dívidas e impostos podem enriquecê-los.* Jogar *Banco Imobiliário* estabeleceu as bases para entender como dívidas e impostos poderiam me enriquecer, pela compreensão dos três tipos de renda.

Após jogar *Banco Imobiliário,* o pai rico nos levava para ver as "casas do jogo" da vida real, suas propriedades para alugar. Ele usava termos como *renda de aluguel* e *fluxo de caixa.* Ele sempre nos dizia: "Algum dia, no jogo, essas casas serão um hotel."

Depois de olhar para as casas do pai rico, eu ia para casa e meu pai pobre costumava perguntar: "Fez o dever de casa? Se não tirar boas notas, você não irá para uma boa escola e não conseguirá um bom emprego."

> P: *Então um pai o aconselhava a trabalhar por renda auferida e o outro, por renda de portfólio e passiva?*
>
> R: Isso. Obviamente, como uma criança de 9 anos, eu ainda não entendia os três tipos de renda — ou dívidas e impostos. Mas o

pai rico estava estabelecendo as bases do meu futuro. Eu estava do outro lado da moeda… e podia ver meu futuro. Eu podia ver que minha jornada para o outro lado da moeda seria aprendendo o *Banco Imobiliário* da vida real.

Grandes Hotéis

Dez anos depois, quando eu estava com 19 anos, voltei para o Havaí, da escola em Nova York para a grande inauguração do hotel do pai rico, bem no meio da praia de Waikiki. Foi uma das peças mais prestigiadas do setor imobiliário no Havaí e no mundo.

Hoje, minha mulher, Kim, e eu compramos um grande hotel no Arizona, com centenas de funcionários, em uma propriedade que inclui cinco campos de golfe. Tudo o que fizemos foi jogar *Banco Imobiliário* na vida real.

Kim e eu não enriquecemos trabalhando por *renda auferida*. Trabalhamos por *renda de portfólio* e *passiva*.

P: *É por isso que você e sua mulher desenvolveram seu jogo CASHFLOW®? Para ensinar as pessoas a compreender investimentos?*

R: Sim. Kim e eu nos tornamos financeiramente independentes em 1996. Kim estava com 37 anos e eu, com 47. Foram dez anos. Como jovens recém-casados, começamos sem nada. Conquistamos nossa independência financeira sem empregos, poupança ou um plano de aposentadoria.

Quando as pessoas nos perguntam como conquistamos a independência financeira, não conseguimos explicar exatamente como fizemos. Até tentamos jogar *Banco Imobiliário* com elas, na tentativa de mostrar o processo que usamos. Isso nos levou a desenvolver o jogo *CASHFLOW®*, lançando a versão comercial em 1996.

Rich Dad Poor Dad foi publicado de forma independente em 1997, mais como um manual explicativo do jogo *CASHFLOW®* do que como um "livro". Foi um "manual" que escrevi para vender o jogo. Como você já sabe, todas as editoras que abordamos recusaram o livro.

Capítulo 9

P: *Os editores que contatou não conseguiram ver o outro lado da moeda?*

R: Foi o que presumimos. Eles pareciam ter dificuldade em entender por que *os ricos não trabalham por dinheiro*, por que *poupadores são perdedores* e por que *sua casa não é um ativo*. A maioria dos editores eram empregados que trabalhavam por dinheiro, *renda auferida*. Meu livro e o jogo CASHFLOW® ensinam as pessoas sobre renda de *portfólio* e, especialmente, *renda passiva*.

P: *Os editores podem não ter entendido a mensagem em seu livro, mas a Oprah Winfrey entendeu. Por isso que o convidou para ir em seu programa, em 2000?*

R: A Oprah é uma das mulheres mais ricas do mundo. Ela entendeu a história do pai rico e do pai pobre. Sua vida começou no lado pobre da moeda e passou para o lado rico. Hoje, ela definitivamente vive no outro lado da moeda. Oprah não precisa de um emprego.

Por que a Bolha do Mercado de Ações?

Anteriormente neste livro, citei a *financeirização* como um dos motivos para os ricos cada vez ficarem mais ricos. A indústria da financeirização nos trouxe essa crise financeira ao construir armas de destruição financeira em massa, um produto misterioso conhecido como *derivativos*. Essa indústria mantém a economia mundial em uma bolha, bombeando trilhões em dívidas e mantendo as taxas sobre juros abaixo de zero, na esperança de que a crise final não chegue.

A financeirização afeta o salário dos executivos corporativos. De acordo com o *Economic Policy Institute* (Instituto de Política Econômica), o salário dos CEOs cresceu exponencialmente desde 1970. A partir daí, o salário deles subiu quase 1.000%. Já o pagamento dos empregados aumentou cerca de 11% durante o mesmo período.

Os Executivos Corporativos Não Trabalham por Dinheiro

No mundo corporativo, grande parte da remuneração de um executivo é feita em *opções de ações*, em vez de um contracheque. Os altos executivos não querem grandes salários. Não querem renda auferida.

Digamos que um CEO tem uma opção para comprar sua ação da empresa a $10 cada. O CEO faz um bom trabalho e o preço das ações sobe para $16. O CEO então *exerce a opção* de comprar a ação por $10 cada — e muitas vezes a vende imediatamente por $16, recebendo $6 de lucro por ação. Se ele tiver um milhão de ações, os ganhos de capital são $6 milhões. Impostos sobre $6 milhões em ganhos de capital de renda de portfólio são muito menores do que sobre a renda auferida de um salário de $6 milhões. Nos Estados unidos, se o CEO recebesse $6 milhões em *renda auferida*, um salário, teria que pagar aproximadamente 45% em impostos federais e estaduais.

$6 milhões – 45% = $2,7 milhões em impostos

Ao escolher receber $6 milhões como ganhos de capital de longo prazo, ou *renda de portfólio*, ele tem que pagar aproximadamente 25% em impostos federais e estaduais.

$6 milhões – 25% = $1,5 milhão em impostos

Empregados da mesma empresa trabalham por *renda auferida* enquanto os executivos, por *renda de portfólio*. Mais uma razão por que os ricos cada vez ficam mais ricos.

Se um executivo estiver confiante de que pode fazer com que os funcionários trabalhem arduamente e aumentem o preço das ações da empresa, pode ter um salário de $1, *renda auferida*, e o resto do pagamento em opções de ações, ou *renda de portfólio*. Lee Iacocca fez isso como CEO da Chrysler e Steve Jobs, na Apple, também. Mais uma vez, os ricos não trabalham por dinheiro. E um motivo são os impostos.

Capítulo 9

Visão da Bolha

Após a crise de 2008, as empresas norte-americanas lutavam para crescer. Se não crescessem e os preços das ações não subissem, os CEOs e executivos não ganhariam muito dinheiro.

Foi quando a financeirização massiva decolou. Com as taxas de juros em mínimos históricos, os CEOs passaram a pedir dinheiro emprestado, usando o bom crédito da empresa com os bancos para comprar ações dela. Isso era chamado de *recompra de ações*, que significa que o CEO ou sua equipe não conseguem expandir o negócio. Então, em vez de pegar dinheiro emprestado para investir em P&D, pesquisa e desenvolvimento, e criar novos produtos e mercados — o que fortaleceria a empresa — o CEO pega dinheiro emprestado e investe no mercado de ações, compra de volta as ações da empresa empurrando o preço das ações para cima. O CEO então vende suas ações, ganhando *renda de portfólio* em vez de *renda auferida*.

Muitos investidores amadores, os milionários ao lado que investem, pensam que *recompra de ações* é maravilhoso. Seu portfólio de aposentadoria se expande e os preços das ações sobem. Eles acreditam que a empresa está mais forte. Acreditam que o CEO fez um grande trabalho na expansão da empresa.

O problema é que, na maioria dos casos, a empresa está enfraquecida, não competitiva sem novos produtos ou visão de futuro e profundamente afundada em dívidas. Os executivos saem da empresa com suas enormes bonificações, independentemente de seu desempenho, voando em seus "paraquedas dourados" (para saber mais a respeito de "paraquedas dourados", veja o Capítulo 12) com sacos cheios de *renda de portfólio*.

Os empregados são deixados em um navio afundando, carregado de dívidas, enquanto ainda trabalham por *renda auferida*, economizam dinheiro para ganhar juros (que são *renda auferida*), e investem em um plano de aposentadoria, como o 401(k)... também por *renda auferida*.

Sem educação financeira legítima, como um empregado saberia por que trabalhar, economizar e investir a troco de renda auferida não é a melhor ideia? Como um empregado saberia que o abismo entre os ricos e ele continua crescendo?

Pausa para a Greve

Depois de um tempo, os trabalhadores sabem que algo está errado. Não cheira bem. Seus salários não aumentam. Os líderes sindicais exigem uma greve, demandando pagamentos mais altos. Os trabalhadores vencem, ganhando mais *renda auferida*.

Salários mais altos enfraquecem as empresas. Elas se tornam atraentes para um possível comprador. O Conselho de Administração existente, as mesmas pessoas que fizeram milhões em *renda de portfólio*, concorda que é hora de mudar. Já ganharam dinheiro suficiente. Eles vendem a empresa para um novo proprietário. Assim que é vendida, os novos donos "limpam a casa". Muitas vezes, uma das primeiras coisas que fazem é demitir empregados.

Os trabalhadores demitidos voltam para a universidade, muitos pegam financiamentos estudantis, o pior tipo de dívida conhecido pelo homem, esperando encontrar um novo emprego… trabalhando, de novo, por *renda auferida*. E o abismo entre os ricos e todos os outros cresce ainda mais.

Em vez de ir a reuniões sindicais, exigir mais *renda auferida* ou voltar a estudar por mais *renda auferida*, os empregados deveriam jogar *Banco Imobiliário* no horário de almoço. Deveriam aprender por que o aluguel de uma daquelas casas é melhor do que um salário.

Lições de Tom sobre Impostos

Impostos sobre a Educação

Quando alguém volta à universidade para conseguir um emprego, o custo da educação não é dedutível. Isso porque estão obtendo uma nova profissão. Nos Estados Unidos, se forem a seminários sobre educação financeira para melhorar seus investimentos, entretanto, o custo da educação é dedutível como uma melhoria em seus negócios e habilidades de investimento.

Capítulo 10
RENDA FANTASMA: A RENDA DOS RICOS

Pai pobre:
Preciso do meu salário.

Pai rico:
Não preciso de um salário.

Descrever a renda fantasma é como tentar descrever um fantasma no quarto. Este é um capítulo muito importante e fiz meu melhor para deixá-lo simples. A renda fantasma é a renda dos muito ricos. É uma renda que poucas pessoas conhecem.

Aqui está minha sugestão: se achar este capítulo confuso, associe-se a um amigo, alguém que goste de matemática, leia-o sozinho e depois o discutam juntos. Se o conceito de renda fantasma ainda não ficar claro, converse com um contador e faça o melhor para entender esse assunto tão crucial. Sem educação financeira legítima, a maioria das pessoas é cega para a renda fantasma. Este capítulo é muito importante porque a renda fantasma é a renda dos ricos.

Um Nível Mais Alto de Inteligência Financeira

Quando voltei do Vietnã, em 1973, o pai rico sugeriu que eu começasse minha educação financeira assistindo aulas sobre investimento imobiliário.

"Obter minha licença de corretor imobiliário?", perguntei.

Capítulo 10

O pai rico riu e disse: "Não. As licenças para atuar como corretor de imóveis são para pessoas do quadrante A. Você quer educação financeira para o quadrante I."

Os agentes imobiliários trabalham por *renda auferida*, e os investidores imobiliários, por *renda de portfólio* e *passiva*. Não há nada de errado em ter uma licença de corretor imobiliário, mas a maioria deles não é investidor imobiliário. Como o pai rico dizia: "Eles são chamados de *corretores* porque precisam de mais *correção que você*."

Na época, eu ainda era piloto dos Fuzileiros Navais. Uma noite, após uma missão noturna, voltei para minha casa em Waikiki. Já estava tarde e liguei a TV, e passou um comercial sobre investimento em imóveis. O promotor prometeu me ensinar a comprar imóveis "sem entrada". Como os pilotos dos Fuzileiros Navais não ganhavam muito dinheiro, a ideia de comprar um imóvel no Havaí — alguns dos imóveis mais caros do mundo — *sem entrada* me interessava. Liguei para o número que aparecia na tela da TV e fiz uma pré-reserva para o "seminário gratuito".

No seminário gratuito vi muitas pessoas como eu, procurando um caminho diferente na vida, cansadas de seu trabalho em horário comercial. O seminário que estava sendo anunciado durava três dias e custava US$385 — uma fortuna na época, e quase metade do meu salário como piloto dos Fuzileiros Navais.

Quando perguntei ao pai rico se achava que minha ida ao seminário era algo bom ou ruim, ele sorriu e disse: "Como eu saberia? Não fiz o curso. Só há uma maneira de descobrir. Você precisa fazê-lo. Você sempre aprenderá alguma coisa. Fazer algo é melhor do que a maioria das pessoas fazem... nada."

Acadêmico versus Frequentador de Seminários

Essa foi outra diferença entre o pai rico e o pai pobre. O pai pobre era um acadêmico. Acreditava em educação tradicional. Se uma universidade de renome não ministrasse o curso, não era educação de verdade. Se o instrutor não tivesse doutor antes de seu nome, não era um professor verdadeiro.

O pai rico era um frequentador de seminários. Amava especialmente os cursos da Dale Carnegie. Para ele, eram um investimento prático, útil e relativamente barato em termos de dinheiro e tempo. O pai rico não estava preocupado com as credenciais dos professores. Estava mais concentrado no carisma deles. Se o instrutor fosse entediante, tinha certeza de que a empresa Carnegie não toleraria. O instrutor seria demitido. Então ele estava bastante certo de que o instrutor prenderia sua atenção e lhe ensinaria algumas coisas.

O pai pobre estava especialmente preocupado com graduações e títulos. Amou passar de orador no Ensino Médio a bacharel em artes, para o mestrado e o doutorado. Títulos e graduações são importantes nos mundos dos quadrantes E e A.

O pai rico só estava preocupado em ter sucesso nos quadrantes D e I.

Warren Buffett: Frequentador de Seminários

Até mesmo Warren Buffett assiste a seminários. Ouvi que certa vez ele disse: "Não exibo meu diploma na parede do meu escritório. Exibo orgulhosamente meu certificado do meu curso da Dale Carnegie de orador. Tive que aprender a controlar minhas mãos e pés tremendo sempre que falava em reuniões de acionistas."

Warren abre um dos seminários mais populares do mundo, a conferência anual de investidores da Berkshire Hathaway. Chama-se: *Woodstock for Capitalists* ("Woodstock para Capitalistas", em tradução livre).

Professor de Verdade

O seminário de três dias sobre imóveis foi fantástico. Meu instrutor era um investidor imobiliário *de verdade*. Era rico, financeiramente independente e feliz. Tudo o que eu queria ser.

O curso foi prático, não teórico. O instrutor usou exemplos da vida real, não de teorias em livros didáticos. Falou sobre suas vitórias e perdas. E, como o pai rico, destacou a importância dos erros — batidas inestimáveis no ombro que lhe diziam: "Acorde, você não sabe de tudo... aqui está algo que precisa aprender."

Ele falou da importância de ter bons parceiros e das lições dolorosas dos parceiros ruins, especialmente os desonestos. Ele falou do valor da confiança, honra e humildade, de tratar todos com que trabalha com amabilidade e respeito. Para ele, pensar que você era mais esperto ou melhor que o próximo era um pecado, um crime contra seus companheiros seres humanos.

No final de três dias, descobri que ser um investidor imobiliário não dizia respeito a ganhar dinheiro. Ser um investidor imobiliário é ser um empresário em imóveis residenciais, oferecendo habitação segura e acessível às pessoas. Se fizesse um bom trabalho, ganharia muito dinheiro.

Se fizesse um bom trabalho, *os bancos lhe emprestariam mais dinheiro*. E, se fizesse um bom trabalho, *o governo lhe daria incentivos fiscais*. Você seria um sócio do governo, fazendo o que ele queria fazer.

Ser um investidor imobiliário de verdade não representa fazer "flipping", comprar uma propriedade na baixa e vender na alta para ter *ganhos de capital*. As pessoas que fazem isso são *negociantes de propriedades*, algo diferente de *investidores imobiliários*. Pessoas que fazem isso tendem a tornar o imóvel mais caro; querem que os preços subam, então os flippers pagam taxas de impostos mais altas.

Lições de Tom sobre Impostos

Flipping Produz Renda Auferida

O *flipping* requer esforços pessoais dos investidores. Então ele é tributado como renda auferida, e os *flippers* pagam as mesmas taxas de impostos que qualquer um no quadrante A.

A maioria dos investidores do mercado de ações são como os flippers imobiliários. Eles não querem realmente o ativo; apenas desejam que seu preço suba. Assim que há ganhos de capital, eles vendem — comumente em questão de dias ou horas. É assim que ganham dinheiro. É por isso que impostos sobre *ganhos de capital, especialmente a partir de flipping com ações,* são maiores do que para investidores passivos, especialmente os do mercado imobiliário, que investem por *fluxo de caixa.*

Negociantes acreditam na "Teoria do Mais Tolo" do investimento. Um negociante compra, então espera um tolo maior do que ele — alguém disposto a pagar um preço maior do que ele pagou. Tradicionalmente, um negociante não acrescenta valor algum ao ativo. Alguns flippers imobiliários "ajustam" a propriedade antes da negociação. Esse esquema com uma propriedade ou ações é trabalhar por renda.

Flippers de ações e propriedades pagam taxas de impostos maiores do que os investidores imobiliários.

Crises do Mercado

Flippers ou negociantes se saem bem enquanto os mais tolos aparecem.

Quando os tolos param de comprar, os mercados começam a quebrar. Foi o que aconteceu em 2000, 2007 e 2008. Crises ocorrem quando os tolos deixam de ser tolos.

Investidores de fluxo de caixa esperam pelas crises do mercado. Os tolos correm e se escondem, e os investidores de verdade saem da hibernação, procurando por pechinchas.

Fluxo de Caixa Fantasma

O instrutor no seminário de três dias foi muito além de encontrar e comprar propriedades sem entrada. Como o pai rico, ele falou sobre fluxo de caixa fantasma, a renda invisível. Ele ensinou: "O fluxo de caixa fantasma é a renda *real* dos ricos. A renda fantasma é aquela que os pobres e a classe média não conseguem ver."

Em outras palavras, ele dizia que o *fluxo de caixa fantasma* não é *renda auferida, de portfólio* ou *passiva* — rendas que você pode ver. O fluxo de caixa fantasma é invisível para as pessoas sem educação financeira. *É renda invisível, um derivativo de dívidas e impostos.*

Capítulo 10

P: *Dívidas e impostos produzem o fluxo de caixa fantasma?*

R: Sim. É por isso que a educação financeira legítima se centra em dívidas e impostos. Sempre se lembre disto: a educação financeira legítima trata de dívidas, impostos e fluxo de caixa fantasma... a renda invisível dos ricos.

O restante deste capítulo trata sobre como você pode ver o invisível, os fantasmas na sala. A renda fantasma.

Observe: Todos os exemplos que ofereço são extremamente simples — apenas para fins didáticos. Para os que quiserem maiores detalhes, listarei sete livros que acredito serem essenciais para os que quiserem viver suas vidas no quadrante I.

Dívida É Fluxo de Caixa Fantasma

Nos Estados Unidos, quando as pessoas dão uma entrada, fazem um depósito para uma casa, comumente usam dólares livres de impostos. Por exemplo, digamos que uma propriedade de US$100 mil requeira 20% de entrada. Isso significa que seu comprador deve entrar com US$20 mil. Se o investidor estiver na faixa de desconto de imposto de renda de 40%, esses US$20 mil na verdade lhe custam aproximadamente US$35 mil em *renda auferida* ou dinheiro *de seu salário*. Aproximadamente US$15 mil vão para o governo em impostos.

Pedir Dinheiro Emprestado

A questão é: e se o investidor tivesse pegado US$20 mil emprestados, em vez de usar o próprio dinheiro, com impostos deduzidos de seu pagamento?

A resposta é que o investidor economizaria US$15 mil. Os US$15 mil são *renda fantasma*, dinheiro pelo qual o investidor não teve que trabalhar, sobre o qual não pagou impostos e não teve que economizar.

P: *Ao usar dívidas, o investidor está US$15 mil à frente do jogo? É como dar a um corredor uma vantagem na corrida?*

R: É. Enquanto o investidor "doméstico" economiza dólares *com impostos descontados* para o pagamento da entrada, *o profissional, que sabe usar dívidas como dinheiro*, está bem na frente na estrada. O investidor profissional já está no investimento seguinte, antes que os "amadores" saiam de casa.

P: *Simplesmente porque o investidor profissional usa dívidas e os amadores, economias com impostos descontados.*

R: Você está entendendo. Pense sobre isso. Quanto tempo e dinheiro economizaria se não tivesse que trabalhar, pagar impostos e viver frugalmente apenas para economizar os US$20 mil da entrada?

P: *Você quer dizer apenas pegar os US$20 mil emprestados?*

R: Sim. Pense sobre isto: US$20 mil *não* é muito dinheiro para muitas pessoas. Entretanto, o que acontece se você precisa de US$200 mil, US$2 milhões — ou US$20 milhões — para pagar uma entrada?

P: *Não posso arcar com o pagamento. Então os ricos enriquecem porque sabem como pedir dinheiro emprestado para pagamentos de entradas maiores de propriedades?*

R: Sim. Se você for um trabalhador do quadrante E e estiver tentando trabalhar e economizar dinheiro para a riqueza, é difícil jogar o jogo no quadrante I. O quadrante I se refere a dívidas, impostos e renda fantasma. Sem educação financeira legítima, as pessoas no quadrante E não conseguem ver o que *realmente* acontece no quadrante I.

É por isso que ações, títulos e fundos mútuos são melhores para os que estão nos quadrantes E e A. Você não precisa pagar uma entrada para ativos de papel. A maioria das pessoas simplesmente paga em dinheiro.

P: *Dívidas são o segredo no quadrante I?*

R: Sim — e impostos e renda fantasma. Lembre-se de que dívidas são livres de impostos. Você poupa muito tempo e dinheiro *alugando dinheiro* em vez de *trabalhando* por ele.

P: *Mas isso não exige muita habilidade?*

R: Exige. E é onde entra a educação financeira. Vou repetir as palavras de Donald Trump: "Você sabe que sou o rei das dívidas" e "Eu as amo, mas dívidas são complexas e perigosas".

P: *Por isso que o pai rico sugeriu que você fizesse um curso sobre imóveis, antes de se tornar um investidor imobiliário... porque imóveis se relacionam a dívidas, impostos e renda fantasma?*

R: Sim.

P: *Por que ele não lhe ensinou?*

R: Ele disse que me levou tão longe quanto pôde. Era o momento de eu procurar professores melhores. Foi o que ele fez. Ele estava constantemente voando para seminários em diferentes cidades, buscando novos professores.

O pai rico muitas vezes me lembrava daqueles três reis magos seguindo uma estrela no céu. Embora já fossem ricos e sábios, nunca pararam de procurar professores novos e mais sábios.

Investidor Sofisticado

Como afirmado anteriormente — e como uma revisão — há seis palavras básicas da educação financeira.

Estas são as palavras de uma demonstração financeira:

Renda

Despesas

Ativos

Passivos

Fluxo

Caixa

Lembre-se de que o gerente do seu banco não lhe pede seu histórico escolar. Ele quer ver sua demonstração financeira. E, infelizmente, a maioria das pessoas não possui uma.

Agora, vamos rever os três tipos de renda: auferida, de portfólio e passiva.

As porcentagens, a seguir, são aproximadas e apenas para fins de destaque e ilustração:

Auferida 40%
De portfólio 20%
Passiva 0%

Os pobres e a classe média, na maioria dos casos, recebem apenas *renda auferida*, a mais tributada das três. Poupanças e planos de pensão também são taxados como renda auferida. O milionário ao lado trabalha por *renda ordinária* e *de portfólio*.

O investidor sofisticado trabalha por *renda fantasma*. Ela requer um nível muito maior de educação financeira legítima e proficiência porque renda fantasma é renda invisível.

A seguir estão exemplos de renda fantasma:

As dívidas são dinheiro livre de impostos.

A renda fantasma proveniente das dívidas são o *tempo* e o *dinheiro* que você economiza *alugando dinheiro* em vez de trabalhando para ganhá-lo, pagando impostos sobre ele e economizando-o.

O exemplo usado anteriormente explicou como o pagamento de uma entrada de US$20 mil na verdade custa US$35 mil em renda auferida. A diferença de US$15 mil é renda fantasma — dinheiro e tempo economizados.

Você pode enriquecer mais rápido se souber usar dívidas como dinheiro.

A apreciação é renda fantasma.

A apreciação acontece quando o preço de uma propriedade se valoriza. Por exemplo, uma propriedade de $100 mil tem um aumento no valor para $150 mil. Os $50 mil são renda fantasma, conhecida como *apreciação*.

O problema é que a maioria das pessoas tem que vender a propriedade para obter os $50 mil em mãos. A venda desencadeia um evento tributável, impostos sobre ganhos de capital.

Nos Estados Unidos, se os ganhos de capital forem US$50 mil:

US$50 mil X 20% de impostos = US$10 mil em impostos.

Um Jeito Menos Dispendioso

Em vez de vender a propriedade, Kim, Ken McElroy e eu temos uma estratégia diferente. Retiramos nossos US$50 mil da apreciação fazendo dívidas, em vez de vender a propriedade. Proprietários fazem isso o tempo todo — isso é chamado de *financiamento sobre patrimônio líquido*.

A *apreciação*, a renda fantasma, sai como dívidas e entra em nossos bolsos livre de impostos.

A Grande Diferença

A *grande* diferença é que os *inquilinos pagam* a despesa dos juros sobre os US$50 mil em nossa propriedade de aluguel. No caso de um empréstimo sobre patrimônio líquido, os *proprietários pagam* os juros sobre o empréstimo.

Na maioria das vezes, muitos proprietários recebem o empréstimo de US$50 mil e pagam as dívidas do cartão de crédito e outros empréstimos com juros mais altos, como os estudantis. Isso pode reduzir a despesa familiar de juros mensais, mas eles não estão saindo na frente em termos financeiros.

O investidor profissional receberá os US$50 mil e os usará para o pagamento da entrada de mais propriedades para alugar. Digamos que o investidor profissional receba US$50 mil de uma propriedade existente e adquira mais duas propriedades para alugar. Sua demonstração financeira agora tem três propriedades na coluna de ativos, em vez de apenas uma.

P: *Mas as dívidas do investidor não aumentaram — com os dois novos financiamentos?*

R: Sim, mas se ele for um bom investidor, fez sua renda passiva. Ela paga os juros dos dois novos financiamentos e coloca *renda passiva* no bolso dele.

P: *E o investidor recebe mais renda fantasma?*

R: A seguir há mais exemplos da renda fantasma de um investidor.

Lições de Tom sobre Impostos

Mais Imóveis = Mais Renda Fantasma

Suponha que sua única propriedade de aluguel custe $100 mil. Você não tem dívidas e tem $100 mil da propriedade, tudo proveniente de renda com os impostos descontados. Em vez disso, você pede $200 mil emprestados e compra três propriedades. Agora você tem imóveis no valor de $300 mil. Digamos que sua apreciação seja de 10% sobre suas propriedades. Se tiver uma propriedade, sua apreciação, ou renda fantasma, é de $10 mil ($100 mil X 10%). No entanto, se tiver três propriedades valendo $300 mil, sua apreciação, ou renda fantasma, é de $30 mil ($300 mil X 10%). Nesse caso, suas dívidas triplicam sua renda fantasma.

Aqui há mais exemplos da renda fantasma de um investidor:

Amortização é renda fantasma.
Amortização é a redução de suas dívidas. A cada vez que você paga uma parcela do financiamento imobiliário, do automóvel ou do cartão de crédito, seu saldo do empréstimo é amortizado ou pago.

Os devedores *amortizam* suas dívidas com dólares de renda auferida descontada de impostos. Eles usam o próprio dinheiro. É muito diferente da dívida dos investidores imobiliários, que um *inquilino amortiza*. A redução da dívida é outra fonte de renda fantasma para investidores profissionais.

Amo imóveis porque meus inquilinos amortizam minhas dívidas, não eu. Lembre-se de que *dívidas* **boas** *são suas dívidas pagas por* *outra pessoa*. Todos os meses, Kim e eu enriquecemos porque nossos inquilinos *amortizam* nossas dívidas mensalmente.

Depreciação é renda fantasma.

Depreciação também é conhecida como *dano de uso* (ou *desgaste pelo uso*). O fisco lhe confere amortizações sobre os impostos porque, em teoria, sua propriedade se desvaloriza em função do desgaste pelo uso.

Mesmo que sua propriedade se *valorize*, o leão lhe confere uma redução nos impostos para *depreciação, como se* a propriedade estivesse se desvalorizando.

A *depreciação* é a maior fonte de renda fantasma para investidores imobiliários profissionais.

Lições de Tom sobre Impostos

A Magia da Depreciação

No Capítulo 7 do meu livro, *Tax-Free Wealth*, esmiúço a magia da depreciação. Isso é realmente renda fantasma. Imagine receber uma dedução fiscal pela qual você não precisa pagar. Mesmo que pegue dinheiro emprestado para comprar um imóvel, você consegue uma dedução para depreciação. Ainda que a propriedade se valorize, você a obtém. A maioria dos países permite essa dedução, mas somente para propriedades que gerem fluxo de caixa. Residências pessoais não criam essa dedução.

Por que Poupadores São Perdedores

Poupadores são perdedores porque:
1. *Pagam impostos sobre os juros recebidos* — muitas vezes com dinheiro de *renda auferida* após descontados os impostos.

2. Perdem dinheiro à medida que *o poder de compra de suas poupanças* diminui devido ao *sistema bancário*. (Nos Estados Unidos, flexibilização quantitativa e reserva fracionária bancária são alguns fatores.)

> P: *Então os poupadores são tributados enquanto seu dinheiro se desvaloriza?*
>
> R: Sim.
>
> P: *E os investidores imobiliários se beneficiam porque recebem incentivos fiscais à medida que sua propriedade se valoriza?*
>
> R: Exato.

Este próximo exemplo mostra como a renda fantasma realmente torna os ricos mais ricos.

O dinheiro do McDonald's é fluxo de caixa fantasma.

Certa vez, Ray Kroc disse que o McDonald's é uma empresa imobiliária. O McDonald's é uma das maiores cadeias de restaurantes de fast-food e uma empresa imobiliária por uma razão: renda fantasma.

Deixe que o quadrante CASHFLOW conte a história.

Negócio de hambúrgueres do McDonald's

```
    D
E  ╳
  ╱ ╲  ®
 A   I
```

Negócio imobiliário do McDonald's

Capítulo 10

Digamos que o negócio de fast-food do McDonald's faça $1 milhão em *renda tributável*. E digamos que o negócio imobiliário do McDonald's tenha $1 milhão em *depreciação*.

A *renda tributável* de $1 milhão do negócio é compensada por $1 milhão em *depreciação* do negócio imobiliário. Isso significa que o negócio de fast-food do McDonald's *paga zero em impostos*.

Lições de Tom sobre Impostos

Renda Tributável

Se o McDonald's não tivesse nenhum imóvel, pagaria cerca de $450 mil em impostos sobre o $1 milhão de renda tributável ($1 milhão X 45%[1] em impostos). A dedução da depreciação reduz a renda tributável do McDonald's a zero ($1 milhão em renda menos $1 milhão em dedução). Assim, o McDonald's *não paga impostos* sobre sua renda de $1 milhão do fast-food e economiza $450 mil em impostos.

---
1 A alíquota se refere à praticada nos Estados Unidos. (N. E.)

P: *Então o McDonald's enriquece de várias maneiras, além da renda?*

R: Sim. Mais alguns exemplos:

1. O $1 milhão em *depreciação dos imóveis é renda fantasma*.
2. Sua *apreciação imobiliária é renda fantasma*.
3. A valorização do negócio de hambúrgueres do McDonald's é renda fantasma.
4. As dívidas de ambos os negócios são *amortizadas* pelo negócio, que é *mais renda fantasma*.
5. Muitas empresas norte-americanas ganham renda fora do país e a mantém lá, longe do alcance dos impostos dos Estados Unidos.
6. Essa lista pode continuar, dependendo de quão inteligentes forem as estratégias fiscais do negócio, de quão sagazes são seus estrategistas, os seus "Tom Wheelwrights".

172

Empregados do McDonald's

Enquanto isso, os *empregados* do McDonald's trabalham por um salário, economizam dinheiro, lutam para se livrar das dívidas e investem em um plano de aposentadoria — tudo sujeito a *impostos sobre renda auferida*.

E nos perguntamos por que os ricos cada vez ficam mais ricos.

P: *Vocês seguem a fórmula do McDonald's em seu negócio?*

R: Seguimos. Tudo o que temos que fazer é trocar "McDonald's" para "The Rich Dad Company" no quadrante D.

Deixe que o quadrante CASHFLOW conte a história.

Negócio de hambúrgueres do McDonald's

Negócio imobiliário do McDonald's

The Rich Dad Company

Empresa imobiliária de Robert Kiyosaki

Capítulo 10

Uma diferença é que levamos toda a renda obtida no exterior para os Estados Unidos, onde estamos sediados. Acreditamos que é o certo a fazer.

P: *Mesmo que você traga toda a renda da* Rich Dad *de volta, ainda pode pagar zero em impostos?*

R: Sim. Quando ganhamos mais dinheiro com a *Rich Dad* no quadrante D, compramos mais imóveis com negócios no quadrante I.

P: *Você enriquece nos quadrantes D e I. Também aumenta renda, dívidas, paga menos em impostos e expande sua renda fantasma?*

R: Você está compreendendo.

P: *Alguém nos quadrantes E e A pode fazer o mesmo? Pode receber renda fantasma?*

R: Pode. Mas eles precisam ser *investidores profissionais no quadrante I*. Pessoas como o *milionário ao lado* não são qualificadas. Tendem a investir em ações, títulos, fundos mútuos, ETFs e planos de pensão. Investimentos passivos para investidores passivos não atingem os mesmos níveis de renda fantasma.

P: *É por isso que você falou sobre participar de seminários sobre imóveis antes de investir?*

R: Exato. Investir em imóveis requer muito mais educação financeira do que em ações, títulos, fundos mútuos e ETFs.

Entenda as Classes de Ativos

Ativos de papel são líquidos. Se cometeu um erro investindo em ativos de papel, você pode entrar e sair rapidamente. Você pode cortar suas perdas imediatamente.

Se, por outro lado, você cometer um erro com imóveis, ele pode levá-lo à insolvência. Imóveis não têm liquidez. Você não pode se livrar rápido das perdas.

P: *Que cursos de imóveis você recomenda?*

R: Há muitas empresas que os oferecem.

A *Rich Dad*, inclusive. Ela oferece muitas opções de treinamento e cursos sobre imóveis. Embora eu acredite que a *Rich Dad* forneça os melhores cursos e programas de treinamento, cabe a você decidir quais são os melhores para você.

Outro recurso que você pode aproveitar é o *Rich Dad Radio* — nosso programa de rádio mensal, com acesso a podcasts em qualquer lugar do mundo por meio do site RichDad.com (conteúdo em inglês). Toda semana Kim e eu entrevistamos pensadores de vanguarda sobre uma ampla variedade de tópicos, especialmente relevantes para empresários e investidores profissionais. Também o encorajo a conferir a RDTV... em RichDad.com/RDTV (conteúdo em inglês).

Comece com Livros

Os maiores professores do mundo estão nos livros. E a melhor notícia é que os livros são baratos e os professores podem entrar em detalhes.

O melhor de tudo, talvez, é que ensinam conforme *sua* programação, quando você tem tempo — e vão até você. Se não entender algo, o professor fica feliz quando você volta e relê as partes que não compreendeu.

Ao longo dos anos, pedi a meus consultores pessoais para escreverem livros detalhando o que fazem. Todos meus consultores da *Rich Dad* são empresários, bem-sucedidos por mérito próprio e gênios em seus diferentes campos de atuação.

Há livros dos consultores para os quadrantes A e D e também para o quadrante I.

Se quiser ler mais sobre renda fantasma e sobre o quadrante I, há vários livros dos consultores que recomendo.

Capítulo 10

O consultor da *Rich Dad*, Ken McElroy, escreveu três livros para as pessoas interessadas em investir em imóveis no quadrante I. Ken, Kim e eu temos ganhado milhões juntos, muitas vezes usando 100% de dívidas, muitas isentas de impostos. Ken é atualmente uma das mentes mais brilhantes em imóveis — e um especialista em usar dívidas para adquirir projetos imobiliários multimilionários. Os livros de Ken McElroy são, entre outros:

Imóveis: Como Investir e Ganhar Muito Dinheiro
Imóveis: Como Gerenciar e Ganhar (Mais) Dinheiro

Mas, é claro, o setor imobiliário não é para qualquer um. Para os que preferem títulos de papel, Andy Tanner é meu consultor.

Andy ensina sobre assuntos que todo investidor deve saber: como fazer dinheiro quando o mercado estiver subindo — e quando estiver em crise. Como Andy costuma dizer: "Crises de mercado enriquecem os ricos."

Embora os ativos de papel não ofereçam as mesmas vantagens de dívidas, impostos e renda fantasma que os imóveis, fornecem muitas outras para o investidor profissional do quadrante I.

Agora tenho certeza de que você concorda que Tom Wheelwright, meu contador e estrategista fiscal, é um gênio em pagar menos impostos legalmente. Ele fez Kim e eu economizarmos milhões de dólares em impostos. O livro de Tom se intitula *Tax-Free Wealth* ("Riquezas Livres de Impostos", em tradução livre).

Se você planeja se tornar rico no quadrante I, deve saber como proteger seus ativos de dois predadores: ações judiciais e impostos.

Garrett Sutton é advogado e meu consultor jurídico sobre proteção de ativos. Se não fosse por Garrett, Kim e eu teríamos perdido tudo por causa de ações judiciais frívolas. Ele é um gênio em proteção de ativos, e protege sua riqueza de outras pessoas e do governo.

Para fazer isso, você deve proteger seus ativos como as empresas do quadrante D protegem os seus.

O Espírito da Lei

Como o instrutor imobiliário naquele curso de três dias disse muitos anos atrás: "O objetivo de um investidor imobiliário em residências é prover habitação segura, protegida e acessível." Se fizer isso, a maioria dos governos do mundo se associará a você lhe oferecendo incentivos fiscais e oportunidades de renda fantasma não disponíveis para os quadrantes E e A.

Lições de Tom sobre Impostos

O Governo Quer que Você Fique Rico

O governo dos Estados Unidos e os de todo o mundo adoram fazer parcerias com investidores e donos de negócios. Na parceria com o McDonald's lhe confere US$450 mil em incentivos fiscais para investir em imóveis. É como um investimento de US$450 mil em imóveis feito pelo governo. Se construir imóveis, o governo lhe dará incentivos fiscais para que você não tenha que correr o risco integral. O governo divide o risco lhe dando isenções fiscais sobre sua outra renda.

É essencial que você siga as regras, as leis imobiliárias, financeiras, fiscais e corporativas. Seguir o espírito da lei, bem como *a letra da lei*, é necessário para os que vivem no quadrante I.

Lições de Tom sobre Impostos

Seguindo a Lei

Agora deve estar claro que os ricos têm regras diferentes da pessoa mediana. Eles também têm requisitos mais rigorosos para segui-las. Se alguém nos quadrantes E ou A mascara um pouco suas declarações de imposto, leva uma bronca. Se alguém nos quadrantes D e I ignora alguma parte da lei, vai para a prisão. Portanto, se quiser ir para os quadrantes D e I, tem que aprender a obedecer rigorosamente a letra e o espírito da lei.

Capítulo 10

P: *Uma pessoa precisa ser um grande investidor imobiliário?*

R: Não. Deixe-me lhe dar um exemplo de um pequeno investidor. Novamente, simplificarei o máximo possível.

Mary é uma empregada de 40 anos que ganha $100 mil anuais e paga (nos Estados Unidos, a faixa de imposto seria de 30%) $30 mil por ano em imposto de renda. Em seu tempo livre, ela é investidora imobiliária profissional no quadrante I.

Poucos anos depois, ela é proprietária de dez imóveis para alugar cujo valor é de $1 milhão. Ela não tem renda com suas propriedades. A depreciação dos imóveis é de $100 mil anuais.

Total de impostos pagos sobre sua renda = $30 mil

Depreciação em seu imóvel de aluguel = $100 mil

Impostos pagos = 0 ($100 mil de renda menos $100 mil de depreciação)

P: *Ela não ganha renda líquida de aluguel das propriedades, mas economiza $30 mil em impostos sobre a renda auferida de seu trabalho, porque não tem que pagá-los? Sua renda fantasma é de $30 mil?*

R: Sim. $30 mil são dinheiro que não deixou seu talão de cheques.

P: *E ela ainda recebe renda fantasma de apreciação e amortização?*

R: Correto.

P: *Quando ela se aposentar, suas propriedades serão livres e desimpedidas — sem dívidas?*

R: Sim, desde que não as refinancie ou venda.

P: *E receberá renda dos aluguéis por toda a vida?*

R: Isso, se cuidar de seus inquilinos e propriedades.

P: *Ela não terá que se preocupar com uma grande crise do mercado?*

R: Não. Mesmo que o mercado de ações quebre e entremos em outra Grande Depressão, as pessoas ainda precisarão de um teto sobre suas cabeças.

P: *E ela pode ganhar mais dinheiro e pagar menos impostos?*

R: Exato. *No espírito do quadrante I*, se cuidar de seus inquilinos e propriedades, o governo cuidará de você.

A Lição Principal

No final do curso de três dias, nosso instrutor falou: "Sua educação começa no momento em que deixa a sala."

Então ele nos separou em grupos de três a cinco pessoas... enquanto esperávamos por seu "dever de casa".

"Sua tarefa é olhar 100 propriedades nos próximos 90 dias. Vocês aprenderão *a encontrar os melhores investimentos*. Vão colocar o que aprenderam em ação. Cometerão alguns erros. Sua educação legítima está prestes a começar", falou. "Sua educação começa quando batem à porta de corretores, vão a casas postas à venda, aproveitam as oportunidades dos classificados e vão aos bairros procurando por placas de 'Vende-se'. Quando encontrarem um negócio viável, devem inspecioná-lo fisicamente, analisá-lo e escrever um relatório de uma página sobre os prós e contras da propriedade, possível crescimento de renda, projeção de dívidas, impostos e fluxo de caixa fantasma. Vocês devem ter 100 desses relatórios sobre as propriedades nos próximos 90 dias", instruiu.

"Por que estamos fazendo isso?", perguntou um dos estudantes.

"Porque é o que os investidores de verdade fazem", disse o instrutor enquanto sorria para nós. "É por essa relação 100:1 que os investidores reais encontram os melhores investimentos."

Acredito que inicialmente havia cinco pessoas em nosso grupo. Todos concordamos em fazer a tarefa. Como deve imaginar, não demorou muito

Capítulo 10

para que alguns dos meus colegas de grupo ficassem muito ocupados, tivessem treino do futebol dos filhos, precisassem trabalhar até mais tarde ou tivessem "problemas conjugais".

No fim dos 90 dias, restaram apenas dois. Tínhamos nossas pastas com 100 projetos analisados e avaliados. Até hoje, mais de quatro décadas depois como investidor imobiliário, foi o melhor processo de educação financeira por que já passei.

Adquiri minha primeira propriedade, um apartamento de um quarto e uma sala do outro lado da rua de uma linda praia da ilha de Maui. O mercado imobiliário estava quebrado. Os compradores estavam escondidos. As propriedades estavam em execução hipotecária. Era perfeito para um investidor. O preço estava em US$18 mil — e eu precisava pagar uma entrada de 10%. Tirei do meu cartão de crédito o pagamento de US$1.800 da entrada, adquirindo a propriedade com 100% de dívidas. Fiz somente US$25 mensais em fluxo de caixa positivo — mas obtive um *retorno infinito*, porque usei 100% de dívidas e nada do meu próprio dinheiro.

Pouco tempo depois, me ofereceram "rios de dinheiro" pela minha propriedade. O comprador me ofereceu US$42 mil — mais do que o dobro que paguei. Embora eu não tivesse planos de vendê-la, o ROI era bom demais para deixá-lo passar. Eu a vendi, fazendo a transação na chamada troca de impostos diferidos.

P: *O que é uma troca de impostos diferidos?*

R: Significa que eu não tenho que pagar os impostos sobre o ganho de capital da venda. Meus ganhos de capital de US$24 mil da venda foram isentos de impostos, desde que eu seguisse as regras da seção 1031 do código da receita federal dos Estados Unidos.

P: *Ganhos de capital livres de impostos... mais renda fantasma?*

R: Sim, desde que atendesse às regras da seção 1031, o que me obrigou a investir em mais imóveis. Não pude gastar os US$24 mil em nada mais. Logo comprei mais três propriedades usando os US$24 mil em dinheiro de verdade para dar entrada nelas.

> ### Lições de Tom sobre Impostos
>
> **A Seção 1031**
>
> Nos Estados Unidos, o governo está disposto a renunciar aos impostos sobre a venda de imóveis, desde que ele seja imediatamente investido em outros investimentos imobiliários. O ganho sobre a propriedade vendida é transferido para a nova, de modo que, eventualmente, será tributado se o investidor retirar o dinheiro do imóvel antes de morrer. Entretanto, se mantiver a propriedade até o fim da vida, os ganhos são perdoados e nenhum imposto será devido. (No Brasil, a isenção também se aplica para venda de imóveis para compra de outro em até 180 dias. Consulte um especialista.)

Comecei com as dívidas de um cartão de crédito e continuei seguindo as mesmas regras do dinheiro fantasma.

P: *Quanto aquela primeira propriedade de US$18 mil vale agora?*

R: Passei por isso poucos anos atrás. Propriedades no mesmo condomínio foram vendidas por valores entre US$300 mil e US$425 mil. Tenho certeza de que os valores estão mais altos atualmente.

P: *Você não se arrependeu de vender sua unidade?*

R: Sim e não. Devido às lições do meu curso de imóveis de três dias, consegui transformar meus US$24 mil em muitos milhões de dólares. Hoje, Kim e eu possuímos milhares de imóveis de aluguel, três hotéis, cinco campos de golfe e mais — tudo proveniente de dívidas, impostos e renda fantasma. Então, embora eu quisesse ter mantido minha primeira propriedade, estava melhor *começando com zero e o transformando em milhões*.

A Velocidade do Dinheiro

Transformar zero em milhões de dólares é conhecido como *velocidade do dinheiro*... o quão rápido consigo manter meu dinheiro se movendo, adquirindo mais ativos, extraindo-o desses ativos sem vendê-los, e adquirindo mais ativos.

Os ricos cada vez ficam mais ricos porque os pobres e a classe média *estacionam* seu dinheiro em poupanças e investimentos em longo prazo em um plano de aposentadoria. Em vez de estaciná-lo, o investidor do quadrante I o mantém se movendo.

Lições de Tom sobre Impostos

Impostos sobre Renda Estacionada versus Velocidade

Nos Estados Unidos, a renda estacionada em investimentos de longo prazo é tributada a taxas de ganhos de capital. Quando um investidor do quadrante I mantém seu dinheiro se movendo (ou girando, como se costuma dizer) através de dívidas e investimentos, não paga impostos sobre o movimento porque ele é dívida, e pode realmente obter renda fantasma adicional da depreciação.

P: *Então a pessoa mediana não consegue ver o dinheiro se movendo?*

R: Exato. Tudo o que sabe é estacionar seu dinheiro, enquanto as pessoas no quadrante I pegam seu dinheiro emprestado e o giram a altas velocidades.

P: *Por isso que muitos lhe dizem: "Você não pode fazer isso aqui?"*

R: Sim. Ouço isso o tempo todo. E isso porque a maioria deles está nos quadrantes E e A. Enquanto essas pessoas contestam o que fazemos, olho pela janela e vejo os grandes edifícios das pessoas que *estão* fazendo — *lá*.

Se não entendeu algumas partes deste capítulo, encontre um sócio ou consultor e as discuta. É um capítulo crucial. Se o entendeu, você verá o que a maioria das pessoas não conseguirá nunca, mesmo que esteja bem diante de seus olhos.

Capítulo 11
QUADRANTE I:
MESTRES DO DINHEIRO

Pai pobre:
Volte à universidade e faça um mestrado.

Pai rico:
Torne-se um mestre do dinheiro.

Na primavera de 1974, eu fazia meus últimos voos com os Fuzileiros Navais. Voar entre as espetaculares ilhas do Havaí deixava minha saída mais difícil. Eu amava voar, mas sabia que era hora de seguir em frente.

Em junho de 1974, saí da base, retribuí a saudação do guarda pela última vez e fui para minha nova vida no centro de Honolulu. Em alguns dias, começaria minha nova vida na Xerox Corporation.

Sem MBA

Meu pai pobre queria que eu concluísse um MBA e subisse na hierarquia corporativa. Deixei o MBA após seis meses. Depois da escola de voo e voando por cinco anos, não suportei o tédio da educação tradicional.

Meu pai pobre ficou desapontado, mas compreendeu. Ele sabia que eu tinha chegado a uma encruzilhada na estrada. Sabia que eu não seguiria seus passos. Que eu não escalaria a escada corporativa. Ele sabia que eu queria me tornar empresário.

Capítulo 11

Habilidades de um Empresário

Meu pai rico sugeriu que eu conseguisse um emprego em vendas, dizendo: "A principal habilidade de um empresário é sua capacidade de vender." Ele dizia repetidamente: "Vendas = Renda" e "Se quiser mais renda, venda mais".

Enquanto eu ainda estava nos Fuzileiros Navais, fui para a Xerox porque essa empresa possuía um dos melhores treinamentos em vendas corporativas dos Estados Unidos. Logo depois de ser contratado, fui levado a Leesburg, Virgínia, para um programa de treinamento em vendas de quatro semanas.

Eu estive na escola militar e no exército desde os meus 18 anos. Em 1974, com 27, finalmente voltei ao mundo real.

O problema foi que, mesmo com o melhor treinamento em vendas, ainda estava com dificuldades. Estava nas ruas de Honolulu, batendo nas portas e vendo-as serem literalmente fechadas na minha cara. Não ganhava dinheiro nenhum porque não vendia. Eu queria sair, mas podia ouvir as palavras do pai rico: "Falhar é como se aprende no mundo real. Na vida, você fracassa até que consiga ser bem-sucedido." Então continuei batendo nas portas.

Dois anos depois, estava me saindo um pouco melhor. Minha mente e meu corpo abraçavam o lema do vendedor: "A venda começa quando o cliente diz: 'Não.'"

No começo, cada "não" machuca. Após dois anos e centenas de "nãos", fiquei realmente empolgado quando o cliente disse: "Não." Eu sabia que cada "não" significava que era a hora de começar a vender. Embora eu ficasse muito tímido e aterrorizado com a rejeição, realmente aprendi a amar vender; aprendi a amar a rejeição.

Como o pai rico ensinou a seu filho e a mim:

Sua vida se transforma quando você aprende a amar o que teme.

Aprendi a amar meu medo da rejeição. Superá-la e virar a objeção de um cliente se tornou um jogo.

Isso também funciona para os romances. Por toda a minha vida, fui terrível em relação às mulheres. Eu não tinha coragem. Eu era um garanhão pilotando aviões, e um covarde com as mulheres. Aprender a amar meu medo da rejeição mudou tudo isso. A primeira vez que vi Kim, meus velhos temores surgiram. Ela me tirou o fôlego.

Quase voltei ao meu comportamento antigo e não a convidei para sair.

Em 1984, quando convidei Kim, ela me deu um fora. Foi educada, mas claramente não estava interessada em mim. Fui criativo (sem ser desagradável) e continuei a convidá-la. Ela me rejeitou por seis meses antes de dizer: "Sim." Saímos para nosso primeiro encontro e estamos juntos a partir de então, e recentemente celebramos 30 anos de casados. Não estaria onde estou sem ela. Sei que não se casou comigo por dinheiro porque, quando a conheci, não tinha nada. Eu era um empreendedor lutando nos quadrantes A e I.

O Melhor Treinamento para Empresários

O pai rico estava muito feliz por eu ter conseguido um emprego na Xerox. Ele dizia: "Todos os dias você irá para uma escola de negócios do mundo real. Todos os dias aprenderá a se tornar um empresário melhor."

Depois do meu segundo ano nas ruas, entendi o que o pai rico falava. Minha vida profissional era entrar em uma empresa e estudar seu "fluxo de papel". Tinha que aprender como os documentos em papel fluíam de um departamento para outro. Depois de estudar esse fluxo, pude fazer uma recomendação mais educada para uma nova máquina da Xerox. Estudar os fluxos de papel me permitiu estudar muitos negócios diferentes de dentro para fora.

Pequenos Empresários

Como eu era um representante de vendas júnior, não tinha permissão para vender para grandes contas corporativas, negócios do quadrante D. Só tinha permissão de vender para pequenas empresas, administradas por pequenos empreendedores, negócios do quadrante A.

Capítulo 11

Fazer negócios com vários pequenos empresários diferentes foi uma experiência inestimável. Cheguei à conclusão de que todos os empreendedores de pequenos negócios são loucos. Cada um é diferente, cada um, um personagem.

Os empregados trabalhando para os empresários eram basicamente iguais, sãos e estáveis. O empreendedor era agitado e frenético; a poucos passos do hospício. Seus pontos fortes e fracos eram óbvios. E era óbvio que seus pontos fortes eram também suas fraquezas. Nunca seriam bons empregados e eram muito independentes para expandir seus negócios para o quadrante D. Eu estava aprendendo muito sobre as pessoas, o componente principal de um negócio. Percebi que muitas estavam presas no quadrante A.

À medida que minhas vendas (e renda) melhoravam, eu sabia que estava próximo do dia em que deixaria o quadrante E. Quando a empresa anunciou que fui o primeiro nas vendas, pedi demissão da Xerox. Era o momento de passar para o quadrante A.

Em 1978, deixei o quadrante E. Meus colegas, funcionários da Xerox, fizeram uma pequena festa de despedida. Vários disseram: "Você vai fracassar e vai voltar." Já tinham visto várias pessoas como eu. Muitos empregados da Xerox partiram, fracassaram e voltaram.

Sorrindo e agradecendo por quatro anos de amizade, falei: "Sei que vou fracassar... mas eu jamais voltarei."

Transições

Meu último dia no quadrante E foi o primeiro no quadrante A, um dia de alegria, dúvida, terror e empolgação. Dois anos depois, fracassei. Eu era um entre nove a cada dez empreendedores que fracassam nos cinco primeiros anos do negócio. Perdi tudo, mas nunca voltei para o quadrante E. Eu estava nas profundezas do inferno no quadrante A. Há um ditado que diz: *Quando estiver passando pelo inferno... apenas continue.* Ele se tornou meu mantra.

Então continuei. Por anos, havia dias em que eu acordava sem um centavo no bolso e com empregados para pagar. Na hora do jantar, pagava meus funcionários e tinha dinheiro para pagar as contas da empresa. Estava aprendendo outra habilidade da vida empresarial: como ganhar dinheiro rapidamente.

Os Quatro Quadrantes

Anteriormente, apresentei este diagrama, o quadrante CASHFLOW. A maioria das pessoas vai à escola e termina no quadrante E. A maioria nunca o deixa.

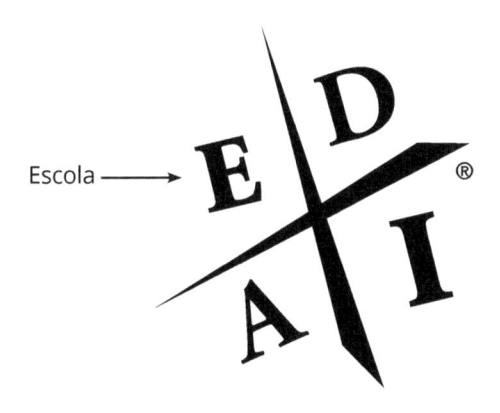

Escola → E D A I

Treinamento para o Quadrante A

Alguns vão à escola para conseguir treinamento profissional para o quadrante A. Esses alunos fazem faculdade de medicina para se tornarem médicos, de direito, para se tornarem advogados, fazem cursos de imóveis para virarem corretores ou técnicos, para virarem eletricistas ou contadores. Ter algum tipo de educação profissional ajuda a se mover do quadrante E para o A.

A jornada do quadrante E para o A é muito difícil se o empresário não tem qualificação profissional para suavizar a transição. Por exemplo, se um funcionário deixar seu emprego para começar um restaurante, passará algum tempo no inferno do quadrante A.

O Lado Direito do Quadrante CASHFLOW

Em algum momento no começo de 1980 eu finalmente estava indo bem no quadrante A. Minha empresa de manufatura produzia para os setores de surf e rock n' roll. A divisão de rock fabricava mercadorias licenciadas para bandas como The Police, Duran Duran, Pink Floyd e Judas Priest. A MTV entrou na cena da TV e transformou nossa pequena empresa em grande. Tivemos novos problemas.

No começo, o fracasso quase me matou. Depois, o sucesso estava me matando. Não consegui acompanhar a demanda. Estava constantemente levantando dinheiro, e sem dinheiro. Por exemplo, levantei capital em abril para fabricar produtos. Então fiz viagens de negócios para vendê-los. Prometi todas as entregas dos meus clientes do varejo para outubro, a tempo das férias. Dezembro vinha e eu esperava até abril para que os varejistas me pagassem. Após pagar os investidores tinha que pedir dinheiro emprestado de novo para a próxima temporada de férias. Como falei, o sucesso estava me matando. Descobri que o sucesso é caro.

Uma Visita ao Pai Rico

O pai rico foi meu mentor e treinador durante esse período crucial da minha vida. Eu estava bem nos quadrantes A e I. Mas não estava fazendo sucesso. Vivia sem dinheiro. Estava cansado de ser pobre. Estava cansado de os empregados sempre ficarem doentes e pedirem aumento, mais folgas e benefícios. Estava cansado de vendedores que não sabiam vender. Estava cansado de clientes de varejo desejando preços mais baixos, descontos maiores, mais produtos "gratuitos" e prazos maiores de pagamento. Estava cansado de regulamentos e fiscais do governo.

O Inferno do Quadrante A

Eu vivia no inferno do quadrante A. Arrecadava milhões de dólares, mas milhões de dólares saíam mais rápido do que entravam.

O pai rico era meu treinador. Eu o visitava com frequência irregular, geralmente quando passava pelo inferno. Sentado uma noite em seu escritório, falei ao pai rico que queria desistir. Estava cansado. Não tinha sido bem-sucedido. Pensava em voltar a voar. Ouvi dizer que o departamento de polícia procurava por ex-pilotos militares para seus helicópteros. O salário era bom, havia muito tempo livre, benefícios e a aposentadoria do governo. Tudo o que meu pai pobre queria para mim.

O pai rico apenas riu. Sabia desde o início que esse dia chegaria.

Ele puxou seu bloco de notas e desenhou o quadrante CASHFLOW, com estas palavras em cada quadrante:

Mente

Corpo

Emoções

Espírito

Regras

O pai rico começou a explicar: "Somos todos humanos, mas seres diferentes. Todos os humanos têm mente, corpo, emoções e espírito. Nossas diferenças nessas instâncias nos tornam seres distintos."

Muitos empregados não deixam a segurança do quadrante E devido à emoção do medo. Seu medo e a necessidade de segurança no trabalho os mantêm no quadrante E, mesmo que saibam que deveriam sair.

"Agora mesmo estou preso no quadrante A", falei. "E não consigo sair." Perguntei ao pai rico: "É isso o que pretende?"

"Sim", disse o pai rico, rindo. "Você ainda não dominou o quadrante A. O quadrante A é o pior por muitas razões, uma delas, suas regras. As regras fiscais e as regulações governamentais matam os pequenos empreendedores do quadrante A."

"Mesmo assim, você não falou: 'O quadrante A é o mais importante?'"

"Falei", sorriu o pai rico. "Se você sobreviver." Então ele falou: "Quando você era representante de vendas da Xerox, não viu esses pequenos empresários lutando pela sobrevivência?"

"Sim. Todos os dias. Estou fazendo o mesmo agora."

"Lembre-se sempre de um bebê aprendendo a caminhar e uma criança, a andar de bicicleta. Isso é o que acontece em cada quadrante. Você aprendeu a ser bem-sucedido no quadrante E trabalhando para a Xerox.

Capítulo 11

Então passou para o quadrante A. Atualmente você é uma criança andando de bicicleta no quadrante A, mas ainda não vai a lugar algum."

Pensei sobre isso, então lhe perguntei: "Minha mente, meu corpo, emoções e espírito ainda não amadureceram no quadrante A? Ainda não cresci?"

"Correto", disse o pai rico. "Você está indo bem. Está quase. Ainda faltam algumas peças. Podem ser mentais, físicas, emocionais ou espirituais — ou todas elas."

Ele me lembrou de que a vida é como aprender a jogar golfe. "Na teoria, é um jogo muito simples. Sessenta por cento dele é ganho com um taco e quase todos podem bater com um. Na verdade, o golfe é o jogo mais complexo de todos. É jogado em nossas mentes, corpos, emoções e espíritos. O mesmo se aplica aos negócios. Não há nada fora de você — *tudo* é interior", disse o pai rico.

Deixei seu escritório me sentindo confuso. Eu não sabia... o que não sabia. Na minha cabeça, estava fazendo todas as coisas certas. Parei em um restaurante chinês local e lutei com as minhas emoções. Quando estava saindo, a garçonete falou: "Obrigada" e me entregou um biscoito da sorte. Partindo o biscoito, tirei minha sorte, que dizia:

Você pode desistir quando quiser. Então, por que agora?

Na manhã seguinte, coloquei minha sorte sobre meu telefone — para que a visse todos os dias — e voltei ao trabalho, para minhas ligações de vendas e apagando os incêndios. Como diz o ditado:

Quando estiver passando pelo inferno, apenas continue.

Mestres do Dinheiro — E o que Fazem

Alguns meses depois, fiquei mais feliz e me senti como um ser humano de novo. Durante minha sessão de treinamento com o pai rico, perguntei: "Qual é o final do jogo? Como sei que venci como empresário?"

Ele sorriu para mim... o sorriso que reconheci — que significava que ele estava feliz com minha pergunta. Tomando fôlego, falou: "Quando alcança o quadrante I."

"O que acontece no quadrante I?", perguntei.

"Você se torna um *mestre do dinheiro*. Deixa de ser escravo dele.", respondeu.

"E o que um mestre do dinheiro faz?", questionei.

"Mestres do dinheiro não precisam de dinheiro para ganhá-lo. São alquimistas. Transformam ideias em ouro. Transformam ideias em negócios internacionais", falou o pai rico.

Ele continuou: "E depois que uma pessoa se torna mestre do dinheiro, faz o que estou fazendo com você."

"O que está fazendo comigo?", perguntei.

"Guiando-o para um dia se tornar um mestre do dinheiro, como eu."

"Como sei que me tornei um mestre do dinheiro?"

"Quando desenvolve seu toque de Midas, quando tudo em que toca se torna ouro... no mundo de hoje, dinheiro."

"E depois, o que faço?", perguntei.

"Então, você ensina. É sua responsabilidade ensinar, guiar, desenvolver outros como você. O mundo precisa de grandes empresários. Sem eles, a economia mundial começa a entrar em colapso. O capitalismo se tornará socialismo, possivelmente, comunismo... um mundo de terror, de liberdade cerceada, de ditadores e déspotas."

"Mas tenho que chegar ao quadrante I primeiro, antes de poder ensinar?"

"Sim. Penso que é melhor alcançá-lo antes. O mundo está cheio de charlatães, falsos profetas, pessoas que prometem ensiná-lo a ser rico, mas que não são ricas. Não seja um deles. Ensine a partir do quadrante I."

Capítulo 11

Sala de Aula do Pai Rico

Eu tinha 9 anos quando me sentei pela primeira vez no escritório do pai rico. Seu escritório era sua sala de aula. No início, seu escritório era pequeno, na parte de trás de seu primeiro hotel na pequena cidade de Hilo, no Havaí.

Em meados dos meus 30 anos, o escritório do pai rico era um arranha-céu comercial de luxo perto de seu enorme hotel na praia de Waikiki. Eu estava mais velho e podia ouvir as coisas que ele não podia me dizer quando eu era mais novo.

"Muitos querem ser ricos, mas seguem o caminho fácil. Em vez de passar o tempo aprendendo e estudando — especialmente sobre dívidas, impostos e renda fantasma —, fazem coisas tolas, como trapacear, mentir e roubar. O mundo dos negócios está cheio dessas pessoas. Elas dirão qualquer coisa, farão promessas que não cumprirão, burlam e quebram as regras, e então imaginam por que sua reputação é como a de um trapaceiro, vagabundo, malandro, mentiroso, conversa mole, rei das mentiras, vigarista, falsificador, sonhador, assediador, jogador, prostituto de luxo, um ladrão de galinhas… uma pessoa não confiável, que não tem palavra, que troca sexo por aumentos e promoções. Alguns alcançam o quadrante I, mas pagam um preço muito alto. O preço é sua alma."

Olhando de sua mesa para mim, falou: "Não seja um deles."

A Boa Notícia

O pai rico sorriu mais uma vez, dizendo: "A boa notícia é que essas pessoas serão seus melhores professores. Elas lhe ensinarão lições sobre você mesmo que nem imagina. Encontrarão suas fraquezas e as explorarão. Ensinarão sobre suas fraquezas, as falhas em seu pensamento e o quão ingênuo você é. Sorrirão para você e roubarão seus bolsos simultaneamente. Se quiser aprender a fazer negócios no mundo real, essas pessoas serão seus melhores professores."

O pai rico me lembrou do que Sua Santidade, Dalai Lama, disse após a China ser invadida pelo Tibete e tê-lo expulsado de seu templo e sua casa. Sua Santidade falou: "Mao Tse-tung é meu melhor professor."

O pai rico explicou que existem ricos nos quadrantes E, A e D, mas todos eles trabalham por dinheiro. Os mestres do dinheiro vivem no quadrante I. São indivíduos raros, que não precisam de dinheiro. Eles criam dinheiro a partir do nada.

Um mestre legítimo é professor, assim como um mestre em artes marciais também é.

Entretanto, nem todas as pessoas no quadrante I são professores. Algumas usam o dinheiro para controlar o mundo. Têm o poder de comprar e vender políticos; influenciam eleições. Elas fazem as regras. Conhecem a regra de ouro: "Quem tem o ouro faz as regras."

"Você segue as regras do quadrante I?", perguntei.

"Sim", disse o pai rico. "Sigo as regras, mas não preciso fazer o que eles fazem. Eu tenho uma alma."

Valores Centrais

O pai rico desenhou o seguinte diagrama, explicando os valores centrais dos diferentes *seres* em cada quadrante.

"Preciso de segurança."　　　　　　　"Preciso de uma equipe."

E D
A I

"Preciso de autonomia."　　　　　　　"Preciso de empresários."

Capítulo 11

"Por que alguém no quadrante I precisa de empresários?", perguntei.

"Porque todos precisamos dar um retorno — cada um de nós. Uma pessoa no quadrante I precisa treinar novos empresários. Preciso de você tanto quanto você de mim. É a Hierarquia das Necessidades, de Maslow. Quando alcança o topo, você dá um retorno. Se eu fosse um chefe de cozinha, precisaria treinar novos chefes."

"É como o antigo sistema de aprendizes", falei.

"Sim, exatamente", disse o pai rico. "Infelizmente, hoje, o antigo sistema de aprendizes foi substituído pelo sistema escolar, que treina empregados, não empreendedores. Por isso temos problemas na economia."

O pai rico estava preocupado. "Meu filho, Mike, tem sorte. Fiz a jornada pelos quadrantes por ele e o treinei bem. Como você sabe, não lhe dei nada. Por isso que vocês dois trabalharam para mim de graça. Sou um homem rico que começou do nada. Sei que não há nada mais desamparado do que o filho de um homem rico."

"Não há nada mais autodestrutivo que uma criança nascer com uma mentalidade de direito adquirido. Por isso que tratei vocês dois da mesma maneira. Eu me recusei a lhes pagar. Queria que ambos fossem humildes."

O pai rico tinha mais a me dizer: "A humildade lhe dá a capacidade de se ver no contexto de um mundo mais amplo. Eu queria que vocês trabalhassem com as pessoas mais mal pagas dos níveis primários dos meus negócios. Queria que conhecessem os trabalhadores nos empregos mais humildes. Queria que os conhecessem como seres humanos, não como funcionários de baixa renda. Todos somos seres humanos. Por isso lhes fiz atuar nas áreas dessas pessoas, trabalhando a seu lado, fazendo o mesmo de graça. As pessoas com quem você e Mike trabalharam são os empregados invisíveis de toda empresa. São as engrenagens do negócio. Fazem seus motores funcionar. Seu trabalho como empresário e proprietário de seu negócio é trabalhar *para* eles. Seu trabalho mais importante é protegê-los e as suas famílias da realidade cruel desse mundo."

Tomando fôlego, o pai rico fez uma pausa para ver se o que dizia estava entrando na minha cabeça. Quando teve certeza de que o ouvi, voltou a falar: "Muitos jovens pós-graduados são como você, pessoas de famílias de classe média. Depois de obterem seu mestrado, entram no topo de um negócio, a nível executivo, sem conhecer nunca as pessoas maravilhosas da base. Muitos executivos pensam que são espertos, mais inteligentes, melhores do que os trabalhadores abaixo deles. Muitos perdem o contato com a realidade. Muitos perdem o contato com a própria humanidade. Para eles, empregados são apenas números, seres humanos que podem ser contratados ou demitidos conforme a necessidade. Não conseguem perceber que todos os seres vivos dependem uns dos outros. Nenhum homem é escravo do outro."

Ele concluiu dizendo: "Os pós-graduados são treinados para liderar por meio de números, planilhas e relatórios. Nunca aprendem que a *gentileza* é a principal característica de um líder. Esquecem que *boas maneiras não são triviais* e *respeito é tudo*. Trabalham arduamente, esperando que um dia se juntem a uns poucos no quadrante I, mas poucos conseguirão. É quase impossível passar do quadrante E para o I evitando os quadrantes A e D. Você não pode ensinar o que não sabe. Entretanto, muitos o fazem."

Crianças Ricas

O pai rico tinha algumas ideias sobre as crianças ricas: "Muitas pessoas no quadrante I são crianças privilegiadas. Crescem ricas, no quadrante I. Vêm de uma riqueza multigeracional. Seus avós fizeram seu dinheiro. Elas frequentam escolas caras e exclusivas e só conhecem outras crianças iguais a elas. Muitas vão para as melhores e mais prestigiadas universidades do mundo. Após a graduação, seus pais lhes conseguem posições como aprendizes no topo dos mundos corporativo e bancário, sendo preparadas para um dia gerirem a empresa, sem ter que começar do nada, sem ter que aprender a construir um negócio sem nada, sem conhecer pessoas reais do mundo. É a capacidade de construir um negócio a partir do nada que torna uma pessoa um Mestre do Dinheiro. Se você simplesmente nasceu rico, talvez não tenha o necessário. É possível ser rico e esperto, mas não ter contato com o mundo real. E, no entanto, são os ricos que fazem as regras que enriquecem os ricos, e que empobrecem os pobres e a classe média."

Testando Minha Humildade

"Você estava testando minha humildade antes de se dispor a me ensinar?", perguntei.

O pai rico apenas concordou.

"Por isso que você colocou Mike e eu para fazermos trabalhos como pegar pontas de cigarro gratuitamente antes de se dispor a nos ensinar?"

O pai rico concordou, dizendo: "Quando demonstraram sua predisposição a aprender com humildade, me dispus a ensiná-los o que sei. Se tivessem dito: 'Por que vou catar pontas de cigarro de graça?' eu não desperdiçaria meu tempo ensinando a nenhum de vocês. Tenho coisas mais importantes a fazer do que ensinar dois pirralhos a ser ricos."

Quando saí de seu escritório naquela noite, o pai rico perguntou: "Se chegar ao quadrante I, quero que me prometa que vai ensinar o que lhe ensinei. Se ensinar, você se tornará um legítimo mestre do dinheiro." Ao me virar para sair, ele falou: "Se ensinar... então *você* e *eu poderemos mudar o mundo a partir do quadrante I.*"

Boas Notícias

Atualmente, devido à crise econômica global, há muitos programas televisivos que descrevem o que as pessoas reais no quadrante I fazem. A CNBC, o canal internacional de finanças, tem programas como *Shark Tank* e *The Profit* ("Tanque de Tubarões" e "O Lucro", respectivamente, ambos em tradução livre; no Brasil, *Shark Tank* é exibido no canal por assinatura Sony). Eu os amo. Os "tubarões" e "o lucro" estão fazendo o que as pessoas reais no quadrante I fazem. Elas ensinam e às vezes financiam um negócio, em parceria com novos empresários.

Se já assistiu a esses programas, pode ter notado uma coisa que enlouquece os tubarões. Quando um "tubarão" pergunta: "O que fará com o dinheiro que está procurando?" e o pretenso empresário fala: "Finalmente me pagarei um salário." Os tubarões saem de perto.

Quando o pretenso empresário diz: "Tenho batido nas portas vendendo meus produtos, já fiz mais de US$1 milhão em vendas e agora estou procurando orientação para levar meu negócio para o próximo nível", tubarões como Mark Cuban ou Barbara Corcoran se exaltam e falam: "Você é o tipo de pessoa por quem procuro."

Era 1983...

Em 1983, meu negócio de rock estava indo bem. Estava entrando mais dinheiro do que saindo. O negócio finalmente se estabilizara. Algo dentro de mim me dizia que era hora, de novo, de seguir em frente.

No mesmo ano, em 1º de julho, Bucky Fuller faleceu. Alguns meses depois, o livro de Fuller, *Grunch of Giants*, foi publicado. Depois de ler *Grunch*, que significa o roubo de todo o dinheiro do universo, eu sabia que era hora de ir adiante. Em 1984, vendi meu negócio e decidi me tornar um empresário em educação. No mesmo ano, conheci a mulher mais linda do mundo, Kim. Em dezembro de 1984, nos unimos e nos demos um voto de confiança — mais uma vez sem nada, mais uma vez aprendendo a caminhar em um novo negócio no quadrante A que testou nossas inteligências mental, física, emocional e espiritual.

Kim e eu seguíamos as lições que Bucky Fuller me passara. Uma delas era: *Não trabalho para mim, trabalho para todos.* Outra era: *Descubra o que Deus quer e o faça.* É isso o que tentamos fazer.

Kim e eu ficamos sem teto por um curto período. Nossa inteligência espiritual e fé estavam sendo testadas. Mais uma vez, compreendi melhor por que o pai rico não pagava a seu filho e a mim. Como legítimos empresários, Kim e eu não deixamos que a falta de dinheiro nos parasse.

Conhecemos pessoas horríveis, que tiraram vantagem de nós e de nossa situação. Hoje, elas continuam sendo nossos melhores professores. Aprendemos muito sobre pessoas... e sobre nós mesmos.

Capítulo 11

E conhecemos algumas das melhores pessoas do mundo, em todas as partes, que nunca teríamos encontrado se a segurança de um emprego fosse a prioridade de nossas vidas.

Em 1994, Kim e eu entramos no quadrante I. Tivemos US$10 mil mensais provenientes de renda passiva de investimentos de imóveis e apenas US$3 mil de despesas, incluindo um pagamento de financiamento pessoal. Estávamos livres. Dominamos dívidas, impostos e renda fantasma. Não precisaríamos mais de dinheiro. Podíamos criar abundância a partir do nada. Kim estava com 37 anos e eu, com 47. Comemoramos durante uma semana na luxuosa ilha Turtle, em Fiji. A imagem a seguir é da ilha Turtle, e a usei na quarta capa do meu livro *Aposentado Jovem e Rico*.

Em 1996, mantendo minha promessa feita ao pai rico, que já havia falecido, Kim e eu produzimos o jogo de tabuleiro *CASHFLOW*®.

Em 1997, *Rich Dad Poor Dad* foi publicado, e, no mesmo ano, a *Rich Dad* foi formada e começamos a ensinar no quadrante D. Tínhamos saído do quadrante A. Nossos produtos agora ensinam por todo o mundo.

Em 2000, *Rich Dad Poor Dad* entrou para a lista dos best-sellers do *New York Times*, única publicação independente na lista. No mesmo ano,

2000, fui convidado por Oprah Winfrey para o *Oprah!*, e aprendi o poder do "efeito Oprah". Meu mundo se transformou da noite para o dia.

Em 1º de fevereiro de 2004, o *New York Times* publicou um artigo sobre nosso jogo de tabuleiro, CASHFLOW®, que afirmava:

> ***"Chega para lá, Banco Imobiliário...***
> *um novo jogo de tabuleiro que visa ensinar as pessoas a enriquecer está ganhando fãs em todo o mundo!"*

Mantive minha promessa com o pai rico. Atualmente, em todo o mundo, em grandes cidades e povoados remotos, em inúmeras línguas, há milhares de professores ensinando a milhares de pessoas as lições que o pai rico me ensinou, aprendendo ao jogar o CASHFLOW® e ler os livros da série *Guia do Pai Rico*.

Como o pai rico dizia: *Você e eu poderemos mudar o mundo a partir do quadrante I.*

Hoje, como empresários do quadrante I, Kim e eu investimos em empresários. Não investimos no mercado de ações. Kim e eu investimos em empreendedores do quadrante A, para que possam passar para o D.

O problema com os empresários do quadrante A é que em sua maioria criam empregos mal remunerados. Por exemplo, um médico emprega funcionários com baixa remuneração. Um empresário do quadrante D cria empregos altamente remunerados para CEOs, CFOs, CIOs e presidentes. Quando nos associamos a empresas fazendo o que o governo deseja, criando empregos bem-remunerados, provendo habitação para trabalhadores de baixa renda e desenvolvendo energia, o governo se torna nosso parceiro, oferecendo isenções fiscais.

Por isso que as pessoas do quadrante I são mestres do dinheiro.

Capítulo 11

Sustento para a Viagem

Se estiver pensando em deixar seu trabalho e começar o próprio negócio, ou se já deixou e quer se mover entre quadrantes, há dois livros altamente recomendados. São eles:

O Milagre da Manhã, por Hal Elrod
A Libertação da Alma, por Michael Singer

Queria ter lido esses livros enquanto passava pelo inferno do quadrante A. Ambos são laicos, escritos para o espírito humano. Eles me ensinaram a tirar minhas emoções do caminho e permitir que meu espírito se fortaleça e guie a jornada.

Li dois desses livros duas vezes. Cada vez aprendo mais sobre meu espírito. Kim e eu passamos muitas manhãs discutindo trechos deles. Meus consultores e eu nos reunimos para sessões de estudo de três dias, para um estudo aprofundado de ambos os livros. Isso mostra o quão importante pensamos que esses livros são, especialmente para empresários.

Todos ouvimos falar do *espírito empreendedor*. Acredito que signifique que ser um empresário se refere mais ao espírito do que a uma profissão.

Capítulo 12
VOCÊ TEM UM PLANO B?

Pai pobre:
Não vejo a hora de me aposentar.

Pai rico:
Já me aposentei há muito tempo.

Meu pai pobre tinha um ótimo plano A. Era um gênio acadêmico. Amava a escola. Ele se saía bem na escola. Seu plano A era se tornar professor, trabalhar para o departamento educacional do Havaí e se aposentar.

Infelizmente, ele concorreu para governador pelo Partido Republicano com seu chefe, o governador Democrata do Havaí, e perdeu. Seu plano A não funcionou. Meu pai pobre não tinha plano B.

Um Novo Plano B

Desempregado aos 50 anos, o plano B do meu pai pobre foi entrar no quadrante A como empresário. Ele retirou suas economias de uma vida junto com o dinheiro da aposentadoria do governo para adquirir uma franquia nacional de sorvete que "não podia fracassar". E o negócio fracassou.

Ele foi bem-sucedido no quadrante E, mas não tinha habilidades ou mentalidade para o quadrante A. Ele simplesmente não sabia ganhar dinheiro como empresário.

Capítulo 12

Preparando-se para a Crise Iminente

Atualmente, milhões de *baby boomers* em todo o mundo estão na mesma situação que meu pai pobre esteve. A crise será sua aposentadoria. A boa notícia é que a maioria viverá mais que os pais. A má notícia é que a maioria ficará sem dinheiro durante a aposentadoria.

É por isso que a criação do 401(k), em 1978, é relevante. O 401(k) transferiu a responsabilidade da aposentadoria do empregador para o próprio empregado. Se o funcionário norte-americano ficou sem dinheiro ou o perdeu em uma crise, a empresa não era mais responsável por lhe pagar um salário por toda a vida. Em 1978, milhões de *baby boomers* repentinamente se tornaram investidores passivos... *sem* qualquer educação financeira.

Vai Piorar...

Mas, espere, isso piorou. Hoje, nos Estados Unidos, com as taxas de juros indo de baixas a negativas, impressão de dinheiro e a bolha do mercado de ações, parece que muitos dos fundos de aposentadoria gerenciados estão com sérios problemas.

Vale a pena repetir aqui uma citação do livro de Philip Haslam, *When Money Destroys Nations*, sobre o colapso do Zimbábue:

> *Um amigo do meu pai era sócio de uma firma de advocacia, tendo trabalhado nela por cinquenta anos. Por todo esse período investiu as economias de sua aposentadoria na Old Mutual (a empresa de investimentos para funcionários). Com a hiperinflação, suas economias foram dizimadas. A Old Mutual lhe enviou uma carta dizendo que não valia a pena lhe pagar mensalmente, então lhe pagou o montante total. Com aquele pagamento — a pensão de uma vida inteira — ele comprou um galão de combustível.*

P: *Está dizendo que todos deveriam ter um plano B?*

R: Sim, especialmente hoje. Quando a maioria das pessoas perde seu emprego do quadrante E, simplesmente procuram outro no mesmo quadrante. Sem educação financeira, poucas pessoas mudarão de quadrante.

Em 1973, meu plano A era bastante sólido. Eu estava na metade dos meus 20 anos, tinha um diploma e duas profissões bem-remuneradas, oficial de navio e piloto. Poderia ter voltado à *Standard Oil* e navegado petroleiros, ou voado para companhias aéreas comerciais, como muitos dos meus companheiros pilotos fizeram.

No entanto, o desemprego do meu pai pobre me perturbou. Suspeitava que estava prevendo o futuro, não da geração do meu pai, a da Segunda Guerra Mundial, mas da *minha* geração, a da Guerra do Vietnã.

Em vez de seguir meu plano A — navegar ou voar profissionalmente — mudei para meu plano B, e segui os passos do meu pai rico. Aos 25 anos, meu plano B era me tornar um empresário no quadrante A e, ao mesmo tempo, um investidor profissional no quadrante I. Meu objetivo era me aposentar jovem e nunca depender de um salário novamente.

Paraquedas Dourado

A maior parte dos CEOs de empresas de capital aberto tem um plano B. Isso é chamado de *paraquedas dourado*. Em negociações de emprego, o plano B é tão importante quanto o A. Se o CEO não faz um bom trabalho, simplesmente puxa a corda de seu paraquedas plano B, muitas vezes muito rico, ao deixar a empresa.

Infelizmente, quando um CEO faz um trabalho ruim e os *empregados* perdem seu emprego, os empregados não têm um paraquedas dourado. Têm a sorte de receber pagamento e benefícios por alguns meses.

Wall Street diz que a economia mundial está se tornando mais forte. Porém, em agosto de 2016, a Cisco anunciou que demitiria um número recorde de empregados — 14 mil — o equivalente a 20% de sua força de trabalho global. São mais de 14 mil indivíduos, são 14 mil famílias afetadas. Pergunto-me quantas dessas famílias têm um plano B.

Para milhões de pessoas, jovens ou velhas, seu plano B é voltar a estudar.

Capítulo 12

"Arruinei Minha Vida"

A capa de agosto de 2016 da *Consumer Reports* dizia: *Meio que arruinei minha vida voltando à universidade.* O artigo era um relatório de pesquisa sobre como a dívida de financiamentos estudantis arruína a vida de milhões de pessoas, jovens ou velhas. Acreditando no conto de fadas de "uma boa educação", milhões fazem financiamentos, vão à escola e à graduação — mas não conseguem encontrar nem um bico e, ironicamente, deixam os estudos sabendo pouco ou nada sobre dinheiro.

Hoje, 42 milhões de norte-americanos devem aproximadamente $1,3 trilhão em financiamentos estudantis. De acordo com os dados do governo, a dívida de financiamentos estudantis é um dos maiores ativos do governo federal. Eles tornam o Departamento de Educação um dos maiores bancos dos Estados Unidos.

O *Consumer Reports* afirma:

> *E em um dos maiores triunfos de lobismo do setor financeiro, os financiamentos estudantis não podem ser absolvidos em casos de insolvência, salvo poucas exceções* (No caso, trata-se de insolvência da pessoa física, algo que não existe na legislação brasileira). A maioria das crianças em idade escolar e de seus pais são financeiramente improficientes.

Uma pessoa financeiramente improficiente não entende o que significam as palavras *não podem ser absolvidos em casos de insolvência*. Se tentassem me fazer assinar um contrato desse tipo, eu o devolveria ao educador, perguntando: *Você acha que sou estúpido?*

Não ser possível absolver o financiamento estudantil em tal caso o torna o pior tipo de dívida, pior que cartão de crédito, financiamento imobiliário e dívidas empresariais. Para milhões de estudantes, esses financiamentos nunca caducam, e nunca lhe será permitido começar de novo. Por isso que a capa do *Consumer Reports* está correta, citando o aluno que disse: *Meio que arruinei minha vida voltando à universidade.* Milhões de estudantes em todo o mundo estão arruinando suas vidas, não somente com dívidas, mas permanecendo financeiramente improficientes.

A Corrupção da Educação

Para muitos estudantes hoje, o preço de uma boa educação é muito alto e o ROI (Sigla em inglês do índice que apura o retorno de um investimento), muito baixo. Atualmente, milhões de pessoas, jovens e velhas, deixam os estudos profundamente endividados e incapazes de encontrar o mítico trabalho bem-remunerado para toda a vida.

Gostando-se ou não, a vida custa dinheiro. Porém, ensinamos pouco ou nada aos alunos sobre dinheiro. Mesmo quando os alunos se formam, muitos com diplomas avançados, a maioria sai da escola financeiramente improficiente. Fiz-me esta pergunta milhares de vezes: *Por que isso?*

Chapeuzinho Vermelho

Na história de *Chapeuzinho Vermelho*, o Lobo Mau persegue a jovem, vai até a casa de sua avó e a devora, coloca suas roupas e espera Chapeuzinho Vermelho chegar. É isso o que os setores de serviços financeiros e a educação fazem com os estudantes atualmente.

Quando Chapeuzinho Vermelho fala para o Lobo Mau: *Que dentes tão grandes você tem. Por que o custo da educação é tão alto?*, retruca ele: *Com uma boa educação, você terá um emprego bem-remunerado. Portanto, não se preocupe com seu custo. Apenas assine este "contrato de financiamento estudantil" e você conseguirá um diploma universitário.*

Financiamentos estudantis podem não caducar nunca, salvo em raras exceções. É o tipo de dívida que os bancos amam. Os bancos norte-americanos amam dívidas que não podem ser absolvidas em casos de insolvência pessoal. Quando um estudante não consegue reembolsar seu financiamento, esses bancos têm um cliente vitalício.

Quem Está por Trás dos Financiamentos Estudantis?

Não há surpresas. São os mesmos banqueiros norte-americanos que trouxeram ao mundo a crise dos financiamentos imobiliários de alto risco.

Capítulo 12

Grandes bancos como Citibank e Goldman Sachs, por meio de companhias de capital próprio, financiam empresas de cobrança de dívidas com o único propósito de cobrar mensalidades de estudantes inadimplentes e seus pais. Quanto mais tempo o estudante fica sem pagar, mais dinheiro os bancos fazem.

Mais uma vez, a crise dos financiamentos estudantis é um exemplo de financeirização e cleptocracia. E a financeirização não acontece sem *cleptocracia*.

O filme *A Grande Aposta* trata de financeirização e cleptocracia. Hoje, a cleptocracia e a financeirização que se veem em *A Grande Aposta* estão ativos nos negócios da educação.

É por isso que o *Consumer Reports* relata:

> *Atualmente, quase todos os envolvidos no setor de financiamentos estudantis tiram dinheiro dos estudantes — bancos, investidores privados e até mesmo o governo federal.*

Simplificando, ir à escola pode não ser rentável para estudantes, mas as dívidas estudantis são muito, muito lucrativas para a cleptocracia.

Não Vale o Custo

O *Consumer Reports* afirma que 45% dos estudantes com dívidas disseram: *A universidade não vale o custo.*

A edição de 1º de agosto de 2016 de *The Sydney Morning Herald* relata que as universidades australianas deixaram muitos graduados com "sonhos despedaçados e grandes dívidas estudantis". O artigo também afirma que *os alunos estão sendo usados como cash cows* (Em português, "vacas de dinheiro", metáfora para um produto que "dá leite" a vida inteira).

Para ser justo, se um estudante pode arcar com uma excelente educação, ele deve fazê-lo. A educação é extremamente importante. Porém, se seu custo de longo prazo é muito alto e o ROI, muito baixo, os estudantes e seus pais devem reconsiderar suas opções.

Conheci dois médicos que deixaram a universidade com centenas de milhares de dólares em dívidas, porém puderam saná-las porque obtiveram educação profissional e encontraram empregos altamente remunerados.

Estudantes com Grandes Dificuldades

Os estudantes que estão em grandes dificuldades são os que se formaram, conseguiram um diploma universitário, mas não têm licença profissional. Exemplos são os graduados em artes, música ou ciência em geral. Hoje, muitos graduados trabalham em empregos que não exigem diploma.

Hoje, é mais recomendável ir a uma escola técnica, se tornar eletricista, mecânico ou massoterapeuta, em vez de voltar à universidade para conseguir um diploma.

Os estudantes em pior situação são os que fazem um empréstimo e depois abandonam a universidade.

Tributação de Graduandos

Desesperados por mais dinheiro para financiar a educação, Inglaterra, Irlanda e África do Sul estão trabalhando com a ideia de tributar graduandos. O imposto os forçará a pagar ainda mais por sua educação, financiando, assim, a educação de alunos futuros. Mesmo que não tenham financiamentos estudantis, ainda pagarão pela educação.

Mas, Espere... Vai Piorar

Nos Estados Unidos, a educação pública é financiada por impostos imobiliários. Devido à má gestão dos fundos de pensão do sindicato dos professores, muitas cidades não conseguem arcar com o pagamento das aposentadorias — forçando um aumento dos impostos sobre a propriedade. Em outras palavras, proprietários de imóveis são tributados para pagar os salários dos professores enquanto estão na ativa, apenas para assumirem ainda mais impostos quando se aposentarem.

Capítulo 12

Os Preços Estão Caindo

Nos Estados Unidos, os preços estão caindo para muitas despesas cotidianas, como combustível, vestuário, taxas de juros e produtos eletrônicos... no entanto, os da educação sobem. O aumento do custo da educação é outro fator que amplia o abismo entre os ricos e os pobres. A educação torna a vida mais dispendiosa para contribuintes, pais e alunos. Ironicamente, o *dinheiro*, a matéria que não se aprende na escola, nos custa muito mais dinheiro. Nossa maior despesa é um mundo gerido por líderes altamente instruídos — mas financeiramente improficientes.

Meu Plano B

Como falei, meu plano A era sólido. Poderia me sair muito bem no quadrante E como piloto ou oficial. Amava ambos os empregos. Faria muito dinheiro. Porém, se o plano A do meu pai pobre não tivesse fracassado, eu não teria reconsiderado meu plano de vida.

Meu plano B começou com a educação financeira legítima. Começou quando me inscrevi naquele curso de investimento em imóveis de US$385, e nunca olhei para trás. No dia em que completei a tarefa de 90 dias de analisar 100 propriedades e escrever avaliações de uma página, eu estava no meu caminho. Sabia que um dia chegaria ao quadrante I.

Eu não gostava do Ensino Médio. Para mim, a escola era entediante. Estudava matérias que sabia que eram importantes, mas que não me interessavam. Quando cheguei à academia militar de Nova York, a escola se tornou um pouco mais interessante. Eu amava pilotar navios. E quando cheguei à escola de voo da Marinha, estava no paraíso. Os alunos deveriam estudar de manhã e voar à tarde. A escola de voo era meu estilo de escola. Ensinava na prática. Era aprendizagem ativa. Isso foi educação *real*, não teórica.

Educação Transformadora

Todos sabemos que uma lagarta rasteja na primeira parte de sua vida. Então constrói um casulo, e emerge dele para a segunda fase de sua vida, como borboleta. Isso é conhecido como metamorfose, uma transformação. *Metamorfose* significa uma mudança feita em aparência, caráter, condição ou função. Penso que a maioria das pessoas concorda que não há nada em uma lagarta que antecipe uma borboleta. Ao olhar uma lagarta, você poderia dizer: "Esse inseto nunca voará."

Tornando-se uma Borboleta

Foi o que aconteceu comigo na escola de voo. E também quando me inscrevi naquele curso de três dias sobre imóveis. No dia em que entrei na sala de aula, senti que estava prestes a me tornar uma borboleta. Encontrei minha área e minha sala de aula. Encontrei meu casulo. Saí da escola de voo, três anos depois, como piloto de combate, preparado para o ambiente aéreo mais hostil do mundo: uma zona de guerra. Sofri três quedas com meu helicóptero no Vietnã e minha equipe e eu sobrevivemos. Todos voltamos com vida.

Saí de um programa de educação financeira legítima preparado para outro ambiente hostil, a zona de guerra do dinheiro. A cada vez que um mercado quebra, minha equipe e eu fazemos mais do que sobreviver; saímos ricos.

Educação Financeira Legítima

Meu primeiro curso imobiliário de três dias certamente não foi o último. Kim e eu frequentamos seminários regularmente. Aprendemos muito juntos, e a educação fortalece nosso casamento. Após cada seminário temos muito o que conversar. Crescemos juntos em vez separados.

Minha equipe de consultores se reúne com frequência, pelo menos duas vezes por ano, para estudar. Nossos três dias de estudo são nosso casulo. Estudamos livros, porque os melhores professores estão neles. Estudamos livros tanto sobre negócios quanto sobre espiritualidade. Como afirmei anteriormente, estudamos *O Milagre da Manhã* e *A Libertação da Alma*, livros sobre o poder do espírito humano. Lembre-se sempre de que falamos de *espírito* empreendedor, não *profissão*.

Capítulo 12

Lembre-se também de que quando os pais dizem a seu filho: *Vá à escola e consiga um trabalho*, os programam apenas para o quadrante E.

Pessoas como meu pai pobre estão presas no quadrante E. Quando meu pai pobre tentou se mudar para o quadrante A, descobriu que seu *ser* ainda era um empregado, no quadrante E. Naquele estágio de sua vida, o tempo para transformar seu ser de E para A era um luxo que ele não tinha.

Todos os humanos são seres distintos. As diferenças aparecem no quadrante CASHFLOW. Cada quadrante é constituído de inteligências específicas:

Inteligência Mental
Inteligência Física
Inteligência Emocional
Inteligência Espiritual

Regras Específicas para Quadrantes Distintos

Meu pai pobre tinha a inteligência mental de um professor, não de um empresário. Ele não falava a linguagem dos negócios ou do dinheiro.

Tinha a inteligência física de um empregado. Ele evitava cometer erros.

Sua inteligência emocional era baseada no medo — de fracassar, de não ter emprego, um salário estável ou uma aposentadoria do governo.

Sua inteligência espiritual fora bloqueada. Seus *medos* e *dúvidas* diminuíram a *fé* e a *confiança* de sua inteligência espiritual.

Passar do quadrante E para o I é um processo de transformação, uma metamorfose, como uma lagarta se tornando uma borboleta. Haverá eventos dolorosos por todo o caminho. O *ser* será desafiado, e cada desafio é importante para a transformação. É um processo; leva tempo. São necessárias força de vontade e inteligências espiritual, mental e física.

A Inteligência Mestre

A inteligência mestre é a física — seres humanos aprendem na prática e estamos sempre fazendo algo. (E muitas vezes fazemos algo que pode não ser bom para nós.)

Deixe-me fazer algumas perguntas. Você já esteve sentado em uma sala, e seu corpo estava lá, mas a mente não? Sua mente e seu corpo não estavam fazendo as mesmas coisas.

Já leu um livro e percebeu sua mente vagando... pensando em outra coisa? Já conversou com alguém e sabia que não estavam lhe dando atenção?

Fiquei encantado com a escola de voo porque estudávamos de manhã e voávamos à tarde. No momento em que entrei na cabine do avião, minha inteligência física assumiu. Ela ordenou a todas as outras que ficassem atentas.

Era agora uma questão de vida ou morte.

Jogando *Banco Imobiliário*

Minha educação financeira legítima começou quando eu estava com 9 anos. O pai rico, seu filho e eu jogávamos *Banco Imobiliário* juntos, e ele explicava a educação financeira da vida real por trás de cada jogada. Mais tarde, nos levava a suas verdadeiras casas para alugar e definia as lições teóricas que tínhamos aprendido no jogo.

Minha educação financeira legítima era muito parecida com a escola de voo — *estudar* e *voar*. Na educação acadêmica, as inteligências mestres são a mental e a emocional, *memorizar* e então *ter medo de errar.*

No mundo real, *a inteligência física se torna a inteligência mestre.* A inteligência física me transformou de lagarta em borboleta, de um homem pobre em um rico.

O Cone de Aprendizagem

O cone de aprendizagem, também conhecido como cone de experiência, foi desenvolvido pelo psicólogo educacional Edgar Dale em 1946.

O professor Dale posiciona leitura e palestras na base do Cone de Aprendizagem. No topo, estão *colocando em prática* e *simulando a experiência real.*

Aprendi com o pai rico porque ele criava simulações — através do *Banco Imobiliário* — e colocava em prática — visitando suas verdadeiras casas de aluguel e entendendo o papel que desempenhavam no caminho para o hotel.

Capítulo 12

Minha equipe e eu sobrevivemos a três colisões no Vietnã porque todos os dias, durante a escola de voo, simulávamos emergências, incluindo colisões.

Uma das palavras mais importantes na educação financeira legítima é *prática*. Prática, no Cone de Aprendizagem, é a segunda linha do topo — nas palavras *simulando a experiência real*.

Cone de Aprendizagem

Depois de duas semanas, tendemos a nos lembrar de		Natureza do envolvimento
90% do que dizemos e fazemos	Colocando em prática	Ativa
	Simulando a experiência real	
	Fazendo uma representação dramática	
70% do que dizemos	Conversando	
	Participando de um debate	
50% do que ouvimos e vemos	Presenciando uma atividade	Passiva
	Assistindo a uma demonstração	
	Assistindo a uma apresentação	
	Assistindo a um filme	
30% do que vemos	Olhando fotos	
20% do que ouvimos	Ouvindo	
10% do que lemos	Lendo	

Fonte: Cone de Aprendizagem adaptado de Dale, (1969).

Fonte: Dale. Métodos Audiovisuais no Ensino, 1E. © 1969 Sudoeste, uma parte de Cengage, Inc. Reproduzido sob permissão. www.cengage.com/permissions (conteúdo em inglês)

212

O Plano B Legítimo

Um plano B legítimo inclui estudo e prática. Por exemplo, antes de adquirir minha primeira propriedade, simulei encontrar uma 100 vezes.

Durante três anos, frequentei cursos sobre investimentos com opções de ações. *Negociei em papel* por três anos antes de ter "a experiência real". Hoje, amo crises do mercado de ações.

Na economia mundial volátil de hoje, recomendo que todos tenham um plano B, especialmente para a aposentadoria. Como afirmado anteriormente, os milionários ao lado provavelmente serão os próximos. Quaisquer pessoas que economizem dinheiro ou contem com o mercado de ações ou uma pensão tradicional caminham na fronteira do desastre financeiro.

Meu pai pobre tinha um grande plano A. Ele não tinha um plano B. Nunca conseguiu se aposentar. Trabalhou em bicos pelo resto de sua vida. Pense sobre isto: a previdência social e o Medicare salvaram meu pai pobre.

Hoje, a previdência social e o Medicare são o maior passivo não financiado e à margem do balanço patrimonial do governo norte-americano, estimado em algo entre US$100 trilhões e US$250 trilhões. De quais transformações a geração *baby boom* será salva?

Observar meu pai pobre lutando pela sobrevivência econômica me ensinou uma lição muito importante. O pai pobre me inspirou a ativar meu plano B imediatamente. Meu plano B permitiu que eu me aposentasse cedo, aos 47 anos.

Plano Quinquenal

Meu amigo e mentor, dr. Alexander Elder, autor do best-seller *Trading for a Living* ("Negociando a Vida", em tradução livre) afirma que é preciso cerca de cinco anos e US$50 mil para aprender a se tornar um negociante profissional.

Concordo. Precisei de cinco anos antes de me tornar um investidor imobiliário profissional. A diferença foi que não precisei de US$50 mil para aprender. Aprender a se tornar um *legítimo* investidor imobiliário profissional significa aprender a usar dívidas, impostos e renda fantasma, não dinheiro tradicional.

A educação do mundo real requer:

- Vontade de aprender

- Escolha sábia de seus professores
  Por exemplo, tenha cuidado com quem aprende sobre dinheiro. Você não quer que alguém do quadrante E o ensine sobre o I.

- Prática
  É uma palavra fundamental. Lembre-se disto: jogadores profissionais de futebol praticam *cinco dias* para cada *dia que jogam*. Músicos *ensaiam* por anos antes de se tornarem estrelas do rock. Médicos e advogados chamam seu ofício de *prática*, eles praticam em você e em mim.

É com a prática que você comete erros e os corrige. Quanto mais importante for a lição, mais deve praticá-la. Por exemplo, quanto mais perto chegávamos do Vietnã, mais minha equipe de voo e eu praticávamos.

Tenha em mente que a *inteligência física* é a mestre. No momento em que começa a *fazer* algo, as outras inteligências entram em cena.

O Maior Erro da Educação

Como abordamos na Parte 1: *Erros enriquecem os ricos*. Muitas pessoas têm problemas financeiros porque têm pavor de errar. Em vez de estudarem e praticarem, entregam seu dinheiro para os banqueiros de Wall Street, economizam dinheiro e investem em longo prazo no mercado de ações, e se perguntam por que teriam que se preocupar com dinheiro. Em vez de estudarem, praticarem e lerem... o que a maioria dos milionários ao lado pratica é se preocupar, reclamar e rezar para que o mercado não quebre. Esse não é um plano B inteligente.

Kim e eu nos aposentamos cedo porque tínhamos um plano B. E um objetivo de um plano B é aumentar suas inteligências mental, física, emocional e espiritual, para que possa mudar de quadrantes.

Fecho este capítulo com uma pergunta: Qual é o seu plano B?

Capítulo 13

COMO ACABAR COM A POBREZA: ALUNOS ENSINAM UNS AOS OUTROS

Pai pobre:
Dê o peixe às pessoas.

Pai rico:
Ensine-as a pescar

A edição de 2 de setembro de 2016 da *Newsweek* publicou uma matéria de capa sobre como o aumento da pobreza não muda apenas a forma como você vê o mundo. Muda seu cérebro. O artigo afirma: "A pobreza e as condições que muitas vezes a acompanham — violência, ruídos excessivos, caos doméstico, poluição, desnutrição, abusos e pais desempregados — afetam interações, formação e podam as conexões do cérebro jovem."

O artigo cita inúmeros estudos sobre os efeitos da pobreza no cérebro de uma criança. Alguns estudos chegaram a usar ressonância magnética para mensurar e comparar o tamanho dos cérebros de crianças que crescem na pobreza com os das criadas em famílias ricas.

Um projeto de pesquisa publicado em 2015, chamado *Neurociência da Natureza* analisou 1.099 pessoas entre 3 e 20 anos, e descobriu que crianças cujos pais têm renda baixa tinham áreas da superfície do cérebro reduzidas em comparação às de famílias cuja renda era a partir de $150 mil ao ano.

A conclusão da maioria dos pesquisadores foi que o problema não era somente o dinheiro — mas crescer em ambientes criminosos, violentos, de drogas, gangues, promiscuidade e famílias monoparentais. Viver em uma situação crônica de medo, tanto físico quanto financeiro, prejudica o desenvolvimento do cérebro.

O estudo mostrou que se os pais, mesmo os pobres, fornecessem um ambiente saudável e seguro em casa, a criança tinha mais chances de ter um desenvolvimento cerebral normal — mesmo em uma vizinhança violenta.

O artigo da *Newsweek* afirma:

> *A discriminação habitacional das minorias que vivem em edifícios perigosos e depredados, o preconceito racial implícito dos professores, a desnutrição e as escolas subfinanciadas em comunidades pobres dificultam o desenvolvimento normal do cérebro.*

Algumas Boas Notícias

A *Newsweek* continua a afirmar que o cérebro pode mudar. Os danos causados pela pobreza infantil podem ser revertidos. O artigo relata:

> *A plasticidade neural — sua capacidade de modificar a própria estrutura — é mais alta em torno do nascimento e da primeira infância, e diminui ao longo do tempo, mas não acaba nunca.*

> *Entre as idades de 15 e 30, o cérebro sofre uma segunda arrancada no aumento de sua plasticidade, o que significa que adolescentes e adultos jovens, com treinamento e prática, estão preparados para se adaptar.*

Clube de Meninos e Meninas

No começo dos anos 2000, um grupo de estudantes — adultos jovens do nosso programa de empreendedores —, decidiu fazer uma "corrente do bem" e colocou o que aprenderam em prática. Foram ao Boys and Girls Club ("Clube de Meninos e Meninas") de Phoenix do Sul, uma comunidade de gangues de traficantes, e ensinaram aos estudantes e seus pais as lições empresariais que eu lhes ensinara.

O clube é cercado para manter os Old Guys (OGs) fora. Os OGs são recrutadores que procuram futuros traficantes, cafetões e prostitutas. É um ambiente terrível para crescer. O Boys and Girls Club lhes proporciona um refúgio seguro, mesmo que por algumas horas.

Por dois meses, meus alunos ministraram um curso sobre empreendedorismo e investimento usando o jogo *CASHFLOW*® como peça central de seu programa de treinamento. Seus alunos eram jovens entre 12 e 18 anos e seus pais.

Os resultados foram transformadores. Como o artigo da *Newsweek* afirma, entre as idades de 15 e 30, o cérebro passa por outro aumento da plasticidade. Todos ficaram surpresos quando um garoto de cerca de 15 anos — que rotularam com "deficit cognitivo" — de repente voltou à vida. Ele lutava para compreender o que lia.

Mas jogar *CASHFLOW*® era algo completamente diferente. As luzes em seu cérebro se acendiam! Ele não conseguia parar de jogar. Conseguia ler as cartas. Era capaz de fazer as contas. Entendeu as distinções entre ativos e passivos. Ele ia ao clube apenas para participar das aulas e jogar *CASHFLOW*®. Um lembrete de que a inteligência física é a mestre. Ele apenas não respondia à *leitura* de um livro, por isso era rotulado como cognitivamente deficiente. Jogar o jogo de tabuleiro exigiu que ele aprendesse fisicamente, lendo, processando e compreendendo termos financeiros, fazendo contas com um lápis, movendo sua peça no jogo e interagindo socialmente com outros jogadores. Sempre que o jovem jogava *CASHFLOW*®, todas as suas inteligências estavam envolvidas.

Muitos dos pais passaram pelas próprias transformações.

Eles formaram um clube e começaram a investir em moedas de prata. Finalmente, o grupo de pais e alunos obteve permissão do Boys and Girls Club para comprar uma máquina de vendas automática. Infelizmente, a máquina vendia refrigerantes — e aquele era um grupo que não precisava de mais açúcar. À parte isso, as lições de negócios eram importantes. O grupo compartilhava seus lucros com o Club.

Capítulo 13

Aquele projeto de dois meses levou pais, alunos e professores do quadrante E para o A (com a máquina de vendas automática) e para o quadrante I (com seu investimento pessoal em moedas de prata).

Os membros do grupo de pais e alunos usavam cópias das demonstrações financeiras do jogo *CASHFLOW®* e as preenchiam com seus "números reais". O processo de aprendizado seguiu o Cone de Aprendizagem, indo de *simular* a *colocar em prática*.

PROFISSÃO	JOGADOR
Objetivo: Sair da Corrida dos Ratos e entrar na Pista de Alta Velocidade criando renda passiva maior que o total de despesas.	A Renda Passiva deve ser maior que suas Despesas Totais

DEMONSTRAÇÃO FINANCEIRA

RENDA

Descrição	Fluxo de Caixa
Salários:	
Juros/Dividendos:	
Renda de Ativos:	
Imóveis/Negócios:	

AUDITOR (pessoa à direita)

Renda Passiva: $ _____
(Fluxo de Caixa de Juros/Dividendos + Imóveis/Negócios)

Renda Total: $ _____

DESPESAS

Impostos:	
Financiamento Imobiliário:	
Financiamento Estudantil:	
Financiamento do Carro:	
Pagamento de Cartões de Crédito:	
Pagamento de Carnês de Lojas:	
Outras Despesas:	
Despesas com Filhos:	
Pagamento de Empréstimos:	

Número de Filhos: _____
(Começe o jogo com 0 filhos)
Despesas por Filho: $ _____

Total de Despesas: $ _____

Fluxo de Caixa Mensal (Salário): $ _____
(Renda Total - Despesas Totais)

BALANÇO PATRIMONIAL

ATIVOS

Aplicações:			
Ações/Fundos/CDB:	Nº de Ações:	Custo por Ação:	
Imóveis/Negócios:	Entrada:	Custo:	

PASSIVOS

Financiamento Imobiliário:	
Financiamento Estudantil:	
Financiamento do Carro:	
Cartões de Crédito:	
Carnês de Lojas:	
Imóveis/Negócios:	Passivo/Fin. Imob.:
Empréstimos:	

Houve muitas discussões francas, já que pais e alunos perceberam que estavam concentrados apenas em renda e despesas em vez de em ativos e passivos. Eu podia sentir que as mudanças aconteciam internamente — mental, física, emocional e espiritualmente — em pais e alunos.

Universidade de St. Andrews, África do Sul
Em 2015, Kim, três de suas amigas e eu viajamos para Grahamstown, na África do Sul, uma cidade que recebia festivais há 180 anos, para o Festival Nacional de Artes.

Não consigo descrever a beleza de Grahamstown ou a magia do Festival Nacional de Artes (NAF). O melhor que posso pensar para descrever Grahamstown e o NAF é em um cruzamento entre Beatrix Potter e Harry Potter. Pensei que tinha voltado no tempo, a uma época em que a vida era pacífica, idílica e mágica.

Grahamstown é uma cidade universitária de aproximadamente 70 mil habitantes. É o berço da Universidade de Rhodes, assim chamada em homenagem a Cecil Rhodes, o criador da bolsa de estudos Rhodes.

Grahamstown é também o lar da Universidade de St. Andrews, uma universidade anglicana para rapazes fundada em 1855. Hoje, é um internato completo, com 450 meninos saídos do Ensino Médio de todo o mundo. Sua irmã é a Escola Diocesana para Meninas.

Um amigo, Murray Danckwerts, tem dois filhos que frequentam a St. Andrews. Durante anos ele falava com entusiasmo sobre o que é uma boa escola. Um dia, ele me contou sobre um programa de divulgação patrocinado pela escola. O programa encoraja seus alunos privilegiados a ir aos municípios africanos ao redor para ensinar aos alunos menos afortunados. É um programa de estudantes ensinando a estudantes e sendo ensinados sobre a importância da *corrente do bem*, um componente crucial no programa educacional de St. Andrews.

Quando ouvi sobre esse programa de divulgação, perguntei a Murray se abordaria a escola e ofereceria aos estudantes o ensino de educação financeira usando o jogo *CASHFLOW*®.

Capítulo 13

A escola aceitou minha oferta e, em julho de 2016, Tom Wheelwright e eu viajamos para Grahamstown, à nossa custa, e ministramos um workshop de dois dias.

O Diferencial

O diferencial estava na diversidade do grupo que reunimos. Pedi ao St. Andrews para incluir estudantes — meninos e meninas, brancos e negros — e instrutores do St. Andrews e da Universidade de Rhodes, bem como amigos de Murray, empresários dos quadrantes D e I de Grahamstown, nos dois dias de curso.

Professores e empresários dos quadrantes D e I participaram com os estudantes porque todos sabemos que muitos empresários se queixam sobre a falta de exposição dos estudantes ao mundo real. Ter professores e empresários trabalhando juntos como professores daria aos 43 estudantes uma realidade expandida do mundo real dos negócios.

Um Evento Mágico

O evento de dois dias foi mágico. Os alunos foram fabulosos, assim como os professores e os empresários. Vi as mesmas luzes se acendendo — para alunos, professores e empresários — como o despertar que testemunhei no Boys and Girls Club, em Phoenix.

Em cada mesa havia de quatro a cinco estudantes e um instrutor ou empreendedor local. Após breves apresentações minhas e de Tom, o jogo *CASHFLOW*® começou.

A Primeira Hora...

A primeira rodada foi jogada por uma hora. Aquela hora foi dolorosamente lenta, um pouco difícil até que adultos e estudantes aprendessem o vocabulário, a matemática e o processo ensinados no jogo. Embora o jogo não tenha terminado naquela primeira hora, foi interrompido e a discussão começou.

Se der outra olhada no Cone de Aprendizagem do dr. Edgar Dale, mostrado anteriormente neste capítulo, verá que participar de um debate é muito importante na retenção do aprendizado. Estudantes, professores e empresários tiveram muito a dizer depois de apenas uma hora de jogo! A aprendizagem estava começando.

A Segunda Hora

Após o almoço, o *CASHFLOW*® foi jogado pela segunda vez, e, de novo, apenas por uma hora. Dessa vez, ganhou velocidade. As luzes se acendiam e a segunda discussão foi muito mais vigorosa e aprofundada.

O Dia Seguinte...

A terceira hora de jogo começou na manhã seguinte. Agora o jogo estava quase fora de controle. O nível de ruído havia aumentado. Não havia dúvidas de que tanto os adultos quanto os estudantes tinham "entrado no jogo". A terceira rodada de discussão foi exaltada e animada — à medida que mais e mais participantes vivenciavam as "luzes se acendendo" em seus cérebros.

O interessante foi que, em vez de as pessoas dizerem a Tom Wheelwright: "Você não pode fazer isso aqui na África", os empresários locais falavam: "Estamos fazendo isso aqui."

O programa de dois dias chegou ao fim quanto Tom e eu apresentamos problemas da vida real para serem solucionados, do tipo: "Como comprar um Porsche pode torná-lo mais rico." Os jovens gostaram especialmente desse problema, como imaginei. Mais uma vez, minha alegria era ver as luzes nas cabeças de cada um dos adultos e estudantes se acendendo... e assim *permanecerem*.

As Consequências

Murray me chamou alguns dias depois do evento e disse que seu telefone não parava de tocar. Disse que os pais estavam ligando querendo saber o que aconteceu com seus filhos. Um dos rapazes chamou seu pai e pediu 100 mil rand (moeda da África do Sul) emprestados para investir em sua primeira propriedade. Obviamente, foi convidado a estudar ainda mais o setor imobiliário. Outros estudantes estavam começando juntos seu primeiro negócio.

Capítulo 13

A Universidade de St. Andrews é líder em educação. São pensadores de vanguarda. Pensam grande. Os líderes do St. Andrews, junto com professores e empresários locais, estão se reunindo para discutir como a educação financeira legítima pode ser implementada no St. Andrews e nos municípios africanos, com estudantes privilegiados ensinando aos menos afortunados. A *corrente do bem* está viva e indo bem na mágica Grahamstown, na África do Sul.

Este livro é dedicado aos alunos, professores e empresários que participaram do programa de dois dias, em julho de 2016, com o apoio da Universidade de St. Andrews.

Para Tom Wheelwright e para mim, atuando como catalisadores entre estudantes, professores e empresários, foi um evento espiritual. Pergunte a qualquer professor como se sente ao ver "as luzes se acendendo" para seus alunos e você saberá por que eles ensinam.

Educação Espiritual

Minha educação espiritual começou em agosto de 1965. Depois de um ano de provas e entrevistas, recebi uma nomeação para a Academia Naval norte-americana em Anápolis, Maryland, e para os Fuzileiros Navais, em Kings Point, Nova York.

Aceitei a nomeação para Kings Point porque queria navegar o mundo como oficial dos Fuzileiros Navais, não da Marinha Mercante. Também considerei nessa decisão que Kings Points tinha os graduados mais bem pagos do mundo naquela época. Em 1969, muitos dos meus colegas de classe ocupavam empregos como oficiais em navios que pagavam mais de US$100 mil por ano, o que era muito para alguém com 21 anos de idade em 1969.

Ironicamente, ativei minha nomeação como segundo tenente da Marinha norte-americana, e entrei para a escola de voo em Pensacola, Flórida, com um pagamento inicial de US$200 mensais. Eu me voluntariei para voar no Vietnã por causa da educação espiritual que os estudantes recebem nas academias militares.

Pode soar estranho ouvir que academias militares ensinam educação espiritual, mas acontece. A primeira palavra ensinada em todas as escolas militares é "missão". As seguintes são dever, honra, código, respeito e integridade… todas elas palavras da proficiência espiritual.

Desisti do MBA porque as palavras que eu estava aprendendo eram muito diferentes: dinheiro, mercados e manipulação. Como afirmado anteriormente, eu ainda estava nos Fuzileiros enquanto cursava o MBA. Acabando de retornar do Vietnã, as palavras dinheiro, mercados e manipulação violavam o código de honra que tinha sido instilado nos Fuzileiros Navais.

Justiça

Há uma coisa para a qual nenhum oficial militar tem paciência: injustiça. Na academia e nos Fuzileiros, oficiais militares são treinados para lutar pela dignidade humana em todos os momentos.

Ao voltar do Vietnã, em 1973, vendo meu pai pobre desempregado e seu espírito destruído, encontrei minha próxima missão. A mesma que um dia se tornaria a missão da *Rich Dad*: elevar o bem-estar financeiro da humanidade, por meio da educação financeira.

Aos alunos e professores da Universidade de St. Andrews, da Escola Diocesana para Meninas, da Universidade de Rhodes e aos empresários de Grahamstown, obrigado por me inspirarem a escrever este livro. Agradeço especialmente a todos vocês por terem o espírito da "corrente do bem", a verdadeira missão da educação legítima.

O que É Educação Legítima?

A educação legítima deve *inspirar*. Deve tocar o espírito dos estudantes.

A educação legítima deve também *encorajar*. A palavra *coragem* deriva do francês *la coeur*, o coração, a capacidade de superar as emoções de medo e dúvida.

A educação legítima deve *empoderar*. Deve fornecer aos estudantes a capacidade de agir com eficácia, fazendo a diferença no mundo real.

A educação legítima deve *iluminar*. A educação legítima deve abrir a mente dos estudantes para as maravilhas deste mundo, e torná-los alunos da vida.

Parte 3
RESUMO

A geração *baby boom* é a mais sortuda da história.

Eles nasceram no fim da Segunda Guerra Mundial, quando a economia global estava às vésperas do auge. Mesmo que um *baby boomer* não fosse para a universidade, havia muitos empregos bem-remunerados.

Os *baby boomers* pós-graduados encontraram empregos que se transformaram em carreiras altamente remuneradas.

Poupadores Eram Vencedores

Nos Estados Unidos, com taxas de juros superiores a 15%, os *baby boomers* poderiam ativamente economizar dinheiro e enriquecer.

Os subúrbios cresceram e muitos *baby boomers* pagaram as dívidas de seus cartões de crédito ao refinanciar suas casas ou enriquecer negociando mansões em escala.

Muitos ficaram ricos no crescimento do mercado de ações entre 1971 e 2000.

Um Mundo Ideal

Os tempos mudaram. Os filhos e netos dos *baby boomers* enfrentam um mundo completamente distinto.

O que uma pessoa faz em um mundo de globalização acelerada, empregos mal remunerados, baixas taxas de juros, dívidas governamentais perigosamente elevadas, aumento de impostos e da disfunção burocrática?

É aí que a educação financeira legítima se torna vital, não apenas para o sucesso, mas para a sobrevivência econômica.

A educação financeira legítima requer que olhemos os três lados da moeda.

Dívidas e Impostos

A educação financeira legítima deve tratar de dívidas e impostos. São nossas maiores despesas. É ingênuo e ignorante acreditar que "pagar impostos é algo patriótico".

Os Estados Unidos nasceram de uma rebelião fiscal, em 1773. Eram basicamente uma nação isenta de impostos até 1943, quando a lei de pagamento de impostos foi aprovada. A lei permitia ao governo colocar as mãos nos bolsos de todos os trabalhadores para financiar a Segunda Guerra Mundial. Por isso que muitas pessoas acreditam que pagar impostos é patriótico. Hoje, os impostos alimentam o Estado de Guerra e o Estado de Bem-estar norte-americanos.

Realidade Atual

A educação financeira legítima deve tratar de um empregado do quadrante E que ganha experiência no mundo real, bem como de um empreendedor do quadrante A, tendo um negócio de meio período, e de investidores do quadrante I.

Não é o suficiente, e é financeiramente ignorante, simplesmente dizer: "Tenho um emprego."

Educação financeira legítima não é negligentemente transferir seu dinheiro para um "especialista financeiro" e esperar que esteja lá quando você precisar.

Forme Sua Equipe

É tolo pensar que você pode resolver problemas financeiros por conta própria. Os ricos têm os melhores contadores e advogados trabalhando para eles e resolvendo seus problemas.

Você pode fazer o mesmo. Todos os meus consultores pessoais escreveram os próprios livros para fazer você e sua educação financeira legítima progredirem.

Economizar dinheiro irrefletidamente, investir em longo prazo no mercado de ações ou contar com uma pensão do governo para a segurança financeira será um suicídio financeiro no futuro.

Lições de Tom sobre Impostos

Uma Equipe de Especialistas

Entendo que o maior problema para pessoas do quadrante A é serem inteligentes. Sempre fui um aluno A. O que acontece é que, por serem sagazes, podem fazer tudo. Podem fazer vendas, campanhas, produção, trabalho administrativo. Podem até desenvolver produtos. Isso é o que as mantêm no quadrante A — e não nos D e I.

Não veem a necessidade de uma equipe e acreditam que a equipe nunca faria "daquele jeito" que elas fazem. Simplesmente não confiam nos outros para fazer seu trabalho. Se quiser passar para os quadrantes D e I, precisa de pessoas sagazes em sua equipe, melhores e mais especializadas que você — e precisa confiar nelas para fazerem seu trabalho.

Uma das perguntas mais frequentes que me fazem é como encontrar bons consultores. Independentemente de o consultor ser fiscal, financeiro ou jurídico, o segredo será o entendimento sobre dinheiro e seu nível de educação. Para um consultor tributário, aqui está a classificação educacional. Quanto mais instrução, melhor o consultor.

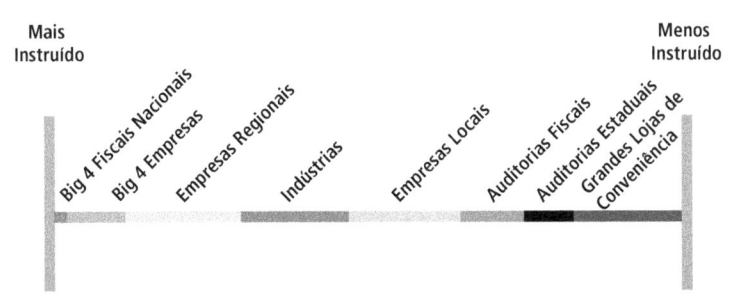

Mais Instruído → Big 4 Fiscais Nacionais | Big 4 Empresas | Empresas Regionais | Indústrias | Empresas Locais | Auditorias Fiscais | Auditorias Estaduais | Grandes Lojas de Conveniência ← Menos Instruído

Parte 4
ECONOMIA SEM DIVERSÃO

Introdução à Parte 4
PISTA DE ALTA VELOCIDADE

A maioria dos especialistas financeiros diz a mesma coisa: "Estude intensamente, trabalhe pesado, pague seus impostos, viva abaixo de suas possibilidades, coma em casa, arque com suas contas, livre-se de dívidas e dirija carros econômicos."

Chamo isso de **_Economia sem Diversão_**.

Quando Tom Wheelwright e eu fomos à Universidade de St. Andrews e à Escola Diocesana para Meninas, na África do Sul, ensinamos da maneira como fui ensinado — jogando, com professores e empresários de verdade atuando como professores, e usando exemplos reais sobre como fiquei rico.

Em muitas das minhas conversas, com frequência digo: "Posso ser japonês, mas não combino com Toyotas. Fico melhor em Corvettes, Porsches e Ferraris."

No seminário de dois dias para os estudantes de Grahamstown, usei exemplos da vida real sobre como comprar um Porsche me enriqueceu.

Os estudantes eram muito mais receptivos à Economia do Porsche do que à Economia sem Diversão.

O capítulo a seguir é o mesmo exemplo que estudamos com os alunos da África do Sul. Uma das vantagens de uma educação financeira legítima é que você pode se divertir, viver além de suas possibilidades... e ainda enriquecer.

Capítulo 14
COMO UM PORSCHE O TORNA RICO

Pai pobre:
Viva abaixo de suas possibilidades.

Pai rico:
Expanda suas possibilidades.

O dinheiro destrói muitos casamentos. Os casais brigam por causa de dinheiro do que por qualquer outra coisa.

Lembro-me da dor que senti, quando era garoto, ao ouvir minha mãe e meu pai brigarem por dinheiro. Não era o tipo de casamento que eu queria. Eu queria um casamento rico, feliz e carinhoso.

Os Votos

Votos são uma promessa solene feita diante de Deus.

Quando Kim e eu decidimos nos casar, uma das promessas que fizemos foi esta:

> *Podíamos ter qualquer coisa que quiséssemos. Mas, em vez de dizer: "Não podemos arcar com isso", Kim e eu prometemos trabalhar juntos para conseguir tudo o que desejássemos.*
>
> *Havia uma condição. Era que primeiro comprássemos um ativo para que pagasse pelos passivos que quiséssemos.*

Em outras palavras, prometemos que os passivos nos enriqueceriam, não nos tornariam pobres.

O Problema do Porsche

Aí que veio o problema do Porsche. É o mesmo que Tom e eu apresentamos aos estudantes da Universidade de St. Andrews e da Escola Diocesana para Meninas, em Grahamstown.

Sou um apaixonado por carros. Kim não. Por anos eu quis um Porsche Speedster 1989. O problema era que é um carro muito raro e dispendioso. Acredito que menos de 700 tinham sido enviados aos Estados Unidos. Os caras ricos compravam carros e os colocavam à venda, esperando que seus preços subissem. Uma vez vi um à venda por US$120 mil.

Então, houve um reverso na economia e os preços do Porsche Speedster começaram a cair.

Um dia, meu amigo Gary, negociante de Porsches, me ligou e disse: "Tenho o carro pelo qual estava esperando. É o mais raro de todos os Porsche Speedsters 1989."

"Por que o mais raro?", perguntei.

"Porque é o principal Speedster, o primeiro fabricado em 1989. Era o carro da capa do catálogo da Porsche. O que a Porsche mostrou nos principais eventos automotivos do mundo. Tenho todos os registros, catálogos e placas comemorativas desse carro especial."

"Quanto?", questionei, esperando que ele dissesse US$120 mil... ao que eu diria: "Obrigado, mas, não." O ano era 1995 e eu ainda estava construindo minha coluna de ativos, que não tinha espaço para um carro.

"Você não vai acreditar nisso", disse Gary. "O proprietário quer apenas US$50 mil."

"O quê?", engasguei. "O que há de errado com esse carro?"

"Nada", falou Gary. "O carro passou pela minha oficina mecânica ontem e tudo está perfeito. Tem apenas 7.000km rodados. Estou ligando para você primeiro. Se disser 'Não', vou vendê-lo para qualquer outra pessoa hoje. Tenho uma longa lista de pessoas que querem esse carro, especialmente a esse preço."

Uma das coisas que o pai rico me ensinou foi comprar, inspecionar e depois rejeitar. Ele dizia: "A maioria das pessoas rejeita sem comprar o tempo para pensar, descobrir as coisas." No vocabulário do dinheiro, isso se chama opção; comprei a opção, o tempo para pensar, antes de comprar o Porsche.

Então disse a Gary: "Eu compro."

Agora precisava descobrir como vender a ideia do Porsche para Kim.

Os Votos... Revisitados

Foi aí que os votos que Kim e eu fizemos entraram em cena. Tudo o que eu tinha que fazer era comprar um ativo que nos daria fluxo de caixa para compensar a aquisição do meu Porsche, o passivo.

Foi o mesmo desafio — o problema do Porsche — que Tom e eu apresentamos aos estudantes em Grahamstown. Obviamente, eles estavam mais empolgados com aprender como comprar um Porsche do que viver abaixo de suas possibilidades, economizar dinheiro e dirigir um carro econômico.

Princípio da Simplicidade

Apresentarei o desafio do Porsche a você da mesma forma que fiz com aqueles jovens. Tenha em mente que os números foram arredondados e os passos, simplificados para o entendimento do processo. Uma nota adicional: os valores tanto do Porsche quanto do armazém são baixos porque ambos foram adquiridos durante uma crise econômica.

O desafio do Porsche será apresentado em três níveis.

Nível 1:   Os votos matrimoniais

Nível 2:   Nível de Robert

Nível 3:   Nível de Tom

O **Nível 1** foi o que usei para convencer Kim sobre a negociação do Porsche.

O **Nível 2** foi o que usei para fecharmos o negócio juntos.

O **Nível 3** é o da visão profissional de Tom. Não o compreendo completamente, mas Kim precisa da bênção de Tom para fechar negócios.

De verdade, ainda não entendo totalmente como comprar um Porsche nos tornou mais ricos — pelo menos não ao nível de Tom. É por isso que ele tem o próprio nível.

Toda vez que Kim e eu testamos nossos votos, Tom expande seu papel de contador para conselheiro matrimonial, guiando Kim e a mim durante o processo. Não só Kim e eu conseguimos tudo o que desejamos, mas nos tornamos mais ricos e sagazes no processo. E com certeza discutindo sobre dinheiro.

Nível 1: Os Votos Matrimoniais

Kim e eu tínhamos US$50 mil no banco. Poderíamos ter pagado pelo Porsche com esse dinheiro. O problema era que teríamos um Porsche, mas nenhum ativo ou dinheiro.

DEMONSTRAÇÃO FINANCEIRA

Renda
Despesas

BALANÇO PATRIMONIAL

Ativos	Passivos
$50 mil em dinheiro	

A solução?

Encontrar um ativo.

Usar os US$50 mil como entrada do ativo.

Usar dívidas mais os US$50 mil para adquirir o ativo.

Pegar US$50 mil emprestados para comprar o Porsche.

O fluxo de caixa do ativo faria os pagamentos mensais do empréstimo para o Porsche. E após o Porsche ter sido pago, em alguns anos, Kim e eu seríamos proprietários dele e do ativo, que geraria fluxo de caixa.

Também receberíamos renda fantasma de apreciação, depreciação e amortização do Porsche e dos investimentos.

Quando Kim entendeu o plano do Porsche, dei seguimento à negociação.

Nível 2: O Nível de Robert

O primeiro passo foi encontrar um ativo. Sem um bom ativo, o negócio não teria funcionado. Na verdade, isso seria contraproducente, custando mais dinheiro do que eu economizara.

Comecei a telefonar para empresários imobiliários que conhecia e perguntar se tinham algo análogo ao que eu procurava.

Após cinco ou seis ligações, um amigo em Austin, no Texas, chamado Bill disse que dispunha de um armazém para investimento.

Esse imóvel estava em execução hipotecária, Bill o adquirira por cerca de US$140 mil, fez algumas melhorias e o venderia a mim por US$250 mil. O negócio era perfeito. Confiei em Bill, tinha feito uma série de negócios com ele no passado, então comprei o armazém. Uma semana depois, peguei dois empréstimos — um para o Porsche e outro, para o armazém.

Capítulo 14

A transação se parecia com isto:

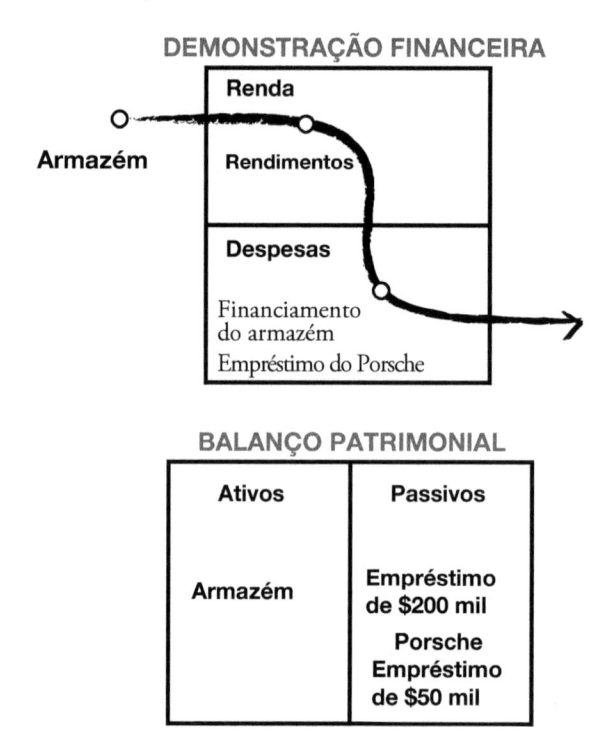

DEMONSTRAÇÃO FINANCEIRA

Renda
Rendimentos
Despesas
Financiamento do armazém
Empréstimo do Porsche

Armazém

BALANÇO PATRIMONIAL

Ativos	Passivos
Armazém	Empréstimo de $200 mil
	Porsche Empréstimo de $50 mil

O negócio estava completo. O fluxo de caixa do armazém pagava o Porsche e o próprio financiamento.

Eu tinha um ativo, estava ganhando mais dinheiro, pagando menos impostos e dirigindo o Porsche dos meus sonhos.

Vendemos o armazém alguns anos atrás, tivemos um bom lucro e reinvestimos os lucros livres de impostos. E ainda tenho o Porsche.

Nível 3: O Nível de Tom

Entre seu controle das leis tributárias e entendimento dos objetivos e desafios dos empresários, não surpreende que Kim e eu acreditemos que encontramos em Tom o parceiro perfeito em relação a impostos e estratégias para a riqueza. Aqui está a explicação de um estrategista profissional sobre o processo.

Lições de Tom sobre Impostos

A Contabilidade do Porsche

O que Robert simplificadamente descreve é exatamente o que aconteceu quando primeiro adquiriu o armazém e depois o Porsche. Aqui estão as entradas contábeis que eu usaria para mostrar as etapas dessa transação e o fato de a renda líquida de Robert ter aumentado para US$1.100 no primeiro mês após comprar o Porsche. Ele começou com US$50 mil em dinheiro e um patrimônio líquido de US$50 mil. Depois de um mês com o Porsche, seu patrimônio líquido foi para US$51.100.

Siga-me por estas etapas:

Etapa 1: Aquisição do Armazém

Dinheiro	Armazém	Financiamento
$50 mil	$250 mil	$200 mil

$50 mil em dinheiro usados para a entrada do armazém

Etapa 2: Renda líquida mensal do armazém

Dinheiro	Aluguel	Pagamento do Financiamento	Despesas
$1 mil	$2.700	$1.200	$500

$2.700 em rendimentos do aluguel paga as despesas mais a parcela do financiamento — com $1 mil em fluxo de caixa positivo sobrando

Etapa 3: Aquisição do Porsche

Empréstimo do Carro	Porsche
$50 mil	$50 mil

Passivo de $50 mil do empréstimo do carro
Porsche de $50 mil adicionado à coluna de ativos

Etapa 4: Pagamento mensal do empréstimo do carro

Empréstimo do Carro	Dinheiro
$1 mil	$1 mil

Capítulo 14

Mais uma vez, se não entender completamente essa explicação, discuta esses níveis com um amigo, ou encontre alguém como Tom para esclarecer o processo para você.

Professores Reais, Lições de Verdade

Os estudantes adoraram esse exemplo da vida real. Um a um, os alunos se poriam de pé e exporiam esse processo mental, explicando ao grupo como comprar um Porsche me tornou mais rico, não pobre.

Conforme os estudantes se revezavam, passando pelo "processo", Tom e eu víamos as mudanças. Percebíamos em seus olhos... como "luzes se acendendo". No final do seminário de dois dias, os estudantes entenderam por que uma demonstração financeira era importante para todos que quisessem que um Porsche os enriquecesse. Muitos perceberam que não podiam usar o dinheiro do banco se suas demonstrações financeiras, seus "boletins" da vida real quando deixam a escola, não fossem impecáveis.

Tom e eu não precisamos persuadir, ameaçar ou convencê-los — nem mesmo encorajá-los — a aprender mais. A maioria, embora não todos, quis aprender mais. Muitos passaram pela pilha dos livros de consultores da *Rich Dad* que colocamos em uma mesa próxima, e os encorajamos a ler os que os interessassem. Os livros eram gratuitos. Tudo o que Tom e eu perguntamos foi se eles seguiriam a "corrente do bem" — passando adiante o que aprenderam quando fossem aos municípios africanos ensinar o jogo *CASHFLOW®* a outros estudantes. Foi Tom quem falou: "Quanto mais inteligente você for, mais seus amigos africanos também serão. Continue a corrente do bem."

Por que os Ricos Cada Vez Ficam Mais Ricos

Capítulo 14

Aprendizado Vitalício

Para milhões de pessoas, sua educação termina quando deixam a escola. Para muitas, a educação tradicional mata seu espírito de aprendizado. É uma tragédia socioeconômica.

Se não fosse pelo meu pai rico, eu seria uma dessas pessoas.

Inspirando-me a me tornar empresário — não por dinheiro, mas por liberdade pessoal —, ele me ensinou que aprender a vender era minha entrada no quadrante D. E frequentar aquele seminário de três dias sobre imóveis, ingressar no quadrante I.

O amor pelo aprendizado e pela educação vitalícia são essenciais para o sucesso nos quadrantes D e I. Atualmente, Kim, meus consultores e eu nos reunimos duas vezes por ano para estudar grandes livros escritos por excelentes professores. O mundo se move rápido demais para nos estagnarmos.

Para a maioria das pessoas, sua educação acaba quando saem da escola. Essa é a principal razão para o abismo crescente entre ricos, pobres e a classe média.

Parte 4

RESUMO

Há poucas coisas na vida tão poderosas quanto a experiência prática. Alguns chamam de *aprendizagem experiencial*. E está no topo do Cone de Aprendizagem como a maneira mais eficaz pela qual retemos o que aprendemos.

Se olhá-lo novamente, penso que entenderá melhor o que aconteceu durante aqueles dois dias em Grahamstown.

Cone de Aprendizagem

Depois de duas semanas, tendemos a nos lembrar de		Natureza do envolvimento
90% do que dizemos e fazemos	Colocando em prática	Ativa
	Simulando a experiência real	
	Fazendo uma representação dramática	
70% do que dizemos	Conversando	
	Participando de um debate	
50% do que ouvimos e vemos	Presenciando uma atividade	Passiva
	Assistindo a uma demonstração	
	Assistindo a uma apresentação	
	Assistindo a um filme	
30% do que vemos	Olhando fotos	
20% do que ouvimos	Ouvindo	
10% do que lemos	Lendo	

Fonte: Cone de Aprendizagem adaptado de Dale, (1969).

Fonte: Dale. Métodos Audiovisuais em Ensino 1E. © 1969 Sudoeste, uma parte de Cengage, Inc. Reproduzido sob permissão. www.cengage.com/permissions (conteúdo em inglês)

Quando os estudantes jogaram *CASHFLOW®* três vezes, por uma hora cada rodada, estavam no segundo nível: simulação. Quando explicaram meu desafio do Porsche, estavam simulando a experiência real.

Uma vez que entenderam o poder da educação financeira legítima, do Porsche e a capacidade de viver a vida de seus sonhos e ensinar os outros, ficaram mais interessados no nível da base do Cone de Aprendizagem — ler. Muitos estavam dispostos a ler e frequentar mais aulas sobre educação financeira legítima.

Sei como o processo do Cone de Aprendizagem funciona porque expõe o mesmo que meu pai rico usou para ensinar a seu filho e a mim. Quando estávamos com 9 anos, jogávamos *Banco Imobiliário*, trabalhávamos no escritório do pai rico e visitávamos "casas de aluguel" reais, que um dia se tornariam um grande hotel.

Como escrevi em *Pai Rico, Pai Pobre*, o pai rico se recusava a nos pagar para me forçar a pensar como empresário e começar meu negócio de revistas em quadrinhos aos 9 anos. Como o Cone de Aprendizagem mostra, nada é melhor do que colocar em prática. Aos 9 anos, meus quadrinhos colocavam dinheiro no meu bolso — sem que precisasse trabalhar — e aprendi a distinção entre um *ativo* e um *passivo*. Essas lições simples fizeram toda a diferença na minha vida.

Hoje, Kim e eu somos empresários reais. Não trabalhamos por dinheiro, criamos ativos, empregos e jogamos *Banco Imobiliário* na vida real. E nos associamos ao governo fazendo exatamente o que ele quer que façamos e, em troca, nos dá incentivos fiscais por sermos bons parceiros.

Principalmente, nos cercamos de grandes amigos e consultores. Sabemos que negócios, investimentos e a vida são esportes coletivos.

Depois de alcançarmos a independência financeira, em 1994, Kim e eu criamos o jogo de tabuleiro *CASHFLOW®*, em 1996. Em 1997, *Rich Dad Poor Dad* foi publicado. Tudo o que fazíamos era seguir a "corrente do bem" e sustentar a missão da *Rich Dad*:

Elevar o bem-estar financeiro da humanidade.

Este livro, *Why the Rich Are Getting Richer*, é realmente a universidade da *Rich Dad*. Seu lançamento, em 2017, celebra o vigésimo aniversário de *Pai Rico, Pai Pobre*. Kim e eu agradecemos a todas as pessoas em todo o mundo que jogam o *CASHFLOW*®, leem, ensinam, compartilham e continuam a "corrente do bem".

Como Margaret Mead disse certa vez:

> *Nunca duvide de que um pequeno grupo de cidadãos introspectivos e comprometidos possa mudar o mundo. Na verdade, essa é a única forma possível.*

IDEIAS FINAIS

Pai pobre:
Dê o peixe ao homem.

Pai rico:
Ensine-o a pescar.

Obviamente, nosso atual sistema educacional é obsoleto. Foi preparado para a Era Industrial.

A boa notícia é que estamos na Era da Informação, uma época com oportunidades maiores para mais pessoas. Embora seja verdade que a tecnologia tire trabalho dos empregados tradicionais, também produz muitos empresários criativos, ambiciosos, cooperativos e que investem em educação financeira legítima. Nos próximos 20 anos, serão os empreendedores especializados em tecnologia que mudarão o mundo — não nossas escolas, burocratas do governo, executivos corporativos ou políticos.

O maior erro que a maioria das pessoas comete é acreditar que os próximos 20 anos serão como os últimos. Muitas acreditam que em breve superaremos esse período difícil na economia e tudo ficará bem novamente.

Goste ou não, estamos passando pela mudança mais drástica da história. O clichê *as placas tectônicas estão se movendo* e *nosso futuro não será como nosso passado* são palavras de sabedoria dignas de atenção. A questão é: nosso atual sistema de ensino vai mudar com nossa evolução ou nos levará à extinção?

A educação é mais importante do que nunca, mas a pergunta mais urgente é: que tipo de educação?

Sem educação financeira legítima, é compreensível por que milhões de pessoas honestas se tornam sonegadores de impostos e cometem atos desonestos na esperança de fazer "alguma grana por baixo dos panos" sem pagar impostos. Isso é *evasão fiscal*, um ato criminoso.

Sem educação financeira legítima, a maioria das pessoas não sabe a diferença entre *evasão fiscal*, que é ilegal, e *elisão fiscal*, que é legal.

Sem educação financeira legítima, é compreensível por que muitas pessoas acreditam que o melhor caminho para pagar menos impostos é *trabalhar menos — ou simplesmente não trabalhar.*

Sem educação financeira legítima, muitas pessoas não percebem que o Fed e o departamento fiscal norte-americano são relacionados, tendo sido criados no mesmo ano, 1913.

Sem educação financeira legítima, é compreensível por que as pessoas acreditam que tributar os ricos é a solução para seus problemas financeiros pessoais.

Sem educação financeira legítima, é fácil de entender por que tantas pessoas mentem para encobrir os erros que cometem, em vez de serem verdadeiras e aprenderem com eles.

Milhões de pessoas preferem mentir sobre sua situação financeira pessoal em vez de admitir que sabem pouco sobre dinheiro e então procurar ajuda. Sem uma demonstração financeira real ou proficiência financeira, a maioria das pessoas não sabe realmente o quão ameaçadores seus desafios financeiros são.

Em uma época em que a verdade e a transparência são criticadas, nossas escolas ensinam aos alunos que erros significam que são estúpidos e, no mundo corporativo, podem representar: "Você está demitido."

Nos tornamos uma cultura disfuncional em que mentir é a melhor solução para a autopreservação.

Uma vez que a falta de educação financeira legítima é o problema real, persegui-la é a única saída possível.

Para terminar, a questão mais importante para você considerar é: Qual é sua verdadeira aspiração... *legítima*?

Você quer segurança no emprego ou independência financeira? A resposta para essa questão determinará o tipo de educação que é a melhor para você.

Em minha opinião, as melhores palavras de sabedoria para esse período humano de evolução vieram de F. Scott Fitzgerald:

> *A prova cabal de uma inteligência exímia é a capacidade de manter duas ideias opostas na mente, ao mesmo tempo, e ainda preservar a capacidade de discernimento.*

Obrigado por ler este livro.

Robert Kiyosaki

POSFÁCIO

Então... como transformamos o mundo?

O pai rico dizia: *Se quiser transformar o mundo, comece mudando a si mesmo.*

Sempre que eu reclamava ou choramingava por alguma coisa, ele me fazia repetir para mim mesmo:

Para que as coisas mudem... devo me transformar primeiro.

Ele queria que eu pensasse sobre como *eu* poderia mudar. Eu mostrava a ele o resultado de minhas novas ideias. Eu sempre ficava surpreso com como as coisas se transformavam a partir do momento que eu mudava.

MENSAGEM À NOVA GERAÇÃO

Os *baby boomers* tiveram uma vida muito fácil. Eles não são
seus melhores consultores financeiros.

Mais da metade deles se aposentou na pobreza.
E é provavelmente como muitos viverão
com seus filhos... e netos.

Você tem duas escolhas:
O governo cuidará de você...
ou você mesmo o fará.

Você pode pescar... ou receber o peixe.
A escolha é sua.

SEÇÕES DE BÔNUS

SUOR OCEANUS

PÓS-GRADUAÇÃO

UM NEGÓCIO DE RETORNO INFINITO REAL COM O CONSULTOR DA *RICH DAD* KEN MCELROY

O Projeto
Forest Ridge Apartment House
Localização: Flagstaff, Arizona

267 unidades (50/50 entre unidades de 1 e 2 quartos) Preço: US$19 milhões

Descrição: Um condomínio de 30 anos em boas condições, precisando apenas de melhoras "estéticas" exteriores

A Oportunidade
Flagstaff é uma bela e pequena comunidade nas montanhas perto de uma estação de esqui e uma cidade universitária.

Flagstaff é tão pequena para REITs que os investimentos tendem a ser somente em grandes cidades, como Los Angeles e Phoenix. Isso proporciona aos pequenos investidores uma oportunidade para grandes negócios.

Flagstaff é "sustentável", ou uma comunidade anticrescimento, que afasta novos empreendimentos. Consequentemente, casas e apartamentos têm alta demanda.

Os aluguéis por unidade estavam US$100 mensais abaixo do preço de mercado.

Aluguéis poderiam aumentar a renda bruta de 267 unidades x US$100 assim que a propriedade fosse adquirida.

Plano de Aquisição

Preço de compra: US$19 milhões Dívidas: US$15 milhões em empréstimo bancário

Capital próprio: US$4 milhões de sete investidores

Plano de Valor Agregado

Melhorar a propriedade

Lentamente, aumentar os aluguéis para o valor de mercado Aumentar a renda operacional líquida (NOI)*. Refinanciar a propriedade

Investidores recuperam o patrimônio + divisão do aumento de valor + maior fluxo de caixa + isenções fiscais.

	2009	2010	2015
Valor da propriedade	$19 milhões	$25 milhões	$34 milhões
Dívidas	$15 milhões	$20 milhões**	$25 milhões**
Capital próprio	$4 milhões	$5 milhões	$9 milhões
NOI	$1 milhões	$1,4 milhão	$1,8 milhão
Fluxo de caixa antes dos impostos	$400 mil	$600 mil	$400 mil
Benefícios fiscais (Renda fantasma)	$675 mil	$675 mil	$450 mil

Nota: Todos os números acima referenciados foram arredondados para simplificar.

2009

Kim e Robert colocaram US$500 mil dos US$4 milhões de capital próprio, com uma participação de 12,5%. O fluxo de caixa não tributável de US$50 mil/ano era pago a eles. Eles não tiveram que pagar impostos sobre outras rendas que ganhavam por causa dos benefícios fiscais de US$84 mil recebidos por meio de impostos. O retorno sobre o investimento (ROI) após os impostos era de 27%.

2010

Depois de um aumento no NOI, Ken McElroy refinanciou e fez um empréstimo de US$20 milhões. Esse empréstimo pagou o anterior, de US$15 milhões. Todos os investidores receberam seus US$4 milhões em ações mais uma parcela do aumento de valor (NOI* US$1,4) da propriedade.

Kim e Robert receberam seus US$500 mil mais US$100 mil da valorização da propriedade livres de impostos porque o dinheiro é dívida de refinanciamento.

O ROI agora é infinito, já que Kim e Robert não têm mais o próprio dinheiro na propriedade.

Além disso, receberam sua participação de US$600 mil em fluxo de caixa livre de impostos, mais aproximadamente US$80 mil anuais em benefícios fiscais devidos à depreciação.

2015

A economia se recuperou e os aluguéis aumentaram, fazendo com que o NOI* subisse para US$1,8 milhão.

Além disso, as taxas de juros sobre os empréstimos caíram para menos de 5%. Ken McElroy voltou ao banco para fazer um empréstimo de US$25 milhões com base em uma avaliação da propriedade de US$34 milhões.

Mais uma vez, ele pagou o empréstimo de US$20 milhões e compartilhou os lucros com os investidores.

Kim e Robert receberam mais US$500 mil em rendimentos isentos de impostos, mais um fluxo de caixa livre de impostos de aproximadamente US$100 mil, além de mais de US$50 mil em renda fantasma proveniente de benefícios fiscais da depreciação.

Novamente: seu ROI** é infinito.

De 2009 a 2015, o Forest Ridge Apartments devolveu vários milhões de dólares livres de impostos — e um retorno infinito... dinheiro proveniente de conhecimento. Isso é educação financeira legítima.

Ao longo dos anos, Kim e Robert investiram em 16 projetos similares — todos com retorno infinito — com Ken McElroy e sua empresa, a MC Properties.

Na maioria dos casos, quando Ken devolve dinheiro a Kim e Robert, eles imediatamente lhe entregam para reinvestir em outros projetos com o mesmo retorno infinito do modelo.

Os retornos de reinvestimentos são mais um motivo por que os ricos continuam a enriquecer.

Definições

***NOI: Renda líquida operacional**

                Renda bruta da propriedade
   Menos –   Despesas operacionais (sem dívidas)
   Igual =   **Renda líquida operacional**

Nota: Os bancos valorizam uma propriedade em NOI. Toda vez que Ken McElroy aumenta a NOI, volta ao banco para refinanciar a propriedade. Considerando que dívidas são livres de impostos, os lucros são distribuídos para os investidores... isentos de impostos.

ROI: Retorno sobre o investimento

$$\frac{\text{Capital}}{\text{Retorno}}$$

Por exemplo: Se eu colocar US$100 em um investimento e receber US$10, meu ROI é de 10%.

$$\frac{\$100}{\$10} = 10\%$$

Se tenho 0 (zero dólares, ou nenhum dinheiro) em um investimento e recebo US$10, meu ROI é infinito.

Retornos infinitos são o objetivo. Por exemplo, a *Rich Dad* foi fundada com US$250 mil dos investidores. Depois de três anos, US$500 mil voltaram para eles. Nos últimos 20 anos, os retornos de Robert e Kim têm sido infinitos.

Outro exemplo: Compro 10 ações por US$10, pagando US$1 por ação. As ações sobem para US$5 cada, com o valor total das dez ações indo para US$50. Eu então vendo duas ações por US$5 e recebo de volta meus US$10 inicialmente investidos. Agora tenho oito ações de graça.

Novamente, retorno infinito.

Uma diferença entre ações e imóveis é que estes têm a vantagem de dívidas e impostos. Pense nisso da próxima vez que alguém lhe disser que 8% é um bom retorno para seu dinheiro.

10 Lições em Vídeo (em inglês) para Despertar Seu Gênio Financeiro

A maioria de seus amigos e familiares não lerá este livro.
Obrigado por lê-lo.
Se quiser receber… deve doar primeiro.
Você doa ensinando.
Quanto mais ensina, mais aprende.

Por isso a Rich Dad criou a RDTV… lições em vídeo além deste livro (conteúdo em inglês).

10 Weeks to Awaken Your Financial Genius
("10 Semanas para Despertar Seu Gênio Financeiro", em tradução livre)

Programa de 10 Semanas:
Junte-se com três a cinco amigos para assistir a uma lição em vídeo por semana, discuti-la e
jogar *CASHFLOW*® por duas horas enquanto conversam sobre o que aprenderam.

CONTEÚDO PUBLICADO E GERIDO PELA RICH DAD.
TOTALMENTE EM INGLÊS.

DESENVOLVA SUA INTELIGÊNCIA FINANCEIRA

Escolha Seus Professores com Sabedoria

A Maioria dos Professores São Pessoas Incríveis...
mas não praticam o que ensinam.
TODOS os meus professores na escola de voo eram pilotos.
E TODOS os meus consultores são ricos.
Eles praticam o que ensinam.

LIÇÕES DA RDTV
How to use RDTV and the CASHFLOW game to Awaken your Financial Genius

INTRODUÇÃO
The Story of Rich Dad: What Is Financial Education… *Really?*

Robert Kiyosaki

LIÇÃO #1
Why Savers Are Losers

Robert Kiyosaki

LIÇÃO #2
Why Debt Makes the Rich Richer

Ken McElroy

LIÇÃO #3
Why Taxes Make the Rich Richer

Tom Wheelwright

LIÇÃO #4
How Crashes Make the Rich Richer

Andy Tanner

LIÇÃO #5
How Laws Make the Rich Richer

Garrett Sutton

LIÇÃO #6
How Being Generous Makes the Rich Richer

Kim Kiyosaki

LIÇÃO #7
How to Retire Young
Cecilia Gonzales

LIÇÃO #8
How Failure Leads to Success
Rod Smith

LIÇÃO #9
Teaching Your Children to Be Entrepreneurs... not Employees
Fernando, Cecilia e Alexandra Gonzales

LIÇÃO #10
Why the Rich Don't Live Below Their Means
Robert e Kim Kiyosaki com Tom Wheelwright

Para ver essas lições da RDTV, visite:
RichDad.com/RDTV (conteúdo em inglês)

CONTEÚDO PUBLICADO E GERIDO PELA RICH DAD.
TOTALMENTE EM INGLÊS.

DIRETRIZES PARA CLUBES CASHFLOW OFICIAIS[1] DA *RICH DAD*

Combine a RDTV com o jogo *CASHFLOW*®
para despertar seu gênio financeiro

1. Separe pelo menos três horas para cada sessão.

2. Comece e termine no horário. Se as pessoas quiserem estendê-lo, tudo bem. O horário acordado precisa ser mantido para aqueles que tiverem compromisso posterior.

3. Comece cada evento *CASHFLOW*® permitindo que todos os participantes façam uma apresentação de um minuto e digam o que querem aprender com o evento.

4. Assista às lições apropriadas da RDTV. Por exemplo, a Lição #3, **Why Taxes Make the Rich Richer**. Depois de assistir, passe 30 minutos discutindo as lições em vídeo com as pessoas em sua mesa. (Nota: Do Cone de Aprendizagem — participar de um debate aumenta o aprendizado e a retenção em 70%.)

NOVOS PARTICIPANTES

Se uma nova pessoa entrar no grupo, é melhor começar assistindo ao vídeo de Introdução, para então integrar o grupo.

O grupo deve passar um tempo recepcionando a nova pessoa e permitindo que indique o que aprendeu com a Introdução.

5. Jogue o *CASHFLOW*®. Finalize o jogo 30 minutos antes de terminar o evento. Não se preocupe em completá-lo. Sempre haverá um próximo evento.

---

1 Clubes CASHFLOW oficiais: Clubes que seguem as diretrizes e o código de honra.

Passe os 30 minutos restantes discutindo o que os participantes aprenderam com o jogo e como as lições se relacionam ao vídeo a que assistiram no começo do evento.

6. Finalize o evento com observações de encerramento do líder do clube CASHFLOW.

CÓDIGO DE HONRA

1. Os líderes dos clubes CASHFLOW concordam em apoiar a missão da *Rich Dad*: **Elevar o bem-estar financeiro da humanidade.**

2. Mantenha o evento do clube CASHFLOW como um santuário de aprendizado. Isso significa não vender ou promover investimentos ou oportunidades de negócios. Um evento desse tipo não é um lugar para "fechar negócios". Mantenha o evento como um "espaço seguro" para aprender e trocar ideias.

3. Não dê respostas às pessoas. Seja paciente. Permita que os participantes aprendam por tentativa e erro, cometendo erros e aprendendo com eles. A verdadeira educação é um processo de descoberta, não de memorizar respostas ou ser informado sobre o que fazer. É importante cometer erros — e aprender com eles. Erros só são pecados quando não assumidos.

4. O que é compartilhado na sala fica na sala.

5. Permita que cada pessoa tenha seu ponto de vista. Seja generoso. Trate todos com respeito.

**Líderes de clubes CASHFLOW
concordam em atuar nos mais altos níveis de padrões
legais, morais e éticos.**

A ASPIRAÇÃO VERDADEIRA DOS NORTE-AMERICANOS... *LEGÍTIMA*

Pai pobre:
Quero um emprego seguro e estável.

Pai rico:
Quero minha liberdade.

O dr. Frank Luntz é um dos profissionais de comunicação mais respeitados dos Estados Unidos. É mais conhecido como pesquisador, muitas vezes visto na televisão mensurando o estado de espírito dos norte-americanos. Frank é campeão do prêmio Crystal Ball do *Washington Post* porque "vê" o que acontece nos corações e mentes dos norte-americanos.

Frank e eu nos encontramos na sala verde da CNBC, a rede televisiva global sobre finanças, enquanto esperávamos nossa vez de ir ao ar. Frank se tornou um amigo e entrevistado regular do *Rich Dad Radio Show*.

Quando o livro de Frank, *What Americans Really Want...Really* ("A Aspiração Verdadeira dos Norte-americanos... Legítima", em tradução livre), foi publicado, em 2009, corri para comprar e lê-lo. Seu trabalho e pesquisa são essenciais para todos que fazem negócios nos Estados Unidos.

Você pode notar que peguei emprestadas algumas palavras de Frank para o subtítulo deste livro.

Em *What Americans Really Want...Really*, Frank retrata uma pesquisa histórica que conduziu em 2008 para a Fundação Kaufman, o principal círculo de reflexão empresarial nos Estados Unidos. A pesquisa do dr. Luntz constatou:

É difícil dizer o que se tornou uma emoção mais forte: o respeito pelos empresários ou o ódio aos CEOs.

Ele aprofunda os detalhes de por que os norte-americanos odeiam os CEOs corporativos. Em sua pesquisa, perguntou a pessoas comuns: *Se tivesse que escolher, você preferiria ser...?*

80%... O proprietário de uma pequena empresa bem-sucedida que emprega 100 pessoas.

14%... O CEO de uma empresa da *Fortune 500* que emprega mais de 10 mil pessoas.

6%... Não souberam/Se recusaram.

A resposta a essa questão claramente revelava o que os norte-americanos preferem:

Construir algo a partir do zero é agora mais estimado do que subir na hierarquia corporativa.

Em outras palavras, *a aspiração verdadeira dos norte-americanos* — por uma margem esmagadora — é ser *empreendedor*. O problema é que nosso sistema educacional continua a treinar pessoas para ser *empregadas*, por isso o mantra "Vá à escola e arrume um emprego" está fora da realidade das legítimas aspirações das pessoas.

Esqueça as Escolas de Negócios

O dr. Luntz diz o seguinte sobre as escolas de negócios: *Então, como preparar uma geração de norte-americanos para o sucesso empresarial? Esqueça MBAs. A maioria das escolas de negócios o ensina a ser bem-sucedido em uma grande empresa em vez de começando a própria.*

Os programas de MBA treinam estudantes para ser empregados, não empresários. As habilidades e a mentalidade dos empresários estão do lado oposto da moeda dos executivos corporativos, empregados com MBA que precisam de um salário estável, benefícios e férias remuneradas.

O Problema É o Sistema Educacional

Um problema maior é nosso sistema educacional existente. A maioria das pessoas não se torna empresários porque lhes falta educação financeira.

Muitas pessoas vivem vidas controladas pelo tamanho do salário. Sem educação financeira legítima, muitos dos "executivos corporativos altamente instruídos" se empolgaram em enriquecer sendo gananciosos, cruéis, severos e indiferentes.

A pesquisa do dr. Luntz encontra uma crescente desconfiança em nossos líderes altamente instruídos, públicos e privados, por isso que os norte-americanos percebem que precisam se tornar empresários, não empregados.

Simplificando, muitos norte-americanos já não confiam em nossas escolas, políticos ou líderes governamentais e corporativos. Essa tendência influenciou a ascensão de um empresário à presidência, como Donald Trump, um presidente que não precisa de um salário.

A Aspiração Verdadeira dos Norte-americanos… Legítima

Em sua pesquisa para a Kaufman Foundation, o dr. Luntz encontrou que a aspiração verdadeira dos norte-americanos sobre a educação… legítima é:

> **81%…** Que universidade e escolas secundárias desenvolvam ativamente habilidades empresariais nos estudantes.

> **77%…** Que os governos estaduais e federais encorajem empresários.

> E **70%…** Acreditam que o sucesso e a saúde da economia dependem de ensinar pessoas a serem empresários, não empregados.

O Sistema Educacional Vai Mudar?

Essa parece ser a questão de 1 milhão de dólares.

> P: *O sistema educacional norte-americano pode oferecer a educação empresarial que os Estados Unidos desejam?*

> R: Não, há anos que não. Os dois setores mais resistentes a mudanças são o de *construção civil* e o *educacional*. Eles têm um tempo de

latência de cinquenta anos. Significa que leva cinquenta anos para esses setores adotarem novas ideias, filosofias ou tecnologias. Compare esse lapso de cinquenta anos com o tempo de latência do setor de tecnologia, em que as mudanças acontecem a cada um ano e meio.

Também vale notar que os setores de construção civil e educacional são altamente sindicalizados, com uma cultura de empregado que é resistente a mudanças.

P: Por que tantas pessoas têm medo de se tornar empresárias?

R: A taxa de fracasso para empresários é extremamente alta: nove em cada dez vão falhar nos cinco primeiros anos. E nove dos dez que sobrevivem aos cinco primeiros anos vão fracassar nos cinco anos seguintes. Isso significa que, depois de dez anos, apenas um em cada 100 empreendedores se manterá de pé.

P: Qual é a necessidade dos empresários... legítima?

R: De educação financeira legítima, se tiverem alguma esperança de sobreviver ao processo empreendedor.

Um Conto de Dois Professores

A história de *Pai Rico, Pai Pobre* é um conto sobre dois professores, um empregado altamente instruído e um empresário extremamente rico, sem educação formal. A diferença básica entre o empregado e o empresário é a educação financeira.

O Outro Lado da Moeda

A educação acadêmica é o polo oposto da educação financeira; elas estão em lados antagônicos da mesma moeda.

Para que as escolas ensinem um empreendedorismo legítimo, uma escola completamente diferente teria que ser desenvolvida. Por exemplo, em vez de ensinar os estudantes a não cometerem erros, escolas para empreendedores os ensinariam a cometê-los intencionalmente, como Thomas Edison, e aprender com eles.

Academia de Negócios Norte-americana

Os Estados Unidos liderariam o mundo da educação empresarial se criassem uma academia de negócios norte-americana para empresários. Os Estados Unidos têm cinco academias militares excepcionais, campos de treinamento para os melhores líderes militares do mundo. São as academias de West Point, Nova York; Naval de Annapolis, Maryland; Força Aérea de Colorado Springs, Colorado; a Guarda Costeira de New London, Connecticut; e a que cursei, a Academia Norte-americana dos Fuzileiros Navais, em Kings Point, Nova York. Essas academias treinam os melhores oficiais militares e futuros líderes dos Estados Unidos.

Um exemplo de liderança exímia é Dwight D. Eisenhower, formado em West Point, um general de cinco estrelas, e, em minha opinião, o último grande presidente dos Estados Unidos. Pessoalmente o respeito por sua liderança em tempos de paz ou de guerra.

Proponho que o governo norte-americano crie a Academia de Negócios Norte-americana para empresários, preferencialmente em Nova York ou no Vale do Silício. Os Estados Unidos treinariam nossos melhores e mais brilhantes líderes do país para serem líderes empresariais do futuro.

A diferença entre programas de MBA tradicionais e os de academias militares é definida pelo Triângulo D–I.

Escolas tradicionais se concentram em treinar estudantes para preencher os papéis dentro do Triângulo D–I. Escolas militares, nos três elementos que o moldam: primeiro missão, então equipe e trabalho em equipe e, por fim, liderança.

No meu primeiro dia em Kings Point, a tarefa inicial era memorizar a missão dos Fuzileiros Navais dos Estados Unidos. No final do primeiro dia, tínhamos aprendido tanto a liderar quanto a seguir.

Nunca, durante os seis meses que passei no MBA, a palavra *missão* foi mencionada, muito menos discutida. A palavra mais repetida era *dinheiro*.

Missão é uma palavra espiritual, uma palavra de amor, o motivo para começar um negócio. Dinheiro é, sobretudo, uma palavra do medo.

Autodefesa

Enquanto isso, para pessoas como você e eu, a educação financeira é uma forma de autodefesa em um mundo dominado por ganância, corrupção, ignorância e incompetência.

A educação financeira é como fazer aulas de karatê, proteção pessoal contra ser trapaceado por pessoas em quem supostamente devíamos confiar.

A seguir há um panorama do que é a educação financeira... legítima.

O que É Educação Financeira?
1. ATITUDE: É pelo menos 80% da educação financeira. Meu pai pobre sempre falava: "Não estou interessado em dinheiro." Como poderia aprender sobre dinheiro sem estar interessado nele? Ele costumava dizer: "Não posso arcar com isso." É mais fácil dizer *Não posso arcar com isso* do que descobrir como fazê-lo. Ele acreditava que o governo deveria cuidar dele. Os Estados Unidos estão perdidos quando milhões de norte-americanos compartilham a atitude do meu pai pobre sobre a responsabilidade sobre suas finanças pessoais. Além disso, sua atitude era de que os ricos são gananciosos.

2. ESCOLHA SEUS PROFESSORES COM SABEDORIA: Quando vamos à escola, enquanto crianças, temos pouco controle sobre quem nossos professores são. Como adultos, eu os encorajo a tirar um tempo para realmente conhecer as pessoas que o ensinam sobre dinheiro.

Infelizmente, a maioria dos consultores financeiros são vendedores, não ricos. E a única coisa que lhe ensinam é como lhes entregar seu dinheiro. Seu principal ativo é sua mente, então seja cauteloso e escolha sabiamente quem coloca informações em sua cabeça.

3. APRENDA A LINGUAGEM DO DINHEIRO: Aprender a ser rico não é muito diferente de aprender um idioma. Quando frequentei o seminário de três dias sobre imóveis, anos atrás, estava aprendendo a falar a linguagem dos imóveis — palavras como *taxa de capitalização*, *renda líquida operacional* e *fluxo de caixa descontado*. Agora, faço milhões todos os anos "falando" o idioma dos imóveis.

Quando negocio opções, falo a linguagem das opções usando palavras como *chamadas*, *opções de compra e venda*, *straddles* e *leaps* (estes dois últimos são estratégias de investimento em opções).

A melhor coisa a respeito da linguagem do dinheiro é que as palavras são gratuitas.

O abismo entre os ricos, pobres e a classe média se amplia porque há três tipos de renda:

18. Auferida

19. De portfólio

20. Passiva

Esse abismo é crescente porque as escolas ensinam os alunos a trabalhar, economizar e investir para renda auferida. Os ricos trabalham por rendas de portfólio e passiva.

4. O QUE VOCÊ QUER SER QUANDO CRESCER?

Pai pobre → E D
Pai rico → A I

A lacuna cresce porque a maioria dos pais e escolas encorajam estudantes a viver no quadrante E. As pessoas mais ricas e poderosas vivem no quadrante I. É preciso educação financeira para viver nesse quadrante.

5. IMPOSTOS ENRIQUECEM OS RICOS

Aqueles no quadrante I pagam os menores impostos... porque são as pessoas que fazem as regras.

PORCENTAGEM DE IMPOSTOS PAGOS POR QUADRANTE

- E: 40%
- D: 20%
- A: 60%
- I: 0%

Leis fiscais são justas. Todos podem seguir as regras fiscais do quadrante I. Infelizmente, sem educação financeira, poucas pessoas conseguem.

6. DÍVIDAS SÃO DINHEIRO

DEMONSTRAÇÃO FINANCEIRA

Renda

Despesas
Dívidas... para os pobres

BALANÇO PATRIMONIAL

Ativos	Passivos
Dívidas... para os ricos	Dívidas... para a classe média

Há dívidas boas e ruins. Os ricos usam as dívidas boas para adquirir ativos. Os pobres usam cartões de crédito para pagar despesas. E a classe média usa as dívidas para adquirir passivos como casas, carros e financiamentos estudantis.

7. SEU BOLETIM

DEMONSTRAÇÃO FINANCEIRA

Renda
Pai pobre

Despesas

BALANÇO PATRIMONIAL

Ativos	Passivos
Pai rico	

O gerente de seu banco nunca lhe pede seu boletim acadêmico. Ele não se importa com a escola que frequentou. Quer ver sua demonstração financeira, seu boletim depois que sai da escola.

Quando dizem: "O gerente do meu banco não vai me emprestar dinheiro algum", o motivo é que não têm uma demonstração financeira sólida. Se o empresário tiver três anos de demonstrações financeiras consistentes e auditadas, o gerente ficará ansioso para lhe emprestar todo o dinheiro quiser.

Se uma pessoa não tem uma demonstração financeira substancial, o gerente ficará feliz em lhe oferecer um cartão de crédito.

8. O CONE DE APRENDIZAGEM

Quando se trata do Cone de Aprendizagem, de Edgar Dale, o foco do meu pai rico era muito diferente do meu pai pobre.

Pai rico

Cone de Aprendizagem		
Depois de duas semanas, tendemos a nos lembrar de		Natureza do envolvimento
90% do que dizemos e fazemos	Colocando em prática	Ativa
	Simulando a experiência real	
	Fazendo uma representação dramática	
70% do que dizemos	Conversando	
	Participando de um debate	
50% do que ouvimos e vemos	Presenciando uma atividade	Passiva
	Assistindo a uma demonstração	
	Assistindo a uma apresentação	
	Assistindo a um filme	
30% do que vemos	Olhando fotos	
20% do que ouvimos	Ouvindo	
10% do que lemos	Lendo	

Pai pobre

Fonte: Cone de Aprendizagem adaptado de Dale, (1969).

Educação acadêmica é o lado oposto da moeda da verdadeira aprendizagem humana... legítima.

20 Anos Atrás

Há 20 anos, em 1997, *Rich Dad Poor Dad* foi publicado e a *Rich Dad*, formada. A empresa foi fundada para ensinar educação financeira ao mundo da mesma maneira que o pai rico ensinou a seu filho e a mim.

O pai rico nos ensinou...

1. Jogando (simulações), cometendo erros e aprendendo com eles usando o dinheiro do jogo. Jogar requer inteligência física, a maneira principal pela qual os seres humanos aprendem.

2. Colocando em prática, trabalhando como aprendizes em seu escritório e visitando as "casas de aluguel" — e depois testemunhando-o comprar seu primeiro "hotel de aluguel", dez anos depois.

3. Usando imagens simples — diagramas de demonstrações financeiras, o quadrante CASHFLOW e o Triângulo D–I.

4. Participando em discussões, nos ensinando a cooperar, respeitando a opinião e a sabedoria alheias e sem precisar ser a pessoa mais sagaz da equipe... porque negócios são um esporte de equipe. Na escola, participar de uma discussão e pedir ajuda é trapacear.

    Embora eu fosse um estudante mediano durante toda a escola, hoje ganho muito mais dinheiro do que meus colegas de classe mais inteligentes, que se tornaram médicos, pilotos de avião comercial e advogados, colegas que aprenderam na escola que cooperar é trapacear.

5. Aprendizagem inspirada: Meu pai rico não deu as respostas a seu filho e a mim. Em vez disso, nos inspirou a aprender e descobrir nossas próprias respostas. Atualmente, passo muito tempo na base do Cone de Aprendizagem, lendo livros e participando de palestras. A diferença é que estudo porque quero aprender, não porque preciso passar em uma prova.

Por que o Abismo Aumentará

Infelizmente, o abismo entre os ricos e todos os outros só vai aumentar. Muitos dos privilegiados de hoje serão os desvalidos de amanhã. Tudo o que uma pessoa precisa fazer é ter consciência da aceleração da tecnologia. Para manter a competitividade, empresas substituem pessoas por robôs. Por isso que o conto de fadas que começa com: "Vá à escola e arrume um emprego..." é apenas isso — um conto de fadas. Em vez de segurança no emprego, as pessoas precisam se concentrar em segurança financeira, e a segurança financeira legítima exige educação financeira legítima.

Por que a Maioria Não Pode Fazer Isso

O problema que muitas pessoas encontram é que a educação financeira legítima é contraintuitiva. Não faz sentido. Simplificando, a educação financeira legítima está do outro lado da moeda de tudo que já ouvimos ou aprendemos sobre dinheiro. Muitas pessoas que acreditam que estão "fazendo a coisa certa" na verdade estão "fazendo a coisa *errada*". São as mesmas pessoas que dizem para mim e Tom: "Você não pode fazer isso aqui." *Elas* não podem, porque tudo é o oposto do que foram ensinadas em casa e na escola.

Tudo É o Oposto
1. **Principal Lição do Pai Rico: Os ricos não trabalham por dinheiro.** As pessoas que trabalham por dinheiro ficam para trás em termos financeiros, e milhões caem no abismo.

2. **Poupadores são perdedores.** Por que economizar dinheiro quando todo o sistema financeiro é projetado para imprimir dinheiro? Em termos contábeis, isso é conhecido como *sistema de reserva fracionária*, motivo por que os banqueiros amam mutuários, não poupadores.

3. **Dívidas enriquecem os ricos.** O sistema financeiro global é construído sobre dívidas. O dinheiro só é criado quando as pessoas o pegam emprestado. Pessoas que sabem usar dívidas como dinheiro para adquirir ativos são as mais ricas do mundo.

4. **Impostos enriquecem os ricos.** O sistema fiscal é um programa de incentivo, encorajando as pessoas a se associarem ao governo para fazer o que ele precisa que façam. O governo não precisa de mais empregados do quadrante E ou de mais autônomos do quadrante A, então essas pessoas pagam os impostos mais altos.

    Os governos precisam de mais empresários do quadrante D e investidores profissionais do quadrante I, e é por isso que eles pagam menos impostos.

5. **Erros enriquecem os ricos.** Deus fez os seres humanos para aprenderem cometendo erros. Um bebê não consegue aprender a andar sem cair e depois se levantar. Por isso que jogos ou simulações são o melhor modo de "praticar" cometer erros, aprender com eles e então colocar em prática.

6. **Crises enriquecem os ricos.** O melhor momento para enriquecer é quando os mercados quebram. Quando o Walmart entra em promoção, os pobres e a classe média vão caçar uma pechincha. Quando o mercado financeiro entra em crise, os ricos vão barganhar, enquanto os pobres e a classe média se escondem.

7. **Suas palavras se tornam carne.** Empregados sempre usam estas palavras: "Segurança no emprego, pagamento estável, aumento de salário, planos de saúde, benefícios, férias remuneradas e horas extras."

    Empresários não usam essas palavras. Devem ser inteligentes o suficiente para fornecê-las a seus empregados. E isso requer educação financeira legítima.

8. **Torne-se um aluno de matérias que a escola não julga importantes.** O principal objetivo das escolas é ensinar os alunos a serem empregados ou profissionais independentes, como médicos e advogados.

    Para que uma pessoa se torne um empresário bem-sucedido, deve se tornar um estudante dos assuntos que o sistema escolar julga irrelevantes.

Vendas = Renda

Um assunto são as vendas. O fato é que vendas = renda. Todos os empresários devem estudar vendas, sempre trabalhando para aprimorar suas habilidades em vendas. Nove entre dez empresários fracassam porque não vendem o suficiente para sobreviver ou crescer.

Donald Trump e eu somos os dois únicos educadores financeiros relevantes que recomendam aos indivíduos se juntarem a uma empresa de marketing de rede.

O marketing de rede ensina quatro habilidades essenciais requeridas para empresários de sucesso. Essas habilidades são vendas, liderança, rejeição à manipulação e gratificação tardia. Rejeição à manipulação e gratificação tardia são indicadores de inteligência emocional elevada. Empregados não precisam elevá-la; empresários, sim.

Em 1974, deixei os Fuzileiros Navais e comecei o único trabalho real que já tive. Entre 1974 e 1978 trabalhei para a Xerox Corporation — não por dinheiro, mas para aprender a vender. Assim que me tornei o primeiro em vendas, fazendo muito dinheiro, renunciei, para começar minha vida como empresário.

No Ensino Médio, fui duas vezes reprovado por não conseguir escrever e cometer muitos erros de ortografia. Hoje, muitas pessoas dizem que não posso escrever. Embora eu continue sendo um autor medíocre, ganho milhões escrevendo *best-sellers*.

Meu Negócio São os Imóveis

Em 1973, participei pela primeira vez de um seminário sobre imóveis. Aquele curso inicial de três dias me tornou multimilionário, repetidas vezes. E, o mais importante, foi meu bilhete de entrada para a independência financeira porque, hoje, meu negócio são os imóveis.

Aprendizado Perene

O maior problema com a educação tradicional é que muitos estudantes deixam a escola odiando-a. Para milhões de pessoas, sua educação termina quando saem da escola. Para muitos, a educação tradicional mata o espírito do aprendizado. É uma tragédia socioeconômica.

Se não fosse pelo meu pai rico, eu seria uma dessas pessoas.

Aprender a vender marcou minha entrada no quadrante D. Isso me inspirou a me tornar empresário — não pelo dinheiro, mas pela liberdade pessoal. Participar daquele seminário de três dias sobre imóveis marcou minha entrada no quadrante I.

O Amor por Aprender

O amor pelo aprendizado e pela educação vitalícia são essenciais para o sucesso nos quadrantes D e I. Atualmente, Kim, meus consultores e eu nos reunimos duas vezes por ano para estudar bons livros escritos por grandes professores. O mundo se move rápido demais para que fiquemos parados.

Como nosso instrutor imobiliário nos falou no último dia de aula: "Sua educação começará quando saírem daqui."

Para a maioria das pessoas, a educação termina quando saem da escola. Essa é a razão principal para o abismo entre ricos, pobres e a classe média se ampliar.

Boas notas não são indicadores de sucesso na vida. Na verdade, a busca implacável por boas notas pode causar graves deficiências pessoais posteriormente na vida. Há um médico norte-americano que escreveu sobre os efeitos de ter competido por "boas notas" em sua vida. Ele ingressou na faculdade de medicina na Suíça, em que havia um grande contingente norte-americano. Ele disse que muitos estudantes norte-americanos entravam em choque quando não havia notas, prêmios, listas de honra ou classificações na escola. Os alunos eram aprovados ou reprovados.

Ele relatou que alguns norte-americanos não conseguiam. A maioria ficou paranoica, pensando que havia algum tipo de truque. Alguns foram para outras instituições, que comparavam e classificavam estudantes uns contra os outros. Os que continuaram, de repente descobriram um fato estranho que nunca tinham reparado em universidades norte-americanas: alunos brilhantes compartilhando notas e ajudando outros a passar no curso.

Esse mesmo médico escreveu que seu filho, então em uma faculdade de medicina dos Estados Unidos, relatou atos de sabotagem entre os alunos. Citou exemplos de um estudante que adulterou o microscópio de um colega, o que fez com que ele perdesse valiosos minutos do tempo de teste para ajustar o aparelho. Os pais são igualmente culpados quando exigem que seus filhos superem os próprios colegas em aulas de esportes ou acadêmicas.

E então nós, norte-americanos, nos perguntamos porque a lacuna entre os ricos e todos os outros ainda se expande. Esse fosso entre ricos e pobres, sagazes ou tolos, cresce em nossas casas e é reforçado em nossas escolas.

Por isso que o pai rico ensinou a seu filho e a mim a resolver problemas financeiros como uma equipe. Todos sabemos que isso na escola é chamado de *trapacear*. O pai rico enfatizava que o gerente do seu banco nunca lhe pedirá seu boletim ou se importará com onde se formou. O pai rico sempre dizia "Sua demonstração financeira é seu boletim depois que você cresce e deixa a escola."

A principal razão para a ampliação do abismo entre os ricos e todos os outros é que muitos universitários não são colaborativos, resolvem seus problemas por conta própria, pegam conselhos financeiros de Wall Street, e a maioria não faz ideia do que é uma demonstração financeira.

Sobre o Autor
Robert Kiyosaki

Mais conhecido como o autor de *Pai Rico, Pai Pobre* — apontado como o livro nº 1 de finanças pessoais de todos os tempos — Robert Kiyosaki revolucionou e mudou a maneira de pensar em dinheiro de dezenas de milhões de pessoas ao redor do mundo. Ele é um empreendedor, educador e investidor que acredita que o mundo precisa de mais empreendedores para criar empregos.

Com pontos de vista sobre dinheiro e investimento que normalmente contradizem a sabedoria convencional, Robert conquistou fama internacional por sua narrativa direta, irreverência e coragem e se tornou um defensor sincero e apaixonado da educação financeira.

Robert e Kim Kiyosaki são os fundadores da *Rich Dad*, uma empresa de educação financeira, e os criadores dos jogos *CASHFLOW*®. Em 2014, a empresa aproveitou o sucesso global dos jogos *Rich Dad* para lançar uma nova versão revolucionária de jogos online e para celulares.

Robert tem sido considerado um visionário que tem o talento de simplificar conceitos complexos — ideias relacionadas a dinheiro, investimentos, finanças e economia — e tem compartilhado sua jornada pessoal rumo à independência financeira de uma forma que encanta o público de todas as idades e histórias de vida. Seus princípios fundamentais e mensagens — como "sua casa não é um ativo" e "invista para um fluxo de caixa" e "poupadores são perdedores" — despertaram uma enxurrada de críticas e zombaria… para depois invadir o cenário do mundo da economia ao longo da última década de forma perturbadora e profética.

Seu ponto de vista é de que o "velho" conselho — arrume um bom trabalho, poupe dinheiro, saia das dívidas, invista em longo prazo em uma carteira diversificada — se tornou obsoleto na acelerada Era da Informação. As mensagens e filosofias do pai rico desafiam o *status quo*.

Seus ensinamentos estimulam as pessoas a se tornarem financeiramente proficientes e a assumirem um papel ativo para investir em seu futuro.

Autor de diversos livros, incluindo o sucesso internacional *Pai Rico, Pai Pobre*, Robert participa frequentemente de programas midiáticos ao redor do mundo — desde *CNN*, *BBC*, *Fox News*, *Al Jazeera*, *GBTV* e *PBS*, a *Larry King Live*, *Oprah*, *Peoples Daily*, *Sydney Morning Herald*, *The Doctors*, *Straits Times*, *Bloomberg*, *NPR*, *USA TODAY*, e centenas de outros — e seus livros frequentam o topo da lista dos mais vendidos há mais de uma década. Ele continua a ensinar e inspirar o público do mundo inteiro.

Para saber mais, visite www.seriepairico.com ou o site original, em inglês, acessando www.richdad.com

Sobre Tom Wheelwright

Tom Wheelwright, contador público certificado, é a força criativa por trás da ProVision, a principal empresa de consultoria estratégica do mundo. Como fundador e CEO, Tom tem sido responsável por inovar em consultoria tributária, em negócios e riqueza, e serviços estratégicos para clientes premium da ProVision por mais de duas décadas.

Tom é um dos principais especialistas e autores publicados sobre sociedades e estratégias fiscais empresarias, um conhecido palestrante e um educador de vanguarda sobre riqueza. Donald Trump o escolheu para contribuir com seu Wealth Builders Program ("Programa dos Construtores de Riqueza", em tradução livre), chamando Tom de "o melhor dos melhores". Robert Kiyosaki, autor best-seller de *Pai Rico, Pai Pobre*, chama Tom de "um jogador solidário que todos que desejam enriquecer precisam colocar em sua equipe". No livro de Robert Kiyosaki, *The Real Book of Real Estate*, Tom escreveu os Capítulos 1 a 21. Ele é um colaborador significativo neste novo livro de Robert Kiyosaki, *Por que os Ricos Cada Vez Ficam Mais Ricos* e também colaborou com *Quem Mexeu no Meu Dinheiro?* e *O Poder da Educação Financeira*.

Tom escreveu inúmeros artigos para publicações em grandes revistas profissionais e periódicos online, e tem palestrado para milhares de pessoas nos Estados Unidos, Canadá, Europa, Ásia, América do Sul e Austrália.

Por mais de 35 anos, Tom desenvolveu estratégias inovadoras para impostos, negócios e riqueza para investidores sofisticados e proprietários de negócios nos setores de manufatura, imóveis e alta tecnologia. Sua paixão é ensinar essas estratégias inovadoras aos milhares que o ouvem palestrar. Ele atuou como mediador e palestrante em diversas mesas-redondas, e liderou discussões fiscais ousadas que desafiaram o *status quo* em termos de estratégias fiscais.

Tom tem uma experiência profissional multifacetada, atuando na contabilidade da Big 4, onde gerenciou e liderou treinamento profissional para milhares de consultores no Departamento Tributário Nacional da Ernst & Young, em Washington, D.C., a assessores fiscais internos para a Pinnacle West Capital Corporation, atualmente integrante da *Fortune 1000*. Tom também atuou como professor adjunto do programa de mestrado em impostos da Universidade do Arizona por quatorze anos, onde criou o curso de técnicas de planejamento tributário multiestadual e lecionou para centenas de pós-graduandos.

Livros em Coautoria com Donald Trump

Nós Queremos que Você Fique Rico

O Toque de Midas

Best-sellers dos Consultores da Rich Dad

por Tom Wheelwright

Tax-Free Wealth

por Ken McElroy

Imóveis: Como Investir e Ganhar Muito Dinheiro

Imóveis: Como Gerenciar e Ganhar (Mais) Dinheiro

por Blair Singer

Vendedor Rico

Equipes Ricas e Vencedoras

por Andy Tanner

Stock Market Cash Flow

por Garrett Sutton

Start Your Own Corporation

Como Comprar e Vender Empresas e Ganhar Muito Dinheiro

por Josh e Lisa Lannon

The Social Capitalist

por Darren Weeks

The Art of Raising Capital

CONHEÇA OUTROS LIVROS DA PAI RICO!

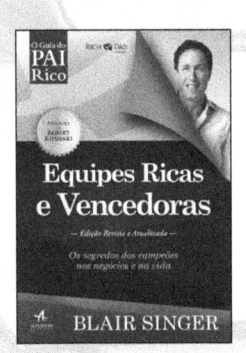

Todas as imagens são meramente ilustrativas.

SEJA AUTOR DA ALTA BOOKS!

Envie a sua proposta para: autoria@altabooks.com.br

Visite também nosso site e nossas redes sociais para conhecer lançamentos e futuras publicações!
www.altabooks.com.br

/altabooks ▪ /altabooks ▪ /alta_books

ALTA BOOKS
EDITORA